Trunkene Formeln bei Boddenlicht

Bernd Kebelmann

Trunkene Formeln bei Boddenlicht

Ein Studentenroman
Greifswald 1966–1971

trafo

Bibliografische Informationen Der Deutschen Bibliothek
Die Deutsche Bibliothek verzeichnet diese Publikation
in der Deutschen Nationalbibliografie;
detaillierte bibliografische Daten sind im Internet über
http://dnb.ddb.de abrufbar

Impressum

ISBN 978-3-86465-111-3

trafo Literaturverlag
Finkenstraße 8, 12621 Berlin
Fax: 030/612 99 421
e-Mail: info@trafoberlin.de
www.trafoberlin.de
Satz & Layout: trafo Literaturverlag
Umschlaggestaltung: trafo Literaturverlag
Umschlagbild: Archiv Kebelmann, bearb. trafo Literaturverlag

Wer das, was schön war vergisst, wird böse.
Wer das, was schlimm war vergisst, wird dumm.

Erich Kästner

Meinen Söhnen gewidmet

Kapitel 1
Norbert

Alp ohne Traum

Das Viermannzimmer war dunkel. Zwei Altsemester schnarchten. Norbert kletterte auf das Doppelstockbett wie ein Leichtmatrose auf seinen Kahn. Die zweite Nacht in der ‚Wiese' war kaum besser als seine erste. Spät nachts kamen Zimmernachbarn vom Kneipenbesuch zurück. Wutschreie bissen sich durch die Pappwand: Schnauze du Fink, dich machen wir kalt! Putz meine Schuhe, du Judensau, sonst geht's in den Hungerbunker! Schläge, Schreie, Stille. Morgens erklärte Hajo: Darfst du dir nichts bei denken, Norbert. Robert grinste: Bei uns geht's euch Finken zu gut. Kannst uns ja auch die Schuhe putzen!

Norbert schwieg und trank Schwarztee, grusinische Mischung; grün war nur die Schachtel. Wo blieb der zweite ‚Fink', ein Studienanfänger wie er? Vielleicht hatte er sich schon verdrückt! Norberts Blick traf auf einen Spiegel am Hochbett. Verlegen sah er hinein und dachte an Bruder Benno. Statt seiner war er nun hier. Er sprang auf, ließ Hajo und Robert sitzen, lief aus dem engen Zimmer. So lange wie möglich wollte er der Kasernenromantik entgehen. Der düstere Flur war leer. Er schlich an den Türen vorbei, ertappte sich beim Lauschen. War es Neugier oder hatte er die Verhaltensweise, die man von ihm erwartete, stets wachsam zu sein, so verinnerlicht, dass sie unbewusst funktionierte? Er verließ die Baracke und atmete durch. Hinter den grauen Häusern begannen sumpfige Koppeln. Norbert lief durch die Wiese zum Drahtzaun, vor eine Gruppe von Kühen. Während die Tiere sich legten, wiederzukäuen begannen, stand er im Nieselregen und bedachte die Situation. Zwischen Pappbaracken und Ossenköppen konservierte man hier den Zustand des Landes, in dem sie zu Hause waren, provisorisch und alternativlos. Norbert hatte als Oberschüler sein Latein gelernt. Parteiliches Reden war Pflicht. Die Zeiten waren günstig für ideologische Härten, also würde man Härte zeigen. Die stets gefährdete ‚Schicht der Intelligenz' brauchte einen festen, korrigierbaren Klassenstandpunkt. Für Norbert zählte nur eins, er würde hier studieren! Leider dauerte es noch zwei Wochen, bis das Herbstsemester begann. Die männlichen Studenten der ersten Studienjahre mussten sich vormilitärisch bewähren. Sein Bruder Benno war ausgemustert, also vom Wehrdienst befreit. Für ihn würde Norbert zum Ernten fahren, mit den Mädchen seines Semesters zwischen Kartoffeln und Rüben über pommersche Felder wandern.

Rollentausch

Pasewalk, Anklam, Züssow, dann Greifswald. Benno hatte die Stadt am Bodden gewählt, um Chemie zu studieren. Zur Aufnahmeprüfung kam er im Juni. Jetzt lag er in der Klinik. Für ihn durfte Norbert nun fünf Jahre bleiben. In Kürze erreichte der D-Zug den Bahnhof. Norbert griff sein Gepäck, prüfte Rucksack und Koffer. Obenauf lagen Taschentücher aus Leinen. Kriepa– Papiertücher hasste er, auch waren sie kaum zu bekommen. Dafür steckte unter der Wäsche, neben Hemden, Hosen, Pullovern Bennos fast leeres Tagebuch mit einem Foto von Uta. Uta war Bennos Freundin. Sie hatte ihm Kalkdorf erträglich gemacht. Da Benno durch Krankheit nun länger ausfiel, gab er auch Uta an Norbert weiter. Doch zwischen den beiden lagen fast 250 Kilometer; Mädchen gab es in Greifswald auch. Der Eilzug Leipzig – Stralsund bremste, kreischte und stand still. Norbert griff nach dem Rucksack und schob sich das Federbett unter den Arm. Er nahm den Koffer, stieg aus und atmete Nassdampf ein, erstmals ohne den Kalkdorfer Staub. Er bedauerte Benno. Das Randberliner Klima war viel zu trocken für ihn. Am Bodden war schon der September feucht. Greifswalds Bahnhof verschwand im Nebel, ein typisches Bauwerk der pommerschen Eisenbahnen, von Anbeginn kaum verändert.

Der Nieselregen nässte Norberts tiefblauen Nylonmantel. Er rückte den Rucksack zurecht, nahm das Gepäck und durchquerte die Bahnhofshalle. Er kletterte die steile Holzbohlenbrücke hinauf, überquerte zwei Bahnsteige und sechs Gleise, stieg zu den nahen Studentenbaracken hinab. Gleich dahinter, in der Fetten-Vorstadt begannen die Backsteinbauten der Chemischen Institute. Hier versteckte sich auch ‚Heim Null', dessen Bedeutung jeder Student selbst ergründen musste.

Die Lokomotive pfiff und zerrte den Eilzug weiter. Die Schwaden aus Wasser- und Schwefeldämpfen lichteten sich nur langsam. Norbert ging durch das rostige Tor, das doppelflügelig offen stand. Bei der Anmeldung in Heim VII gab man ihm seine Adresse: Fleischerwiese, Heim III, Zimmer Eins. Gegen Quittung bekam er ein Paket Wäsche für sein Bündel aus Daunen und Kindheitsträumen. Die kalte Zeit in der Wiese begann. Hinter Norbert lag Kalkdorf, bergig, zerklüftet. Ihr Geburtsort, ein Drecknest, bedeckt mit Zementstaub. Dort stand ihre aus Backstein gebaute Erweiterte Oberschule. Schon damals sprang Norbert regelmäßig für den übernächtigten Bruder ein, dessen Augen von morgens an brannten. Den Schulhof beherrschten die Hühner. Der erhabene Platz für die Klasse zwölf, die Abiturienten, war die drei mal drei Meter große Betonplattform des Abwassersammlers. Vor ihnen die lichte Zukunft, unter ihnen die Jauchegrube.

Die Fleischerwiese

Der Nebel war gefallen. Norberts Blick ging durch das Barackengelände auf die feuchten Wiesen im Hintergrund und zu den schwarzbunten Kühen. Die Baracken, zweistöckig, grau verputzt, standen in Reihen davor. Flache Pappdächer streckten sich dunkel über den Birken und Büschen aus. Norbert setzte den Koffer ab, atmete durch. Gruppen von Studentinnen schleppten lachend Gepäck vorüber, Richtung Heim I und II.

Norbert begann zu begreifen: Dort hinten standen die schlachtreifen Kühe, hier tanzten die sportlichen Körper der Mädchen. ‚Fleischerwiese', wie war das gemeint?

Er näherte sich Heim III, zog die störrische Holztür auf und suchte treppauf, treppab nach dem Zimmer Eins. Er fand es in einer der dunkelsten Ecken. Hier lebten die Erstsemester und, wie sich zeigte, wenige ältere Kommilitonen, die ohne Ehrgeiz waren, was die Zimmerverteilung betraf.

Norbert klopfte und dachte voll Sehnsucht an ihr Kalkdorfer Haus mit Garten. Diesen Preis aber zahlte er gern. Hier würde er einen gut dotierten, akademisch geprüften Beruf erlernen, der eine Familie ernährte. Vor kurzem war Benno davon überzeugt, selbst hier zu studieren. Nur die Chemie kam in Frage. Norbert hätte lieber Physik gewählt, doch Benno fehlte jedes Talent für höhere Mathematik. Die Biologie verlangte häufiges Mikroskopieren; Bennos Optik war schon zu schwach. Für das Chemiestudium mochte sie reichen. Dieses Fach blieb für ihn also übrig, wenn er die Chancen erwog, das Diplom zu schaffen. Als er Norbert bat, für ihn einzuspringen, hatte er keine Wahl und er nahm an. Jetzt stand er im Dunkeln und klopfte vergeblich an Zimmer Nummer Eins, in dem anscheinend nichts geschah.

In Norbert stritten sich Stolz und Zweifel, in Greifswald studieren zu dürfen, an einer der ältesten Unis im Land, aus der Zeit vor der Reformation. Eine Auszeichnung war es nicht, dieses muffige Internat zu beziehen. Doch er akzeptierte fast alles, um nicht länger in Kalkdorf zu wohnen, täglich Zementstaub zu atmen. Er freute sich darauf, in Greifswalds barocker Aula als ordentlicher Student immatrikuliert zu werden. Die Frage war, was wird mit Uta?

Bevor Benno in der Klinik verschwand, weihte er Norbert ein: Uta weiß nichts von meiner Krankheit. Sie denkt natürlich, dass ich studiere. Ich lege sie dir ans Herz!

Norbert hatte gelacht: Keine Ahnung, ob sie mich an ihr Herz lässt. Bruder Benno aber beschwor ihn: Ich schreibe ihr, du trägst die Briefe zur Bahnpost. Brauchst sie ja nicht zu lesen.

Norbert sah seinen Bruder an: Utas Antworten schon.

Kühe im Regen

Von der gereiften Persönlichkeit eines sozialistischen Oberschülers konnte man klare Antworten fordern, was er studieren wolle und an welcher Uni. Sie würden am Ende der elften Klasse Karteikarten ausfüllen müssen. In Magdeburg wurden die Karten erfasst. Polizei, Kreisschulrat und Staatssicherheit prüften die Kandidaten. Wer für geeignet befunden wurde, zum Wohl des Sozialismus die Schicht der Intelligenz zu stärken, wer sich für ein volkswirtschaftlich wichtiges Studium gemeldet hatte, der kam meist an sein Ziel. Es gab 1966 nur wenige Abiturienten, und sie studierten fast alle.

Norberts, also Bennos Lehrer für Physik und Chemie trug bei guter Laune ein Tirolerhütchen. In einem solchen Moment fragte Norbert, wo er studieren solle. Meixner mochte die Verse von

Benno, die Norbert, der wieder einmal seinen Bruder vertrat, dem Lehrer heimlich zuschob. Spitzzüngig waren sie, wie Meixner selbst. Der Lehrer erklärte halblaut: Geh nach Greifswald, studiere Physik. In der Fleischerwiese gibt es noch heute ein freies Studentenleben!

Noch einmal klopfte Norbert und dachte an den Lehrer. Meixner hatte sich wohl in der Zeit geirrt! Dieser nach altem Bohnerwachs und Chemikerkitteln stinkende Flur hatte nichts von studentischem Leben. Er traktierte nur Nase und Augen.

Endlich hörte er schlurfende Schritte, sie kamen um die Ecke. Hinter ihm knurrte jemand: Zimmer Eins? Komm mit, rein Fink, du bist der Letzte!

Norbert senkte verwirrt den Kopf. Er ahnte nicht, dass das Wörtchen ‚Fink' die freundlichste Anrede war, die man als Erstsemester in der Wiese erwarten durfte. Hinter ihm stand Hajo. Er kam mit einem Einkaufsnetz von Schummel-Elli zurück, der Verkäuferin im KONSUM Bahnhofstraße, der Einkaufsquelle für Wiesenstudenten. Irgendjemand hatte der Elli den Schummel-Namen gegeben, den keiner mehr überprüfte. Wenn man nur sein Stipendium hatte, kam es darauf auch nicht mehr an; alles, was es im Laden gab, war essbar, geschmacksarm, doch billig.

Hajo drehte den Schlüssel um, schlurfte ins Zimmer. Sein Kommilitone Robert lag unbewegt in der unteren Ecke des linken Doppelstockbetts. Er blinzelte, drehte den Kopf weg. Die beiden, zwei höhere Semester, waren bereits Cand. Chem. Hajo bewegte sich langsam zum Schrank, verstaute die Lebensmittel und öffnete noch langsamer seine Bergsteigerschuhe. Dabei wies er auf einen leeren Armeeschrank und das Bett oben rechts. Er selbst kroch ins Bett darunter. Norbert stand vor dem Koffer und fragte sich, was er hier wohl verloren hätte! Oh ja, er hatte in diesem Moment schon einiges verloren, seine Selbstsicherheit, die Schlagfertigkeit, seine Hoffnungen auf studentische Freiheit, was immer dies auch sei. Sein Katzenjammer verstärkte sich noch, als er durch eines der Fenster in Nieselregen und Dämmerung die Kühe dösen sah.

Kapitel 2
Gedankenkontrolle

Im Bannkreis der ABF

Seit zwölf Sommern und Wintern stand hinter dem Bahnhof das Internat Fleischerwiese. Anfang der 1950er Jahre hatte man diese Barackenstadt für die Schüler der ‚ABF' errichtet, doppelte Pappwände, einfache Fenster, Brandmauer durch die Mitte. Die in Greifswald erstmals gegründete Arbeiter und Bauern Fakultät sollte für geistigen Nachwuchs sorgen. Junge, vom Nationalsozialismus nicht verdorbene Lehrer, Erzieher wurden dringend gebraucht. Das Schlichteste war gut genug, um den von niemand verwöhnten, begabten Kindern der Arbeiterklasse hier Unterkunft zu gewähren. Sie paukten Stalins Parolen. Agitprop-Verse und Propagandasprüche füllten ihre Studienhefte, spukten durch die Baracken. Auch im zwölften Jahr der Wiese hing noch ein Brett an der Wand, bespannt mit rotem Tuch, gespickt mit vergilbten Parolen. Man roch den spartanischen Geist, der durch die Flure wehte. Eine pommersche Putzfrau wienerte täglich das fleckige Linoleum, doch die Bedürftigkeit blieb.

Norbert war streng nach dem Alphabet in diesem Zimmer gelandet. Jetzt kletterte er auf seine harte, fleckige Matratze. Er bedeckte sie mit seinem Laken und stieß sich dabei den Kopf an der Zimmerdecke. Sitzend bezog er sein Kissen und das Federbett. Er kroch darunter, versuchte zu schlafen. Was sollte man auch tun, in dem zwanzig Quadratmeter Raum mit zwei stummen Kommilitonen? Gegen Abend wurden die Männer lebhaft. Hajo kramte nach seinen Konserven und legte Brot und Butter auf den Tisch mit der Plastedecke. In einem Aluminiumtopf, der auf der eisernen Ofenplatte neben der Zimmertür stand, kochte er mit einem Tauchsieder Wasser, brühte Kräutertee, fing an zu essen. Robert erhob sich, aß Kuchen, trank Tee. Doch er übersah Norbert völlig, hatte offenbar keine Lust, diesem Finken klar zu machen, was hier Sache sei; das überließ er Hajo. Der beschwerte sich jetzt bei Norbert über Fink Nummer zwei, der als erster kam, aber fehlte. Norbert nahm allen Mut zusammen, setzte sich zu den beiden und aß seine Hasenbrote. Verwöhnt war er jedenfalls nicht. Ihm würde alles schmecken, was die Greifswalder Mensa hergab. Er kaute und hörte zu. Aber die beiden Altsemester hatten sich wenig zu sagen. Sie sprachen von Analysen, dann von Präparaten, murmelten Formeln, nannten es Stöchiometrie. Wie sich zeigen würde, kannten die beiden kaum ein anderes Thema, zum Vorteil für die Finken. Auf ihre Fragen erhielten sie stets eine zuverlässige Antwort. Jeden Morgen liefen Hajo und Robert vor acht Uhr ins Labor. Also krochen sie früh ins Bett.

Du auch Fink, erklärte ihm Hajo. Norbert nickte und zog sich aus. Würde er in der dritten Nacht besser schlafen können?

Gehirnwäsche

Am nächsten Tag kontrollierten die Kader der FDJ-Hochschulleitung die Baracken der Fleischerwiese. Sie kamen auch ins Heim III, nicht um zu diskutieren! Sie hatten die Antwort bereits parat: Wie ihr wisst, stinkt der Fisch vom Kopf her. Optimistisch sein, Jugendfreunde! Klapprige Möbel, gerissenes Linoleum, stinkende Toiletten sind Probleme der Übergangszeit. Eure Küchen sind ohne Kühlschränke kalt, statt elektrischer Kocher besitzt ihr eiserne Öfchen; bringt sie richtig zum Glühen!

Hajo knurrte halblaut: Und wenn uns die Kohlen fehlen? Mitleidig sah ihn das Blauhemd an. Am besten wärmt dich ein Mädel!

Norbert dachte bereits daran, abzuhauen, aber es war zu spät. Wer sagte denn, dass in Halle, Leipzig, Dresden, in Jena, Magdeburg oder Rostock die FDJ etwas anderes sagte? Das war äußerst unwahrscheinlich.

Ein Vortrag in Heimatkunde beendete den Besuch der Kader, die man nie einzeln sah. Einer begann, die triste Geschichte der Vorpommernlandschaft wiederzukäuen: Einst zurückgeblieben und arm, nun ein stolzer Bestandteil des sozialistischen Vaterlandes! Die Paläste der Junker, geschleift. In den 1950er Jahren die Kollektivierung der Landwirtschaft nach sowjetischem Vorbild. Und wir legten die Sümpfe trocken, in den Köpfen und auf dem Land!

Die Blauhemden tragende FDJ brachte den Dörfern den Agitprop. Und sie agitierte weiter: Einige Reaktionäre Bauern flohen Hals über Kopf in den Westen, über die grüne Grenze. Auch das ist nun vorbei. Seit fünf Jahren steht unser Schutzwall, sagen wir ruhig, die Mauer …

Er sah jeden einzelnen an: Noch Klagen, Jugendfreunde?

Norbert hörte, als stünde sie vor ihm, die Lehrerin für Staatsbürgerkunde: Seitdem niemand der Zukunft entfliehen kann, stabilisiert sich die Macht der Partei. Ihr Schwert und Schild sind gehärtet worden. Aber der Krieg geht weiter. Jetzt gilt er verbohrten Köpfen, auch unter den Studenten. Wer unter den Bedingungen, die uns der Klassenkampf aufzwingt, nur materielle Mängel beklagt, dem fehlt es an Klassenbewusstsein!

Sie waren gut vorbereitet, um in diesem Land zu studieren; Norbert würde bleiben!

Bruderliebe

Lustlos gingen die Kommilitonen von Heim III auseinander. Vor der Tür fiel eiskalter Regen. Der Spätherbst begann im September. Norbert kroch in den graugrünen Parka, sein wichtigstes Kleidungsstück, gespendet von Bennos Tante, wohnhaft Westberlin, und beschloss, so lange zu laufen, bis ihm warm werden würde. Er überquerte den Bahnhofsvorplatz und kletterte auf den Stadtwall. Vor der Stadtmauer lief er nach links. Er kreuzte am Jugendstil-Pissoir die belebte Straße der Freundschaft, die hier nur F-Straße hieß. Rechts lagen Backsteinbauten einiger Uni-Kliniken, links das Kulturhaus der Eisenbahner, das Stadtbad, der Heimattierpark. Ein Anschlussgleis lief nach rechts, zur Brücke über den Ryck. Drei Fischerboote, ein wrackiger Dampfer dösten im winzigen Hafen der Stadt. Norbert wäre am liebsten gleich umgekehrt, aber Benno hielt ihn zurück. Sein ferner Bruder liebte diese feuchtkühle Seeluft. Also stapfte Norbert umher und begann bereits wieder zu frieren.

Benno nervte. Nun wollte er auch noch ins Greifswalder Hafenviertel. Hier reizte ihn das Morbide. Die niedrigen alten Häuser, es gab nur alte Häuser, standen in windschiefer Lage. Ihr Lehmfachwerk verwitterte, der übergeworfene Kalkputz rieselte vor sich hin. Das Eichenholz der geschnitzten Türen zeigte Risse und faulte. So ging es fast jedem Haus. Das verwinkelte, dem Verfall verfallene Hafenviertel schien für immer verloren zu sein. Benno bedrängte Norbert, nach der ‚Falle' zu suchen, einer Kneipe der Medizinstudenten. Es gelang ihm nicht. Er fror weiter, ging endlich ins Hotel ‚Zur Sonne'. Längst sah das Haus keine Sonne mehr. Norbert bestellte am falschen Ort und zur falschen Zeit. Der Gastraum roch muffig, das Bier schmeckte schal. Er wusste bereits, in der MITROPA, auch beim Ückerwirt in der Bahnhofstraße, wo die

Wiesenstudenten tranken, floss es frisch aus dem Hahn. Aber bis dort war es weit, der Marktplatz lag viel näher. Norbert lief die Knopfstraße aufwärts. Ein Kino kam, der Pferdeschlächter, dann stand er im Kern der Stadt. Was er sah, hatte er in der Schule gelernt: Greifswald Zentrum blieb 1945 verschont, weil der Stadtkommandant kapitulierte, bevor die Rote Armee den Sturmangriff begann. Auf dem leeren, quadratischen Marktplatz standen hanseatische Bürgerhäuser im Stil der Backsteingotik. Ihnen gegenüber prangten die noch älteren, barocken Rathausbögen des 13. Jahrhunderts. Selbst das Hauptpostgebäude, wiederum Backstein, es stand erst seit 1900, aber es schloss streng kaiserlich den Platz nach Süden ab. Norbert stand in der leeren Platzmitte. Einen Wochenmarkt gab es nicht mehr, das Kleingewerbe fehlte. Aber an staatlichen Feiertagen fanden hier die üblichen Massendemonstrationen statt. Benno schickte Norbert hinter das Rathaus. Dort, am Fischmarkt stand noch eines der alten Uni-Gebäude. Seit fünfhundert Jahren bewahrte Greifswald den reformatorischen Geist!

Norbert knurrte: Was hat das mit Fisch zu tun?

Ichthys, das Mut-mach-Symbol aus den Zeiten der Christenverfolgung; Jesus Christus, Sohn Gottes, oder so ähnlich; frage doch die Lateiner!

Hier gibt's doch kaum noch Fisch!

Das ist es ja eben, rief Benno. Damals gründete der Pommernherzog, auf Vorschlag Heinrich Rubenows 1456 die Alma Mater Gryphiswaldensis, die erste Pommersche Universität. Ihren Professoren und einigen Studenten gelang die Reformation schon 1529, vier Jahre früher als in Brandenburg, Spandau und Berlin.

Seitdem, knurrte Norbert, er fror erbärmlich, steht die Zeit hier vermutlich still.

Hast ja Recht, meinte Benno und gab endlich Ruhe, der Sozialismus hat zwar Ideale, doch er versagt in der Praxis, jedenfalls bisher.

Wer die Macht hat

Der erste nasse Schnee fiel. Norbert suchte nach Wärme, ein schützendes Dach, eine Kneipe. Doch Bennos virtuelle Natur pries erneut die Historie: Die Stadt erlebte zu Rubenows Zeiten eine sanfte Reformation. Selbst die katholischen Namen sind den Kirchen erhalten geblieben. Heute dröhnen die Glocken immer noch dreifach, aus dem Dom des heiligen Nicolaus, vom Wehrturm der dicken Marie und aus dem Stummel von Sankt Jakobi.

Du kannst mich mal, dachte Norbert. Bennos Belesenheit ärgerte ihn. Wie sollte er sich als jemand, der die Naturwissenschaften liebte, gegen solche Gedanken wehren?

Ihr Turmhelm, erklärte ihm Benno, fiel Adolf von Schweden zum Opfer, im Dreißigjährigen Krieg. Erst besetzten die Preußen die Stadt, dann gehörte sie zu Südschweden.

Daher das Nordpolklima! Norbert knurrte. Er würde sich gründlich besaufen, dann ging ihm der virtuelle Bruder womöglich aus dem Kopf! Wo aber fand er den Ort, den er suchte? Er betrachtete die Fassaden der schmalen Giebelhäuser. Sieh da! Im Haus Am Markt Nummer eins versteckte sich ‚Horch & Kuck'. Das schönste Renaissancegebäude besetzte natürlich die SED, mit der Stasi in Symbiose! Er fand auch den Beweis, hinter dem Schornstein hockte wie eine Elster die Parabolantenne für den internen Richtfunk. Es war der einzige, nicht verbotene Funkverkehr im Land. Partei und Stasi empfingen so die Befehle der fernen Hauptstadt.

Norbert wandte sich ärgerlich ab. Er suchte Wärme, ein gutes Gespräch, und was fand er? Die Heimlichkeit der Mächtigen, ihr Machtwissen, ihre Kontrolle über jeden privaten Furz! Was hatten sie sonst auch zu bieten?

Benno gab seinem Bruder Recht, die Altstadt mit ihren romanischen Kirchen und den barocken Häusern entstand aus anderem Geist, und die größte Zierde der Stadt, die Universität war älter als jede Partei.

Sie suchten und fanden den Dom. Zum Glück und zum Ansehen Greifswalds stach seine grünliche Nadel unversehrt in den Küstenhimmel. Schwer und strähnig wurden die Wolken von der See herüber geschoben und zogen weiter ins Sumpfland. Sie waren dunkler geworden, legten sich dick und feucht über Weiden- und Erlenbrüche, ins Reedgras, auf weglose Knüppelwälder.

Norbert zog hörbar Luft ein, er fror. Endlich fand er doch, was er suchte. Zwischen zwei Stufengiebeln hockte ein niedriges Haus, die HO Gaststätte ‚Zur Hütte'. Norbert sprang drei Stufen hinauf, zerrte die schwere Tür auf, schüttelte im Flur Schnee und Kälte vom Parka und betrat den Gastraum zur Linken, ein dämmriges Zimmer, wie üblich verqualmt.

Kapitel 3
Erhard

Haarige Sätze und Bibelverse

Norbert setzte sich in eine Ecke, bestellte Bier und rauchte, sah sich vorsichtig um. Der runde Eichentisch in der Mitte war mit Studenten besetzt. Waren es Studenten? Ein langer Bursche, umlacht von drei Mädchen, saß da wie aus Knochen und Herz, fuhr mit langen Armen umher. Als er zu reden begann, stand er auf und pflanzte die Fäuste in das knotige Holz des Tisches.

Norbert schluckte sein Bier, sah hinüber und lauschte. Erhard, so nannten die Mädchen ihn, war nicht mehr zu bremsen. Er hob die dürren Arme, die langen Finger bildeten Haken, als hielten sie sich an den Rauchschwaden fest, ein Vorhang, den er vergeblich aufzuziehen versuchte. Es war ein körperliches Erlebnis, wie er dastand und sprach. Kein Wort hat Norbert behalten, doch jede Geste, die impulsive, holzschnittartige Mimik; mit wulstigen Lippen, die flüsterten, zitterten, plötzlich schrien und schäumten, stieß er Wirtinnenverse, haarige Sätze, aber auch Bibelzitate und kluge Gedanken hervor. Zwischendurch fing er den Wortschaum, der ihm aus dem Mund quoll, mit fliegenden Händen auf. Immer wieder verkrallten sich seine Finger, fuhren die Arme wild durch die Luft, bis sich die Haare der Mädchen und seine Windmühlenflügel miteinander verfingen. Momente lang hielt er still. Dann schnellte eine Hand vor. Seine gellende Stimme rief knapp: Herr Wirt! Der wusste Bescheid, er kannte den Knaben. Ein Kellner kam, brachte Bier für alle, für Erhard noch einen Schnaps. Jetzt sah er fragend zu Norbert herüber. Der nickte nur und gehörte dazu, in die Wärme, den Bierdunst, den Qualm. Zigaretten in allen Mündern. Wie atmete man in dem niedrigen, holzgetäfelten Raum, woher bekam ihr Gehirn den Sauerstoff zugeteilt? Fenster? Gab es auch Fenster? Es gab vor allem Erhard. Norbert schien es, als hätte sein Denken und Fühlen nicht Raum genug in der dürren Gestalt. Erhard stieß immer mehr, immer neue Wörter, mit Schaum gemischt hervor. Er warf sie mit Pathos auf halbvolle Gläser, in die Aschenbecher, den lachenden Mädchen in die erstaunten Gesichter. Wenn ihn der Durst wieder brannte, ergriff er irgendein Bierglas, nahm einen Schnaps, eine Zigarette. Die Mädels tranken langsamer, aber sie rauchten mit.

Benno verhielt sich still. Die Wärme machte ihn schläfrig. Endlich gelang es Norbert, sich die drei Mädchen in Ruhe, von Kopf bis Fuß anzuschauen ...

Die Biermesse

Vor Norbert saßen drei Anfängerinnen der Pflugbeil'schen Schule für Kirchenmusik. Erhard war hier der einzige Knabe, also Hahn im Korbe. Er trank. Er rülpste und blickte zu Norbert, als erwarte er Beifall von ihm. Dann begann er, die Hände erhoben, die Biermesse zu zelebrieren: Seid ihr bereit, die heilige Messe des Bieres mit mir zu lesen? Ihr antwortet einfach: Suumus, wir sind bereit. Sind die Kerzen angezündet? Erhard sah zur Mitte des Tisches, wo das Stummelchen einer Kerze stand. Er riss ein Streichholz an, zitterte, entzündete ihren Docht. Sie leuchtete, alle Augen glänzten, die Brüste begannen zu hüpfen. Erhard fuhr feierlich fort: In wie viel heiligen Zügen soll das Bier geleeret werden? In den sieben heiligen Zügen, rief die schwarzhaarige Christina. Sie wusste also Bescheid. – Setzet an! Ihre Hände griffen zu, die Zungen schnellten hervor. Die Mädels lachten und tranken, während Erhard zu zählen begann: Und eins, und zwei, und drei, und vier ... sie soffen unheimlich viel Lagen Bier!

Erhard war bei den ‚alten Germanen' gelandet. Christina blitzte verstimmt. Er fand zum Text zurück: Und vier, und fünf, und sechs, und sieben; wie herrlich mundet das Bier! Sie schluckten gehorsam sieben Mal, verschlangen den drahtigen Kerl mit den Augen, die Knochenmannwangen, die tanggleichen Haare. Norbert hielt mit. Seine erste Biermesse war eine Art Greifswalder Taufe, Generalprobe für die Wiese. Benno verhielt sich still. Er beobachtete genau und erkannte an Erhards Gebärden, der Bursche spielte ihm etwas vor! Wochen später wurde ihm klar, nicht das Bier hatte Erhard gemeint, nicht den Schnaps, den er allzu gern trank. Er suchte Norberts Freundschaft, aber Norbert begriff es nicht gleich. Er sah sich lieber die Mädchen an, vor allem die sanfte Christina. Gehörte sie wirklich zu Erhard? Sie kümmerte ihn doch gar nicht!

Erhard prahlte weiter vor seinen Mädchen: In Freest fing ich Fische mit bloßen Händen! Er spreizte die Finger, griff zu, packte zwei Mädchen beim Schopf und beteuerte, er sei ein fröhlicher Junge, ohne Gedanken an morgen.

Norbert glaubte es ihm. Er fühlte sich einsam. Benno belauschte das Flüstern der Mädchen. So klärten sich einige Fragen ...

Aus Freest bei Wolgast am Peenestrom war Erhard nach Greifswald gekommen. Als Hilfskantor hatte er dort dem Dorfpfarrer beigestanden. Aber er konnte mehr.

Dat Trödeln musst laten, meinte sein Vater, nu lern man tau, min Jung! Großmutter seggte: De Jung went naak Gripswolt, ick hebb mit unsen Pastor snackt!

Der Pastor nahm seinen Ehrgeiz ernst. Er schickte ihn zu Hans Pflugbeil, in die Bahnhofstraße, um Kirchenmusik zu studieren, von Erhards Talent überzeugt.

Die Kirchenmusikschule

Erhard liebte Musik. Er lachte schallend. Woher holte er nur die Resonanz aus seinem dürren Leib? Jetzt donnerte er die Fäuste auf den Eichentisch und verriet der Runde seine musikalischen Pläne. Er würde kein Dorfkantor bleiben. Ein Abschluss als A– Kantor schwebte ihm vor, mindestens ein B– Schein als Kirchenorganist. Begeistert erläuterte er die vielen Fächer der Kirchenmusik, die man ihnen in Greifswald beibringen würde, Flöte, Klavier und Orgel, dazu Chor- und Sologesang, auch Chorleitung und Dirigieren, Komposition und Musiktheorie: Ihr werdet den ganzen Tag spielen müssen, Schütz, Bach und Reger und wieder Bach, dazu Telemann, Händel, Bruckner und Brahms, dann die neue, schwierige Kirchenmusik, und immer wieder die polyphonen, satten barocken Klänge!

Erhard sprang auf, von sich selbst begeistert. Alles an ihm war ein einziges Brausen, im Kopf und auf der Zunge. Die Mädchen rutschten nervös auf ihren Stühlen herum. Er brachte sie aus dem Häuschen. Sie drängten sich ihm entgegen. Und Erhard improvisierte, mit dem Mund, den Händen, dem ganzen Körper, mal schwebend, dann lauthals und grob, als könnte die Breitseite seiner Gebärden, sein genialisches Fühlen und Wollen ihn befreien von einem verfluchten Verführer, der tief in ihm hockte und alles von ihm verlangte ... Herrgott! Er wischte den Schweiß von der Stirn, vom Reden, vom Saufen, der Euphorie. Er reckte sich, schnaufte und schrie von neuem: Herr Wirt!

Von irgendwoher kam ein Echo. Sie waren die letzten Gäste. Norbert war näher gerückt. Er sah nur noch fasziniert in die lachenden Augen, auf feuchte Lippen. Erhard, als sei es noch nicht genug, schnitt Grimassen in seine Wangen. Jede Phrase, die er hervorstieß, tätowierte die graugelbe Raucherhaut, die seit langem die Sonne vermisste. Die letzte Runde kam. Erhard sah grau und erschöpft aus. Doch er schnalzte mit seinen Fingern und rülpste dem ersten Schluck des frischen Brausaftes nach. Seine Mädchen stöhnten und lachten. Sie bewunderten ihn, verspotteten ihn, ausgenommen Christina. Norbert erschien sie reifer, voll mütterlichem Instinkt, obwohl auch sie, wie die anderen zwei, kaum älter als achtzehn sein konnte. Sie wartete wirklich auf Erhard. Er ignorierte sie doch! Doch der Knabe erholte sich rasch. Bei gestiegenem Pegelstand fing er ein ernsteres Thema an; er sprach über Gott.

Greifen und Löwen

Erhard dankte dem Herrgott, der die Musik, insbesondere die Kirchenmusik auf die irdische Welt geschickt, sie ruhmvoll und lautstark in Orgeln, Trompeten, in Posaunen und Flöten eingebaut hatte, klangvoll und beständig: Wohl dem, der nicht wandelt im Rat der Gottlosen, noch tritt auf den Weg der Sünder, noch sitzt, wo die Spötter sitzen ... dies zur Mahnung und zur Freude aller frommen und gottlosen Pommern!

Erhard psalmodierte mit lyrischem Tenor. Dann überraschte er Norbert erneut, auch Benno lauschte gespannt. Dieser Student vom Lande pflegte eine tümelnde Sprache, kein Plattdeutsch wie zu erwarten. Es war ein gehobenes Deutsch, allerdings aus dem letzten Jahrhundert. Fromme Sinnsprüche, dazu holzschnittartige, ewig gültige Küchenzitate zog Erhard am laufenden Band hervor.

Dabei gickste er mit seiner Stimme schrill und schmerzhaft in Ohren und Seelen der Mädchen, ein Glücksgefühl, eine Qual. Es klang nach Vergewaltigung, nach akustischer Penetration! Endlich schwieg er, holte tief Luft ...

Norbert nutzte die Pause, stand auf, wollte gehen. Aber Erhard blickte herüber und fuhr mit fünf gekrümmten Fingern wie ein Greifvogel auf ihn herab: Bleib, wir müssen reden!

Norbert war erschrocken, Benno jedoch fasziniert. Aus Norberts halb offenem Mund, durch seine flackernden Augen sprach er auf Erhard ein: Bist ein Greifswalder Adler, samt Flügeln, Krallen und Krummschnabel, wie?

Erhard stutzte, dann lächelte er: ‚Der Rumpf eines Löwen, die Beine des Adlers'. Du kennst dich in der Heraldik aus?

Erhards Gesten erinnerten jeden, der phantasievoll genug war, an das Wappen des Pommernherzogs, der zu Rubenows Zeiten geherrscht hat, als Greifswalds Gönner und Förderer.

Die Mädchen verhielten sich ruhig, Norbert schwitzte und Erhard lauerte. Benno blieb Herr der Lage: Du musst erwidern, flüsterte er, und übernahm sofort: Das Greifengeschlecht ist ausgestorben. Du bist ein Bastard, oder hat dir dein Urgroßvater postum den Greifen-Orden verliehen?

Erhard verkniff die Augen, vertiefte die Wangenfalten. Er griff links und rechts nach zwei Mädchen, sprang zur Dritten, schlang ihr den Arm und den Hals und tatschte ihr auf die Brüste: Alles meine! Dann kicherte er.

Christina schob seine Hand zur Seite. Gabi schnippte ihn mit den Fingern fort. Ihre Blicke musterten Norbert. Sie blinzelte, sagte: Versuch gar nicht erst, Erhard jetzt zu bremsen! Der wandte sich inzwischen dem dritten Mädchen zu. Elisabeth aber wollte sich nicht von ihm beruhigen lassen. Sie schmollte mit Erhard, so ernst sie konnte. Sie schüttelte ihre Locken, schüttelte

Erhard ab und schämte sich noch dabei. Sie war aus dem Dorf in die Stadt gekommen, um Kirchenmusik zu studieren. Nun das hier, die Hütte, der Erhard, das Bier. Nicht doch, rief Elisabeth und sagte bald Ja und Amen!

Der Knabe verstand seine Sache. Er hatte das Mädchen im nächsten Moment versöhnt. Er blieb der Hahn im Korbe, oder, je nach Pegelstand, der Gockel auf dem Mist.

Streit zwischen Brüdern

Am liebsten ließ Erhard sich feiern, ein Greif, ein Löwe, ein Satyr, der mit den Augen rollte, bis zum Saufaus, zum Kotzen, zum Überdruss. Heute jedoch war der Fremde im Raum: Wie ist dein Name? Sage ihn mir!

Norbert, erwiderte Benno.

Norbert war Benno dankbar gewesen; sein Bücherwissen schien nützlich zu sein. Jetzt hatte er ihn verraten, oder etwa nicht? Sie schwiegen, warteten ab. Norbert drehte sich langsam um. Dann ging er. Im letzten Moment, er war halb durch die Tür, sah er, wie sich Christina erneut um Erhard bemühte, liebevoll aber wütend: Bezahle endlich, wir gehen, für heute hast du genug!

Drei Stufen, Norbert war draußen. Er atmete auf, stieß den Qualm aus, den Bierdunst, die wirren Reden. Jetzt ärgerte er sich über Bennos Zwischenrufe. Heute früh hatte er noch gehofft, den Bruder in Greifswald los zu werden. Jetzt stellte er ihn zur Rede: ‚Benno, dein Urteil ist zwar bestechend, doch du wirst es vernebeln, durch Überschläue, oder durch deine Verse! Und wenn du Streit suchst, dann ohne mich. Ich habe keine Lust, wegen der Greifswalder Greifen von diesem verrückten Erhard tätowiert zu werden! Und erzähle mir nichts von Adelswappen; zwei Altsemester in meinem Zimmer sind antiquiert genug.

Norbert machte sich auf den Heimweg, lief die F-Straße langsam hinunter. In den Bäumen krächzten die Krähen. Triumphierend fragte er Benno: Siehst du etwa Adler in Greifswald? Ich halte sie für Krähen!

Benno, Norberts Gewissen, sein Stachel im Intellekt verhielt sich auffallend still. Er unterließ es, vom frühen Verlöschen des Greifen-Geschlechts vor 1700 zu sprechen, von Mecklenburgs Greifen-Orden, 1884 durch Großherzog Friedrich Franz III. gestiftet. Doch machte er sich in Norberts Kopf eigene Gedanken; sie betrafen Erhard, Kirchenmusikstudent. Er überzeugte im ersten Moment durch seinen forschen Auftritt, Traumwandlerische Sicherheit und hypnotische Gesten. Aber Benno ließ sich nicht täuschen: Er überspielt seine Lebensangst, die im Innern lauert. Noch hält er sie verborgen, nur Christina hat sie erkannt. Was, wenn eines Tages ...

Norbert reagierte nicht. Er hatte zu viel getrunken. War das nun jenes Studentenleben, das Meixner ihm prophezeite? Als hätte er auf das Stichwort gewartet, stand er vor einer nächsten Kneipe. Er brauchte neue Gesellschaft. Also trat er, ohne viel Nachzudenken, mit Bruder Benno ein.

Deutsches Haus. Trinkerporträt

Niemand sah Norbert an, dass Benno seine Gedanken bewegte. Chemiker, sagte er sich, sind gewöhnlich nüchterne Leute. Nüchtern war falsch, er korrigierte: Naturwissenschaftler sind sachliche Menschen, spekulieren nur, wenn sie betrunken sind.

Der dunkel getäfelte Flur, die Gaststube war fast finster. Hänschen führte das Deutsche Haus; er hatte die längsten Öffnungszeiten. Chemiker sah man hier kaum, eher schon Mediziner. Norbert bestellte trotzdem. Schon sangen die Studenten: ‚Wütend wälzt sich einst im Bette Kurfürst Friedrich von der Pfalz, gegen alle Etikette brüllte er aus vollem Hals ... wie kam gestern ich ins Bett? Bin halt wieder voll gewest!'

Nach dem dritten Glas Bier bei Hänschen sah Norbert auch endlich die Adler. Benno stichelte: Hör sie dir an, diese Mediziner! Sie benehmen sich jetzt schon wie Fürsten!

Norbert blinzelte, dann fand er jemand, der unter seinem Kragen einen versteckten ‚Bonbon' trug: Die Parteikader aber genauso, sie zuallererst!

Benno knurrte: Sie sind doch alle dafür nicht erzogen worden. Das wird meist eine peinliche Sache.

Norbert trank und bestellte neu. Er war Bennos Meinung: Keiner ist so naiv, an das Verschwinden des Greifen zu glauben. Viele Chemiker sind Proleten, aber die hier wollen den Greif zurück, mit oder ohne Bonbon.

Benno nickte mit Norberts Kopf. Der führte Selbstgespräche, niemand beachtete ihn, als er knurrte: Die Macht, die der Greif in den Klauen hielt, haftet längst an anderen Klauen; ganz ohne geht es nicht. Die Fahne hat sich geändert, aber das ändert wenig!

Endlich dachte er an Christina. Er hoffte, dem Treffen mit Erhard würden weitere folgen. Die Stadt, die Zahl ihrer Kneipen war klein. Er musste Erhard mit seinen Mädels zwangsläufig wiedertreffen!

Norbert bewunderte Bennos Einsicht, als sein Bruder beim nächsten Bier ein schnelles Porträt von Erhard mit knappen Worten skizzierte. Er notierte sich die paar Zeilen. Vielleicht zeigte er sie Christina. Die Skizze war gelungen.

Wirre Reden, aus Wolgast gebürtig
ausgespannt zwischen den Spinnenfingern
im haarigen Schleppnetz gefangen genommen

Wie sein weicher, laut offener Mund
karpfengleich vor seinen Mädels
die Biermesse zelebrierte

Lachend schnellten die Zungen hervor
verschlangen den drahtigen Kerl
mit seinen Knochenmannwangen

Glänzende Lippen, schwellende Brüste
rührten an tangweiche Haare
an nie gesättigte Träume

von Musen, Musik und Mädchen
und vom alles ersäufenden
Schnaps

Kapitel 4
Dandy

Namensgebung

Norbert brauchte Tage, um die Trägheit der Altsemester im Zimmer zu akzeptieren, eine Geisteshaltung, die es erlaubte, hier auszuhalten, um zu studieren. Noch wartete er vergeblich auf den zweiten Finken. Als er am ersten Wochenende sein schwankendes Hochbett verließ, sich zum Abendbrot neben Hajo setzte, tauchte er endlich auf, kam herein, sagte knapp ‚Hallo' und stellte sich vor den Spiegel, der am Nagel vor seinem Bett hing.

Er kämmte sich lange. Er hatte dichtes, besonders schwarzes Haar wie ein Italiener. Norbert stand auf und wartete. Robert und Hajo kauten. Bertram drehte sich endlich um und nannte seinen Namen. Norbert erwiderte knapp. Dann sagten beide nichts mehr. Die Begrüßung war kurz und herzlos. Da standen sie, Norbert in Trainingshosen, Bertram in neuen Thälmann-Jeans, Made in Rostock, GDR.

‚Unsere zwei Finken', stöhnte Hajo, lachte und kaute weiter. Robert nickte und schlurfte, man hörte Essgeräusche. Norbert entschloss sich endlich, nach draußen zu verschwinden, eine Gulaschsuppe, ein Bier in der nächsten Kneipe, am besten in der MITROPA: Ich gehe noch bisschen raus! Er griff nach seinen Jeans, Lewis Strauß & Co, aus einem Paket seiner Tante. Der Schwarzhaarige reagierte. Er hätte die gleiche Idee gehabt, und knöpfte die Lederoljacke zu. Dann sah er Norberts Nylonmantel. Es regnete schon wieder. Auf diese ‚Natopelle' war jeder Besitzer stolz, wenn auch der Schweiß darin floss. Bertram zeigte die

Zähne und meinte, laut genug, dass es die anderen hörten: Bist ja ein richtiger Dandy! Er war neidisch, gut. Woher aber dieses Wort? Norbert musste irgendwie reagieren. Hilflos blickte er auf die beiden, die beim Abendbrot saßen und schwiegen. Hajo sah von einem zum anderen, dann sagte er gelassen zu Bertram: Der Dandy, das bist doch du.

Norbert atmete auf und wusste, von nun an würde Bertram im Studienjahr nur noch ‚Dandy' heißen, schon wegen der prachtvollen Haare, dazu sein Lederol. Einen besseren Spitznamen hätte er für ihn nicht finden können.

Kommst du nun mit? Norbert brach das Schweigen, lass uns was essen gehen!

Bertram zögerte, nickte und schlug ihm dann heftig auf die Schulter: Komm schon, wir wohnen ja jetzt zusammen.

Bahnhofs-MITROPA

Das Restaurant der MITROPA-Gesellschaft öffnete schon um sechs Uhr morgens. Jetzt war es sieben Uhr abends. Der einzige freie Tisch stand voll leerer Teller und Gläser. Norbert setzte sich, Dandy winkte. Kellner Willi kam angewedelt und stellte sich zu den Jungs, so dicht es eben ging. Er war nicht der Jüngste und nicht der Schnellste, aber von Herzen schwul. Seinen verschlissenen Frack beulte die Geldbörse aus, abgegriffen und blank gerieben wie Willis kluges Gesicht. In jeder Falte lauerten Scherze. Generationen von Reisenden und die Studenten der Wiese traktierte er mit Sprüchen: Jungs, das Bier ist gut, lasst es laufen! Nehmt Bauernfrühstück oder Soljanka, was Besseres kriegt ihr hier nicht!

Also gut, zwei Bauern, zwei Pils! Willi verschwand mit Geschirr. Er hatte die Jungs taxiert, sie waren ihm zu jung. Männer, die er mochte, hielten auf Tradition und pflegten Rituale aus burschenschaftlichen Zeiten.

Ihr Bier kam: Prost Jungs! Sie tranken. Der gelbe Saft hieß Greifen-Pils. Wo ich wohne, gibt's Bärenquell, meinte Dandy.

Kenne ich, nickte Norbert. Beide kamen von Randberlin.

Willi brachte Bauernfrühstück, ölige Bratkartoffeln, in Rührei eingewickelt, Salzgurkenbeilage, Schmorzwiebeln, fertig, alles für zwei Mark siebzig.

Prost Dandy!

Prost Norbert! Das Essen war gut. Das Pilsner schmeckte wie überall. Man konnte es anstandslos trinken. Sie redeten schneller, die Angst verflog, in Pommern allein zu bleiben. Sie würden sich behaupten, auch gegen Robby und Schnürschuh.

Das sind Hinterwäldler, behauptete Norbert.

Das macht die Fleischerwiese, erklärte Dandy bestimmt. Mich haben sie auch nicht gefragt, wo ich wohnen will, obwohl ich eine Woche früher nach Greifswald kommen musste. – Norbert sah fragend zu ihm.

Dandy blickte aus dunklen Augen: Ich bin Genosse, verstehst du?

Norbert setzte sich gerade hin. Fast alle Professoren, viele Assistenten und einige Studenten gehörten zur Partei, damit war zu rechnen. Aber Bertram, der Dandy, mit Haaren wie ein Italiener? Das Studium fing ja gut an!

Dandy sah Norberts Erschrecken und stöhnte: Mein Vater wollte das so. Mir ist das scheiß egal. Sie haben uns her befohlen, informiert, was in Greifswald so los ist, und auf die Zimmer verteilt. Vier Mann auf der Bude und kein Genosse, das geht nicht. Ich soll unsere Gruppe auf Linie halten. Keine Angst, ich verquatsche mich nicht!

Pause. Verlegenes Schweigen. Sie winkten Willi heran.

Vertrauen schaffen

Willis Frackschöße flatterten heftig: Jungs, lasst es laufen, trällerte er und brachte die nächsten zwei Biere. Der trüb beleuchtete Saal war verqualmt, fast nur von Studenten besetzt. Bald wussten sie, da saßen Physiker und Biologen, Chemiker, Mathematiker und einige Hilfswissenschaftler, so nannten sie die Lehrerstudenten. Wer für den Schuldienst gleich zwei naturwissenschaftliche Fächer paukte, lernte nur die Hälfte. Dafür wurde er doppelt auf Linie getrimmt. Das ergab ein stabiles Feindbild, gegen das Naturwissenschaftler gern zusammenhielten. Dandy entdeckte die Rote Ecke in der MITROPA-Gaststätte, mit dem Foto von Kellner Willi; Becker war der Monatssieger im sozialistischen Wettbewerb! Dandy grinste und orderte frisches Bier, dann gratulierte er Willi. Der guckte seltsam und ging. Dandy redete weiter, als hätte ihn jemand aufgezogen: Hör zu Norbert, wir Genossen mussten als erste hier sein. Sie verklickerten uns die Parteibeschlüsse, erklärten, wen wir anrufen sollen, wenn die Kommilitonen Westpropaganda verbreiten, Hetzsender hören oder häufig Westpakete kriegen.

Kannst mich ja gleich verpfeifen; meine Nato-Pelle, die echten Jeans, und wenn du erst meine Bücher siehst ...

Hör auf, Norbert, so bin ich doch gar nicht! Dandy winkte verärgert ab. Wer's glaubt, dachte Norbert und konterte: Weißt, dass wir hier in Südschweden sind?

Dandy blickte verständnislos. Norbert lächelte dünn: Ein paar Greifswalder sind noch stolz darauf, dass Vorpommern im Westfälischen Frieden 1648 zu Schweden kam; die Schwedische Königin hat noch heute ... er stockte und schluckte sein Bier. Doch Benno fing an zu reden, ausgerechnet jetzt! Er plapperte durch Norberts Mund und pries Pommerns schwedische Jahre, als käme die Freiheit bereits durch die richtige Wahl eines Landesnamens! Dann gab er zu: Wenn die Stadt heute schwedisch wäre, sähe Greifswald wohl anders aus!

Und woher weißt du das, knurrte Dandy.

Norbert fiel zum Glück Ernst Moritz Arndt ein: Einen Teil ihres Ruhms verdankt die Stadt auch seinen Befreiungsliedern. Arndts Name steht auf dem Stempel, auf der Urkunde, die wir bekommen, oder?

Dandy nickte versöhnt: Arndt war befreundet mit Freiherrn vom Stein, der Preußens Armee reformierte. Auf den schwört unsere NVA. Trink aus, das ist meine Runde.

Norbert nickte. Sie wohnten in Zukunft zusammen, würden gemeinsam studieren, wenn sie sich heute auch noch misstrauisch in die Augen blickten: Auf unsere Uni, auf das Studium, möge es uns gelingen!

Dandy tat Norbert Bescheid: Auf Preußen! Wenn wir nur erst die vormilitärische in Prora hinter uns hätten!

Fakt war, zur preußischen Zeit hatte die Greifswalder Uni ihre Nase weit vorn. Etwas vom preußischen Drill war auch der neuen Armee durchaus erhalten geblieben. Davon wusste Norbert gar nichts, er sagte: Auf Greifswalds Kultur, und auf die Mädchen. Hans Fallada kennst du doch, oder nicht? Dann war da noch dieser Köppen, Wolfgang, der kommt auch von hier, habe ich gehört …

Keine Ahnung. Wir trinken am besten auf die Mädchen!

Die nächste Runde, auf Willis Empfehlung, ging an die alten Germanen, die ‚soffen unheimlich viel Lagen Bier', auch wenn sie die meisten Studentenlieder erst noch zu singen lernten.

Die Beatles und die Freundinnen

Norbert wurde mutiger: Was bedeutet eigentlich Dandy?

Bertram strahlte: Das ist ein Song von den Kinks! Ich habe ein BG4, ein TESLA-Vierspur-Tonbandgerät. Zu Hause schneide ich immer mit, auch Olaf Leitners ‚Schlager der Woche'.

Ist das nun gut gespielt oder echt, fragte sich Norbert und fand, es sei ein bisschen zu viel.

Die Beatles sind toll, rief Dandy. Und seitdem der Berliner Rundfunk, ‚Jugendwelle DT 64' Beatmusik senden darf, pinkelt mich keiner mehr an, verstehst du!

Dandy war wohl echt. Wer nur provozieren wollte, der schnitt nicht so auf, oder doch? Dandy kannte sich jedenfalls aus mit der Beatmusik: Die Kinks haben ‚Dandy' vor ein paar Wochen das erste Mal auf der Bühne gespielt! Leise begann er zu singen: ‚Dandy, Dandy, where you gonna go now?

Who you gonna run to? All your little life you're chasing all the girls, they can't resist your smile. Oh, they long for Dandy, Dandy ...

Ich liebe die Beatmusik, was ist mit dir?

Norbert knurrte nur halblaut. Nicken wollte er lieber nicht. Benno verstand etwas von Musik, aber nur von der Klassik, Beethoven, Tschaikowski. Uta hatte ihm erst vor kurzem eine Platte mit Dvoraks Serenaden geschenkt, für Streicher und für Bläser. Nun kannte sie auch Norbert. Doch Beatles, Kinks und andere gab es nicht zu kaufen! Nein, auch Benno konnte nicht helfen. Dandy jedoch erklärte, Beatmusik sei Protestmusik der englischen Arbeiterklasse, der Proleten von Manchester, Liverpool, London.

Norbert grinste: Das klingt zwar verrückt, aber gut gesagt. Mit dieser Masche könnten wir beide im FDJ-Studienjahr über Beatmusik reden, was meinst du?

Dandy zögerte, dann fiel ihm ein: Du machst den Propagandisten!

Norbert schluckte; das war geschickt. Er sollte für die FDJ Propaganda machen? Etwas musste er allerdings tun. Gesellschaftliche Arbeit wurde von jedem verlangt. Es konnte schlimmer kommen. Er nickte Dandy zu und hatte Punkte gesammelt. Der griff in seine Jacke, zog ein Freundschaftsbild aus dem Lederol und schob es über den Tisch: Meine Freundin, sie lernt Frisöse.

Norbert schaute bewundernd das Foto an. Das Mädchen konnte sich sehen lassen. Er zögerte, griff dann nach Utas Bild: Meine klempnert den Leuten die Zähne. Das wäre nichts für dich. Hatte der Bruder ihn nicht um Utas Betreuung gebeten? Norbert blies in sein Bier und wartete. Dandys Musterung fiel akzeptabel aus. Er nickte, gab Uta zurück. Sie konnten endlich beginnen, sich besser kennen zu lernen. Genauer überlegt, gab es keine Alternative.

Kapitel 5
Gotik, Drill und Erntehilfe

Mönche und Pommernherzog

In den kommenden Wochen erkundeten sie die Stadt, die sie zum Studienort wählten, Norbert, weil Meixner sie ihnen empfahl, Dandy aus praktischen Gründen; er hatte einen direkten Weg nach Hause, zu seiner Freundin. Norbert, getrieben von Bennos Fernweh, der die Gegend durch ihn zur Kenntnis nahm, mit Bücherwissen erfüllte.

Norbert zeigte Dandy den Hafen. Von diesem Nordrand der Ansiedlung sahen sie Greifswalds rundliche Altstadt, wie sie seit sechshundert Jahren auf ihrem Buckel aus Lehm stand, bei Regenwetter im Schlamm. Norbert stapfte ans Ufer. Der schmale Ryck mit dem winzigen Hafen war seit Hansezeiten verlandet, hatte Benno gelesen. Nach sumpfigen fünf Kilometern erreichte das Flüsschen die dänische Wiek. Greifswald hing also am Bodden wie ein Embryo an der Nabelschnur.

Dafür spürt ihr nichts von den Winterstürmen! Am besten geht ihr am Fluss bis zur Küste; ihr müsst Kloster Eldena sehen!

Genug Benno! Norbert knurrte. Das nächste Angebot kam: In der Nähe, hinter dem Markt versteckt sich das Pommersche Landesmuseum, geplant von Gottfried Quistorp, das war Friedrichs Zeichenlehrer. Dort hängt Caspar Davids Gemälde ‚Kloster Eldena im Riesengebirge'.

Ruhe, Quälgeist! Norbert fluchte. Dann fuhr er doch mit Dandy und der Buslinie 2 nach Eldena, in Greifswalds romantischste Ecke. Benno servierte den beiden den historischen Abriss dazu.

Die erste Ansiedlung bauten die Mönche vom dänischen Kloster Esrom. Ihre Pächter ernteten Salz aus dem Bodden. Die Zisterzienser errichteten 1199 ihr Tochterkloster Schilda. Bald kreuzten sich hier zwei Handelsstraßen und der Pommernherzog bekam die Siedlung Greifswald als Lehen. Er ließ im Fischerdorf Wieck den Freihafen bauen. Der Rügenfürst und der Pommernherzog schenkten Greifswald das Marktrecht, später kam das Stadtrecht dazu. Nun durfte sich Greifswald verteidigen. Man baute die Stadtmauer und einen Ringwall. Der mit Bäumen bewachsene Damm umgürtet die Altstadt bis heute.

Eldena und Wieck

Ihr Linienbus hielt vor Eldena. Sie liefen die einzige Straße hinunter, standen überrascht vor dem gotischen Bogen der Klosterruine. Reste des Kirchenschiffs duckten sich dort zwischen die Bäume und Büsche. Schweigend, vergessen, ganz unbeachtet lag das Kloster unweit der Boddenküste. Die Landstraße nach Lubmin lief vorbei. Die ungeschützte Küste machte es von Anfang an den Piraten leicht, die Mönche zu überfallen. Das Kloster, kaum gebaut, wurde mehrmals verlassen. Bald begann sein Verfall. Die Backsteine dienten zum Festungsbau, für die ersten Gebäude der Uni. Im Dreißigjährigen Krieg schenkte der Herzog das Grundstück der Alma Mater Gryphiswaldensis, 14000 Hektar. Weitere Gebäude von Stadt und Uni wurden aus Eldenas Steinen errichtet. Noch einmal zweihundert Jahre später hat Caspar David Friedrich den gotischen Bogen entdeckt, ihn wieder und wieder gemalt. Benno, zu Hause geblieben, kannte den Anblick durch Caspar David. Norbert und Dandy sahen nur einen der im Staatssozialismus verwahrlosten Orte. Beide ärgerten sich, sahen Haufen von Müll in der Kirchenruine liegen. Im Schatten dösten Ziegen.

Benno war in Gedanken dabei und genoss mit Norbert die Stille. Sie stellten sich unter den Bogen, das gotische Gewölbe und blickten zum Schlussstein hinauf in zwanzig Meter Höhe. Benno schaute, träumte und reimte sich das verfallene Kloster lebendig …

Die Trauer grün, das Gras, das Blatt
die starken Mauern dem Zerfall verfallen
auf strebt der Backstein, lichtdurchglüht
dem Himmel zu, der blass und bläulich blüht
zu Gott, Gott zu Gefallen

Rotlichter Glanz, des Bittenden Gestalt
in Stein gefügt, jahrhundertalt
der Glücksgewissheit treu, dem einen Geist
der Agnus Dei, Christus heißt
und alles überstrahlt

Nahfern Gesang, aus Fugen bröckelt Zeit
das Gras im Wind, der Mensch im Tor
der Bogen wölbt sich, reißt ihn mit empor
zu Gott, zum Licht, zur Ewigkeit
wir, zweifelnd, steh'n davor

Norbert stand lange nur da und schwieg. Dandy wunderte sich über ihn, aber er fragte nicht nach; was wusste er von Norbert, was wusste Norbert von ihm?

Norbert wusste, die frommen Neigungen Bennos hatten mit Uta zu tun. Er bekam bereits ihre ersten Antworten auf Bennos leidenschaftliche Briefe. Er schickte sie weiter zu Benno. Die Sache ging ihn nichts an. Doch er wünschte sich eine eigene Freundin, in der Nähe, warm und begreifbar.

Dann lief er mit Dandy von Eldena in der Mittagssonne ins Fischerdorf Wieck. Die Bockswindmühle am Weg zum Ryck hatte lahme Flügel. Beide liefen staunend, fast vorsichtig über die hölzerne Zugbrücke, die das Flüsschen im flachen Bogen knarrend überspannte, liefen wie durch van Goghs Gemälde. Als sie das Fischerdorf endlich betraten, stellten sie sich vor, in den Niederlanden zu sein. Keiner von beiden ahnte, wie ein paar Monate später die Winterstürme vom Bodden her um die Reedhäuser toben würden. Selbst das Segelschulschiff der Volksmarine, die ‚Wilhelm Pieck', würde sie aushalten müssen. Von den Kadetten war keiner zu sehen.

Plötzlich fiel Norbert sein Schulfreund Karlo mit der Gitarre ein. Der hatte ihm beim Abitur in die Hand versprochen, beim ersten Landgang besuche ich dich!

Karlo hatte sich in der elften Klasse zur Volksmarine nach Stralsund gemeldet. Vier Jahre Torpedoschnellboot, dann zur Handelsmarine, ab in die große Welt!

Ich bin schon zufrieden, wenn du es eines Tages zu mir nach Greifswald schaffst, hatte Norbert ihm auf dem Schulhof erwidert. Gemeinsam sprangen sie von der Plattform der Oberschul-Jauchegrube in die Hausmeister-Hühnerscheiße.

Jetzt brachte ein Ikarus-Linienbus, Made in Ungarn, Norbert und Dandy zurück nach Greifswald. Sie stiegen kurz vor der Altstadt, neben dem Schießwall aus. Auch am Theaterplatz gab es Kneipen, die sie noch nicht kannten. Doch fühlten sie sich nicht wohl. Also liefen sie heimwärts, wohin? Zur MITROPA.

Drill am Strand

Greifswalds MITROPA war voll, warm, verqualmt, irgendwie gemütlich, ein Gegenstück zu ihrem Zimmer. Fünf Jahre lang würden sie wiederkommen, wenn auch die Greifswalder Kinos, Theater der Freundschaft, Kammerlichtspiele, das Pioniertheater, bald auch die Zimmer der Mädchen wichtiger werden würden. Die Bahnhofs-MITROPA blieb Zufluchtsort, wo Willi schwänzelte, Hella servierte. Die Jungs sahen sie zum ersten Mal, aber wussten bereits Bescheid. Eben begann ihr Dienst, aber Hella tat älteren Semestern auch andere Gefallen. Seit kurzem besaß sie ein Kind, nur wusste sie nicht von wem.

Am nächsten Tag suchten Norbert und Dandy im Hauptgebäude, am schwarzen Brett die Studientermine. Sie fanden als erstes die GEWI-Vorlesung, Gesellschaftswissenschaften, später ML genannt, Marxismus-Leninismus, aber keinen Termin für ihre Immatrikulation! Sie mussten also warten. Dort hing aber noch die lange Liste mit Namen von Kommilitonen der ersten zwei Studienjahre, die Montag nach Prerow fuhren. Wer als Student seinen ‚Ehrendienst' noch nicht geleistet hatte, den machte die GST, die *Gesellschaft für Sport und Technik* fit für die Landesverteidigung! Dandy suchte sich, fand sich auch.

Und du? Norberts Name fehlte. Hast du etwa schon gedient?

Ausgemustert, murmelte Norbert. Die Sache war ihm peinlich. Er nuschelte etwas von chronischer Krankheit. Dass es Bennos Schuld war, konnte er ja nicht sagen, meinte nur: Ich gebe einen aus! Dandy war enttäuscht, doch er nickte. Lieber fit sein, als wehruntauglich! Und er würde Norbert sicher noch häufiger brauchen, er hatte schon eine Idee.

Als Dandy und seine Kommilitonen fix und fertig wieder nach Greifswald kamen, lud Dandy Norbert von sich aus in die

MITROPA ein; es gab einiges zu klären. Hier erst einmal Dandys Bericht, bei dem Norbert oft schlucken musste ...

Die Studenten waren tagtäglich in Prora auf Rügen marschiert. Hinter ihnen stand grau und gerade, in Stahlbeton gegossen, das größte Haus der Welt, drei Kilometer lang, sprengsicher, doch zu nichts nütze. In den 1930er Jahren hatte man es als größtes ‚Kraft durch Freude Heim' aufgebaut. Jetzt besaß es die NVA. Die Studenten hausten in Zelten, exerzierten in Reih und Glied, nördlich von ihnen die Feuersteinfelder, die Saßnitzer Kreidefelsen. In Drillich und Stiefeln, mit Helm und Gasmaske warfen sie sich auf den Strand, schäumten vor Wut wie die See. Ölige Rückstände zischten im Wasser, als gäbe das Meer ihnen Feuerschutz. Sie schlugen die Zeit tot und soffen Branntwein, bis ihr Pegelstand dem der Ostsee glich, schrien ihren Frust in die Nacht: Das kotzt mich alles an! Kein Unteroffizier kam, um zu widersprechen. Niemand kümmerte das Geschrei der überschlauen Intelligenzler, denen man endlich die Hammelbeine ...

Bennos Ausmusterung ersparte Norbert also den sinnlosen Drill, im Sand, mit KK– Gewehr. Doch er schämte sich nun erst recht, wehruntüchtig zu sein.

Erntehelfer

Benno war klug, hielt still. Er fühlte sich wohl in Greifswald, der Nebel, die feuchte Luft. Er blieb und würde, so oft es ging, die Gedanken des Bruders verwirren, naturwissenschaftliche Logik mit lyrischen Kommentaren bereichern. Er verbrachte mit Norbert und den Studentinnen zwei nasskalte Wochen vor Studienbeginn. Sie fuhren zur Erntehilfe aufs Land. Früh am Morgen wurde die Truppe auf offene Hänger verladen, rollte müde hinter dem

Traktor auf die Felder der LPG. Ihr Studium begann im Lehm, der an den Schuhen klebte. Sie sammelten Kartoffeln und zogen als letztes, Mitte Oktober Futterrüben heraus. Ihre Gedanken verklebten, wurden täglich zäher. Bis Vorpommerns Ernte geborgen war, musste ihr Studium warten. Doch es war eine gute Gelegenheit, Frauen und Jungfrauen kennen zu lernen, die minutenlang lachten, die Körper streckten, lange Heugabeln in den Händen. Das letzte Heu des Jahres wurde in die Scheunen gestopft. Auch wehruntaugliche Jungs waren kräftig, sie halfen gern ihren Mädchen, schwere Strohballen von den Feldern zu hieven, sie in die Scheunen zu stapeln. Zum Dank gab es Mittags in der Kantine dicke Butterbrote mit Wurst. Später kletterten sie gelangweilt auf den Bergen von Stroh herum, warfen sich auf die staubenden Ballen, niesten und neckten sich heftig. In stillen Minuten ließen die Mädchen die Jungs auch in ihre Nähe, je nach Lust und Laune. Gegen Abend, ungewohnt müde geworden, putzten sie sich gegenseitig Spreu aus ihren Haaren.

Dieses Vorstudium in der Natur, am Beginn der ersten zwei Herbstsemester, bei dem es galt, auf Scheiben zu schießen oder Kartoffeln zu roden, durch Ostseesand zu robben oder Strohballen aufzustapeln, Gewehre zu putzen und Rüben zu ernten, bei Sonne, Regen und Nebel, im Seesand oder im Lehm, dieses nach Geschlechtern getrennte, irgendwie aber gemeinsam durchlittene Vorstudium brachte die jüngsten Studenten dennoch einander näher. Als sie nach zwei Wochen aus dem Lager der GST, verdreckt von den pommerschen Feldern zur Fleischerwiese kamen, wirkten die tristen Baracken viel freundlicher, als am ersten Tag. Die Schufterei im Drillich, im Sand, im Stroh und auf lehmigen Feldern war eine neue Erfahrung für sie, die zwar viel Wut erzeugte, aber auch den Wunsch, einander innig zu trösten. Die gelben Birkenblätter und der rotbunte Ahorn sorgten für jene Stimmung, bei der auch die scheuesten Jungstudenten an Abenden in der Wiese enger zusammen rückten und sich zu mischen begannen. Norbert war, wie sich zeigte, schüchtern. Die Frauen seines Studienjahres fanden ihn nett, mehr nicht. Er sprach mit ihnen; auch Benno erwachte und führte sinnliche Reden; viel mehr traute auch er sich nicht zu. Norbert dachte jetzt oft an Christina, aber da war auch Erhard. Es wurde höchste Zeit, dass ihr Studium endlich begann.

Kapitel 6
Hörsaal und Labor

Die chemischen Institute

Von der Fleischerwiese zur Soldtmannstraße waren es nur ein paar Schritte, sehr praktisch für müde Chemiestudenten. Sie fielen aus dem Bett und waren um acht Uhr, cum tempore, also pünktlich zur Grundvorlesung bei Professor Herzog. Sie saßen auf harten Bänken wie im Amphitheater, und sie erlebten Experimente, die Hochachtung vor der Chemie erzeugten, ihnen Lust auf das Studium machten. Wer es nötig hatte, Schlaf nachzuholen, döste und las den Abschnitt abends im Lehrbuch nach. Anorganikum, später Hollemann-Wiberg waren die Favoriten. Nach zwei Stunden Hörsaal empfanden sie die Arbeit im Labor als eine Art Befreiung. Jeder bekam seinen Stehplatz. Links neben Norbert stand Dandy, rechts von ihm Olaf aus Ückeritz. Er freute sich auf das Labor, in dem er nun studienhalber offiziell knallen durfte. Beim Knallkörperbau zu Silvester hatte er sich ein Auge zerschossen. Trotzdem fuhr er weiter Motorrad, liebte die Chemie. Dandy zog eine Schublade vor sich auf, es klirrte. Zahlreiche Glasgeräte, Rundkolben, Schliffkolben, Bechergläser, Kolben nach Erlenmeyer, Makro- und Halbmikro-Reagenzgläser, Säulen zur Titration und Quarzfilter für die Gravimetrie klirrten darin gefährlich.

Kannst du alles liegen lassen, meinte Olaf, die quantitative Analytik beginnt erst im zweiten Semester.

Dandy schob die Schublade zu und wieder klirrte Glas. Ihr Assistent kam und mahnte: Aufpassen, das gibt Bruch. Eine Grundausstattung bezahlt die Uni. Wenn sie mehr brauchen, zahlen sie selbst.

Womit fangen wir heute an? Köhler stellte sich in den Hauptgang und hielt einen kurzen Vortrag. Sie standen da und lauschten. Anfangs galt es, aus einer unbekannten, meist farblos erscheinenden Lösung Elemente herauszufinden, die diese Probe enthielt, usw.

In Norbert entstand ein Hochgefühl. Zwei laufende Meter Labortisch, rot gekachelt, gehörten ihm. Vor ihm erhoben sich offene Regale, darunter befand sich ein Gasanschluss mit Olive für Schlauch und Bunsenbrenner, daneben Wasserhähne mit Keramikabfluss. Auf den Regalen Flaschen, mit Säuren und Laugen gefüllt, dazu Pulverflaschen in Weiß und Braun, Chemikalien, korrekt beschriftet, wechselnde Warnhinweise, brennbar, ätzend, auch Totenköpfe. Hinter den Flaschen, durch das Regal blickten ihm sehr lebendige Köpfe entgegen, die nächste Gruppe Studenten. Die Tischreihen wiederholten sich. Ihr gesamtes Studienjahr passte in zwei Labore, die Seminargruppe eins besetzte nicht mehr als zwei Reihen.

Elementaranalyse

Die Gruppe stand da und wartete, dass Köhler ihnen sagte, wie sie es packen sollten. Olaf wusste, worauf es ankam. Er fand Kaliumnitrat, Schwefelblüte, Aktivkohle, einen Mörser, schüttete alles zusammen und griff nach dem Pistill. Es knallte und stank, die Studenten erschraken, einige johlten halblaut. Olaf blickte an sich herab, sah den Brandfleck. Es war die Feuertaufe seines Chemikerkittels. Norbert ging ruhiger vor. Er blätterte im Praktikumsbuch, geschrieben von Ruff-Lehmann. Die Elementaranalyse begann mit Flammenproben: Man tauche einen Magnesiastab in die zu analysierende Lösung, halte den daran hängenden Tropfen in eine Bunsenflamme. Sie färbt sich hellrot bei Lithium, Kalium macht sie grünlich, bei Natrium wird sie knallgelb, und diese Natriumflamme unterdrückt alle anderen. Vorproben, hieß es, sind kein Beweis, aber oft der Beginn jeder Analyse. Viele Monate würden sie mit den Grundlagen der Elementaranalytik verbringen, anfangs in wässriger, später in saurer, dann in oxidierender Lösung. Der Aufschluss der widerstandsfähigsten Stoffe vollzog sich in basischen Schmelzen, die sie im Muffelofen erhitzten. Sie wurden in Schiffchen aus Porzellan, in kleinen Tiegeln aus Silber, in Platintiegeln erlöst.

Stunden später klärten Norbert und Dandy ihre dringendsten Fragen im eigenen Zimmer. Schnürschuh und Robert lachten bisschen, aber sie halfen den beiden Finken, so oft es um Chemie ging.

Den Rest der gemeinsamen Zeit im Zimmer tolerierte man sich durch Schweigen. Jeder lebte, studierte für sich, so blieb die Stimmung friedlich.

Schon am Ende der ersten Studienwoche rief man kleine Studentengruppen zum Kolloquium beim Assistenten, eine kurze mündliche Prüfung. Sie saßen zu dritt vor Herrn Köhler. Seine Halbglatze war nichts Besonderes für Hochschulassistenten, Fachgebiet Chemie. Köhler befragte jeden von ihnen zu zwei Alkalimetallen: Lithium und Natrium, Flammenfärbung, Metalleigenschaften? Kalium, Rubidium, Löslichkeit und Schmelzpunkt? Cäsium und Franzium, Isotope, Giftigkeit, Halbwertszeit?

Das sind verdammte Stoffschweinereien, stöhnte Dandy, als er mit Norbert und Olaf nach dreißig Minuten entlassen wurde.

Habt ihr die Glatze gesehen? Die kommt vom Thallium, knurrte Olaf.

Der Fischkopp wusste viel, nicht nur von Chemie, wie sich zeigte. Jetzt aber hatten sie Hunger! Von 11.30 bis 12.30 Uhr öffnete die Mensa in der Bahnhofstraße. Hier aßen fast alle Wiesenstudenten. Den Chemikern, die das Frühstück verschliefen, boten die Küchenfrauen die erste Nahrung des Tages. Das Essen wurde kritiklos verschlungen. Sie hatten wenig Zeit, mussten zurück ins Labor.

Trennungsgang

Hatten sie sich Anfang Oktober noch danach gesehnt, ihr Studium zu beginnen, war der Alltag von Montag bis Sonnabend nun mit Vorlesungen, Seminaren, Laborarbeit ausgefüllt, die Praktika in den Nebenfächern Physik und Mathe noch nicht gerechnet. Bald sehnten sie sich nach Tagen, an denen sie ausschlafen konnten. Es wurden immer weniger. Der Zeitaufwand für die Analytik nahm immer weiter zu. Im Frühjahr folgten Analysen reichhaltiger Stoffgemische. Der Trennungsgang begann. Lösliche Gruppe, Salzsäuregruppe, Salpetersäure, dann Königswasser. Jede Stufe entfernte aus flüssigen, später aus erdigen Stoffen bestimmte Elemente. Das Mittel zur Lösung des Rätsels lag in der Wahl des Lösungsmittels. In Lösung würde sich jeder Stoff zu erkennen geben. Durch Salzbildung, Fällungen, Farbreaktionen, durch Reduktionen und Oxidationen zeigte sich ihr Charakter, die Art der Elemente, die sie zu finden hofften, nachzuweisen versuchten. Reste, die sich noch nicht einmal in Königswasser lösten, machten besondere Aufschlüsse nötig, alkalische Schmelzen im Platintiegel, auch unter Zusatz von Schwefel. Oft blieben Silikate übrig, ein Rückstand wie der Sand, der Strände und Wüsten füllt. Erst mit Flusssäure schwand auch er dahin, wurde zum ätzenden Gas: ‚Sic transit gloria mundi'! Nichts liegt einem Chemiker näher, als die Auflösung jeder Substanz, die Flüchtigkeit allen Seins im Experiment zu beweisen.

Es war Benno, der bei der Arbeit zu philosophieren begann, hinter der chemischen Praxis die Alchemie erkannte, die sehr viel ältere Wissenschaft. Er orakelte durch den Mund seines Bruders, bis Norbert so unkonzentriert war, dass er durch die Vollpipette Salzsäure an den Gaumen bekam! Norbert spuckte und griff zur Sodaflasche, die für solche Zwecke bereitstand; weiter ging die Arbeit. – Und die Resultate? Auf einem Protokollzettel stand, was der Student in der Probe meinte gefunden zu haben. Die Beurteilung seiner Ergebnisse ergab oft zwei bis drei f. Dieser Buchstabe stand für falsch. Die Dreieinigkeit von drei f auf dem Zettel bescherte jedem von ihnen ein weiteres Reagenzglas. Mit der A Analyse begann der Trennungsgang von vorn. Bei negativem Ergebnis folgte der Buchstabe B. Frühere Semester verbrachten manchen Sommer damit, das Alphabet zu lernen. Ihr Professor zeigte sich gnädig: Schon nach Buchstabe A kam ein Schlussstrich. Sie hatten es trotzdem begriffen: Eine als richtig erkannte Lösung bedurfte der Eindeutigkeit, nur diese galt als Beweis!

Nun Dandy, spottete Olaf, erkläre das einmal deiner Partei!

Dandy schwieg, biss die Zähne zusammen; auch Olaf war also ein Spötter.

Pflichtvorlesungen

GEWI-Pflichtvorlesungen im Fach Marxismus-Leninismus, fanden jeden zweiten Sonnabend als Doppelstunde statt, zur Disziplinierung der Hochschulkader, vermuteten die Studenten. Es steigerte die Beliebtheit des Studienfachs enorm. Dazwischen, an freien Wochenenden fuhr Dandy nach der Laborarbeit ohne zu zögern nach Hause. Er versenkte seine Glasgeräte zur Reinigung in eine Lösung aus Kaliumpermanganat, hing den Kittel in seinen

Schrank, kontrollierte die Hosen auf Säurelöcher und verständigte sich mit Norbert. Am Abend zuvor waren beide bereits in die MITROPA gegangen, hatten die Sache beim Bier besprochen. Jetzt, am Freitagabend döste die Fleischerwiese, schimmerten trübe Lichter. Sie stiegen auf die Brücke, schauten den rollenden Zügen zu, kletterten hinab und gingen an der MITROPA vorbei. Vor ihnen lag ein typischer Bahnhof der Pommerschen Eisenbahnen, Bahnhofsuhr, Freitreppe, Flügeltür in eine zugige Halle, Bahnpost an Gleis 1. Das glatt polierte Hartholz des einzigen Fahrkartenschalters lief kühl durch Norberts Hand. Dandy beklopfte das Glas: Bitte eine einfache Fahrt nach Berlin! Er zeigte seinen Studentenausweis, bekam das Billett und bezahlte, für Studenten achtzehn Mark achtzig. Das Restgeld auf zwanzig Mark gab er Norbert, als Vorauszahlung für seinen Dienst. Dandy aber hatte es eilig. Er bestieg den Zug, der aus Stralsund herankam und grinste Norbert zufrieden an. Der D-Zug war überfüllt. In etwa dreieinhalb Stunden traf er seine Verlobte.

Grüß Berlin, rief Norbert. Die Diesellok röhrte. Dandy verschwand in der Menge. Er fand einen letzten Sitzplatz. Gut war, wenn er im Zug nicht kontrolliert werden würde, was in zwei von drei Fällen klappte. Dandy döste eifrig, der Schaffner versäumte, die Dienstvorschrift streng zu erfüllen. Der Zug war übervoll. An Wochenenden wie heute, wenn die ‚Mollys' nach Hause fuhren, die Marinesoldaten aus Stralsund, blau von Mütze bis Kopf, war jeder Schaffner froh, ohne Prügeleien das Beförderungsziel zu erreichen.

Inzwischen saß Norbert in der MITROPA. Für Dandys Restgeld bekam er zwei Pfützen, wie das pissgelbe Greifswalder Pils, seitdem er sie kannte, bei Willi hieß. Er zahlte selbst für ein Bauernfrühstück, es kostete zwei Mark achtzig. Bald würde Dandy am Zielbahnhof sein. Dort steckte er seinen Reiseausweis in den vorbereiteten Briefumschlag, dann in den Bahnpostkasten. Sonnabend früh in der Wiese. Die Finken holten täglich, außer sonntags, die Post aus Heim VII ab und verteilten sie auf die Zimmer. Norbert erhielt Dandys Brief, es klappte. Vier Tage lang blieben die Fahrkarten gültig. So war es seit Kaisers Zeiten.

Der Fahrkartentricks

Nach dem Frühstück lief Norbert los, ging mit seinem Studentenausweis und dem nicht gelochten Billett zum Greifswalder Fahrkartenschalter. Er bedauerte, dass er nicht reisen konnte, die Prüfungen seien zu hart: Bitte nehmen sie ausnahmsweise ... er kassierte und dankte und ging zur MITROPA ... es klappte! So lief das Spiel im Wechsel weiter, im Abstand von einigen Wochen. Sie achteten nur darauf, nicht immer wieder dieselben Beamten um Rücktausch zu bitten, und praktizierten den Rollenwechsel. Manchmal fuhr Norbert zu seinen Eltern, dann wieder Dandy zu seiner Verlobten. Sie bekamen im Wechsel die achtzehn Mark achtzig stets ungefragt zurück. Das waren nach Adam Riese siebenunddreißig Pfützen. Ein Bier, ihre heimliche Währung, mit Schaum ein viertel Liter, kostete fünfzig Pfennig, für gute Gäste vierzig.

Wenn Dandy wieder mal heimfuhr, saß Norbert einsam im Zimmer. Er las in Utas Briefen. Sie wärmten ihm das Herz. Bald gingen ihm ihre Zärtlichkeiten, die an Benno gerichtet waren, Wort für Wort unter die Haut. Und Benno, wie es aussah, blieb noch lange in dieser Klinik, die Kalkdorfer Luft war zu schlecht. Er konnte Uta nur schreiben. Ihre Antworten wurden länger, kamen immer öfter. Norbert spürte, Utas Briefe füllten sich langsam mit Schwermut. Und das Mädchen versprach, den vermissten Benno zärtlich zu verwöhnen, ihm fast alles zu erlauben! Wie lange hielt

Norbert das aus? Bald war er fest entschlossen, selbst nach Kalkdorf zu fahren, in diese Bresche zu springen!

Norbert stieg also ein paar Wochen später in den gleichen D-Zug wie Dandy; er fuhr etwas länger wie dieser. Es würde sich sicher lohnen.

Utas Verwirrung

Norbert traf das Mädchen in ihrer Siedlung. Beide freuten sich, waren entspannt, gingen erst einmal spazieren. Klischeehaft schien der Mond. Uta fand ihn zu hell, doch er brachte ihr Herz zum Klopfen, ziemlich laut sogar. Arm in Arm, sehr nahe, sehr zärtlich gingen sie durch die Nacht. Sie ließ sich von Norbert streicheln, drückte sich an ihn und hielt ihn fest, auf Abstand, darauf bestand sie. Uta war ein seltenes Mädchen. Norbert seufzte, sie ließ ihn gewähren. Sie hatte es ja versprochen. Als es dann aber zur Sache ging, wehrte sich Uta energisch. Auf einmal verstand sie den Freund nicht mehr! Der melancholische Oberschüler, weil er nun Student war, bekam er nicht mehr genug? Es stimmte, sie waren älter geworden, aber so ging das dann doch nicht!

Norbert spürte verwirrt Utas Widerstand. Sollten Benno und sie noch nie? Das wollte er nicht glauben. Aber nach wütendem Kampf fuhr Uta davon, auf dem Fahrrad; traurig war sie, irritiert. So rücksichtslos war Benno nie zu ihr gewesen! Ihr Vertrauen in ihn war kaputt. Wie sollte es weiter gehen?

Benno bekam in der Klinik überraschend Besuch. Sein vor Leidenschaft blöder Bruder erzählte ihm fast alles, erstaunt über sein Fiasko. Und der kranke Benno? Er wurde nicht einmal wütend. Benno hätte es ahnen müssen! Wie aber sollte er seiner Freundin die Sache jemals erklären? Im Labyrinth seiner Schädelhöhle suchte der Bruder nach einem Ausweg, der für sie beide passte … als erstes musste er Norbert zu einer eigenen Freundin verhelfen, und so bald wie möglich.

Kapitel 7
Immatrikulation

Die Aula

Vor der Barockfassade der Universität steht das Rubenow-Denkmal auf leerem Platz. Greifswalds Bürgermeister und erster Rektor wurde vom Pommernherzog gefördert, von Neidern jedoch ermordet. Später setzte ihm Stühler, ein Schinkel-Schüler und preußischer Architekt, eine Säule wie auf dem Kreuzberg, die Norbert jedoch nicht kannte, davor stand die Mauer. Doch er betrat das Hauptgebäude und wusste, dass es 1740 von Andreas Mayer aus Greifswald stammte. Bewundernd betrat er die spätbarocke, prächtige Bibliothek, die man als Aula nutzte. Ihr Schmuck sind die Gemälde berühmter Rektoren und Professoren. Norbert kannte sich mit ihnen nicht aus. Stattdessen hatte sich seine Klasse kurz vor dem Abitur mit dem Roman ‚Die Aula' befasst, ein viel beachtetes Werk des Genossen Schriftstellers Hermann Kant. Am Ostseestrand lasen die Schüler laut, so groß war ihre Begeisterung. Sie lagen dort, wo die Welt, die sie glaubten, zum Besseren verändern zu müssen, für sie zu Ende war. Nach stundenlangem Baden und Lesen begann ihre Flucht durch das Bruchholz, um ihr Nachtquartier zu erreichen. Der Rückweg durch den versumpften Wald zur Jugendherberge verursachte Qualen. Die Mückenschwärme jagten sie, nichts brachte sie zur Besinnung. Sie waren eifrige, ihrem Staat gläubig verfallene, aufs Studium fixierte Oberschüler, die für das Leben lernten. Welches Leben, wo fand es statt? So würde niemand fragen! Ärgerlicher war, für die reiferen Jungs der Klasse, dass man kein Mädchen lieben konnte unter so vielen

Wolken von Mücken. Auch die Raucher versagten, nur Ideale blieben unbestechlich.

Norbert dachte an Szenen wie diese, als er endlich mit Dandy, den Kommilitonen in der Aula saß, zur feierlichen Immatrikulation. Hier stritten sich Kants Helden um den Aufbau des Sozialismus, um die Parteidisziplin! Es war lächerlich, Phantasterei! Norbert roch einen anderen Geist, eine Wolke von Mottenpulver. Das Rektorat betrat, mit dem Dekan an der Spitze, in vollem Ornat den Saal. Erhobenen Hauptes, in Doppelreihe schritten sie vor zum Podium. Sie begrüßten die Auserwählten, die sich auch in diesem Jahr an Vorpommerns Uni verirrten, pro Semester einige Hundert Studenten. Greifswald blieb bisher eine kleine Uni, aber ein Geheimtipp. Feierlich, altdeutsch, unsozialistisch stand das Plenum jetzt auf und sang. Die erwählten Jünger der Wissenschaften formten mit schmalen Lippen das selten gehörte, nie gesungene, aber mit ihrer Hilfe erklingende ‚Gaudeamus igitur, juvenestum suumus', vom Festprogramm abgelesen. Latein konnten bestenfalls Theologen und Mediziner! Hier saßen vor allen anderen die jüngsten Erbauer der Zukunft!

Festrede und Beatles-Party

Norbert kannte das Lied dank Benno aus der Festouvertüre von Brahms, geschrieben zum Jubiläum der Universität Breslau, das längst Wroclaw hieß. Bitte setzen! Die Rede des Rektors folgte. Ernüchterung zog ein. Pflichtgetreu argumentierte er, sie seien die von der Gesellschaft auserwählten Kader, die der Arbeiterklasse helfen würden, die sozialistische Zukunft des Staates auf hohem Niveau zu erbauen. Der Sozialismus bewiese am besten seine historisch begründete Überlegenheit über den Kapitalismus durch den Sieg aller Wissenschaften, durch größere Erfolge in der Industrieproduktion: Ich erwarte Ordnung und Disziplin, beim Studium, im Labor, also in Forschung und Lehre! Amen, flüsterte Norbert. Ihm wurde schlecht vom altdeutschen Mief. Den Geist der prächtig verkleideten Herren, der Diener von Staat und Partei roch man nicht gern aus der Nähe. Sie stanken nach Disziplin, vierzig Wochenstunden im Hörsaal, den peinlichen Seminaren mit Anwesenheitskontrolle, selbst nach den Spitzeleien einiger Kommilitonen.

Norbert lenkte sich ab. Er dachte ans Seminargruppentreffen, die Postenverteilung zur Gruppenleitung: Genosse Bertram, Kassierer. Jugendfreund Norbert, Propagandist. Genossin Sieglinde, du übernimmst auf Vorschlag des Sekretärs der HSGL den Vorsitz. Sind alle einverstanden?

Während die eifrigsten nickten, tauften andere die dicke Studentin mit Führungsanspruch auf Schweine-Siggi.

Einige Wochen später wogte mehr Bierdunst als sonst aus Norberts und Dandys Bude. Sie hatten die beiden Altsemester in die MITROPA geschickt. Aus Dandys BG 4, Stereo-Tonbandgerät mit Offenspule, dröhnten Beatles-Songs. Gleich zu Anfang des ersten Semesters hielten Dandy und Norbert den Beatmusik-Vortrag vor ihren Kommilitonen im FDJ-Studienjahr. Norbert als Propagandist stand es zu, den Jugendfreunden und der zur Kontrolle anwesenden FDJ-Hochschulgruppenleitung in vollem Ernst zu erklären, dass die Arbeiterjungs aus Liverpool im Klassenkampf gegen den Kapitalismus einiges geleistet hätten: Ihre Songs, weltweit gespielt, schrien Not und Frust der Arbeiterklasse dem korrupten Kapitalismus ins Antlitz!

Norbert redete sich in Eifer, Dandy fädelte immer eifriger das nächste Tonband auf sein Gerät. Sie hörten die neuesten Hits. So abwechslungsreich kann Propaganda sein! Den Funktionären gefiel das nicht. Sie nahmen sich die beiden vor: Das macht ihr nicht noch einmal! Wir haben wenig Vertrauen in deinen Klassenstandpunkt, Norbert. Mit Genossen Bertram, den eure Kommilitonen seit kurzem ‚Dandy' nennen, ein dekadentes Wort, werden wir später reden, in der Parteiversammlung.

Dandy blickte betreten und schwieg. Die Blauhemden rauschten davon.

Die Chemie der Weltanschauung

Wer Ende des ersten Semesters mit Elementaranalytik immer noch nicht zurechtkam, dem half nur noch ein Besuch bei ihrem Säuremännchen, ein verwitterter Institutsangestellter, der nach Anweisung Analysencocktails für sie zusammenstellte. Der Mann war unbestechlich, also lenkte ihn jemand ab. Ein zweiter suchte Anhaltspunkte im Chemikalienraum. Fanden sich an den verstaubten, in Regale gedrängten Pulverflaschen frische Fingerspuren, war die Substanz womöglich in der verrätselten Probe zu finden. Fast jeder Fahndungsversuch jedoch war im Grunde zum Scheitern verurteilt. Auch die bei Umgehung der Wissenschaft als richtig erkannte Lösung musste reproduzierbar sein, bedurfte der Eindeutigkeit. Nichts anderes galt als Beweis. Jeder Student musste daher auch erklären können, wie sein Ergebnis zustande kam. Entweder fand er alle verborgenen Elemente, die seine Probe enthielt, oder er lag falsch. Es gab nur eine Wahrheit, naturwissenschaftlich betrachtet. Wer sie nicht zu entdecken vermochte, der spürte es beim Semesterabschluss, für ihn war das Studium zu Ende. Dandy, Norbert und Olaf, im Bewusstsein, täglich versagen zu können, zogen jeder daraus seine eigenen, unerwarteten Konsequenzen ...

Was blieb von einer wissenschaftlich genannten Weltanschauung übrig, die sie bei jeder GEWI-Vorlesung eingetrichtert bekamen, wenn Zweifel nicht erlaubt sind? Wo blieben die Beweise für den historisch begründeten Sieg des Sozialismus? Einige Theoretiker hinter dem Katheder formulierten durchaus brillant, aber Olaf, Norbert und Dandy flüchteten sich mit der Zeit in den Spott. Wie die meisten Kommilitonen ignorierten sie eine Wahrheit, die auf ihre Kosten geglaubt werden musste!

In den ersten Semestern betäubten sie ihre Zweifel mit Bier, konnten noch darüber lachen. Die Praxis höherer Studienjahre würde jeden Chemiker lehren, das Wesentliche einer Substanz seien sinnlich nicht fassbare Qualitäten. Norbert fragte nicht ohne Hintergedanken: Was bedeutet das für die Gesellschaft, Dandy? Wird sie vielleicht von Typen geprägt, die wir nicht zu sehen bekommen?

Du meinst, wir kennen sie gar nicht, die über uns bestimmen? Dandy schluckte und schwieg. Auftragsgemäß müsste er jetzt melden, was Norbert an Zweifeln hervorstieß. Doch sie kannten sich schon zu gut, um sich noch wegen der staatlich verordneten Ideologie zu streiten. Wer alles schluckte, was sich an Phrasen, schal und geschmacksarm den Sinnen anbot, wie eine Neige im Bierglas, dem wurde davon nur schlecht. Dagegen hilft nur ein frisches Bier; kommt mit, wir gehen zu Zabback!

Bierlachs. Nachts im Turm

Olaf brauchte jetzt ein paar zünftige Runden Doppelkopf mit Bierlachs. Norbert jedoch wollte lernen, für das erste große Kolloquium. Dandy machte mit. Aber Olaf stimmte sie um: Um zwei Hauptgruppen zu begreifen, braucht ihr einige Stunden. Fangt um Mitternacht an, lernt bis morgen Früh, geht zum Kolloq und dann ins Bett. Jetzt kommt ihr erst mal mit!

Die Kneipe in der Bahnhofstraße war in zehn Minuten erreicht. Der vierte am Tisch war Radfahrer Micha. Zu Bier und Bockwurst spielten sie Karten. Wer verlor, bezahlte die Runde. Norbert spielte lustlos, er lauschte. Am Nachbartisch lästerte man über Schweine-Siggi, das hässlichste Mädel des Studienjahres: Hundert Piepen, wer sie ins Bett kriegt! Five-Number-Man brauchte immer Geld, aber die Dicke? Nein danke!

Ein Kandidat der Chemie hielt lallend einen Vortrag: Es sei leicht, in höheren Semestern neue Stoffe zu präparieren. In Greifswald, wussten die Dümmsten, sei Professor Hans Beyer bekannt für seine He-te-ro-zyklen-chemie.

Das wusste jeder Chemiker! Sie hatten noch mehr begriffen. Wer Chemie studierte, begriff irgendwann, dass man Dingen und Menschen nicht ansieht, wie sie beschaffen sind. Analysen und Präparate müssen es beweisen. Wesentliche Merkmale sind nicht allein die stofflichen, sondern geistige Qualitäten!

Der Trinker am Nachbartisch trank sein Glas leer und dozierte weiter: Durch Kenntnis der Wachstumsprozesse, der Herkunft von Mineralien, der Art ihres Lösungsmittels, ihrer Reaktionsfähigkeit kommen immer mehr Eigenschaften zum Vorschein. Laborarbeit sei zwar schwierig, aber beglückend und geistreich, in jeder Beziehung des Wortes! – Er hob ein frisches Glas voller Biergeist, rülpste lauthals und stimmte an: Die Chemiker seins kreuzbrave Leut', destillieren aus der Kohle Schnaps und andere Alkohole und saufen's auch, und saufen's auch.

Tisch für Tisch stimmte ein. Nur Olaf knurrte. Dieses Spiel hatte er verloren. Norbert und Dandy zahlten. Sie liefen den kurzen Weg in die Stadt, zur Studentengemeinde, der Evangelischen, im Jakobiturm. Seit dem Brand von 1955, ob es ein Brandanschlag war oder nicht, wurde nie geklärt, baute die Kirchengemeinde mit Hilfe westdeutscher Partner eine moderne Heizung und eine neue Bestuhlung ein. Norbert hatte den Schlüssel zum Saal. Seitdem er zum Studium hierher kam, gehörte er dazu. Er kochte erst einmal Tee, während Dandy den Ort bestaunte. Gegen Mitternacht wurde es still. Sie paukten, jeder für sich, dann fragten sie sich ab, die Chemie der Alkalien und Erdalkalien. Gegen Morgen waren sie überwach. Zwölf Elemente tanzten, ihre nicht sichtbaren Eigenschaften, die chemischen und die des Geistes. Sie gähnten und gingen nach Hause. Der Morgen war eiskalt.

Kolloquium. Die Militärmediziner

Lieber Benno, geht es dir besser? Uta schreibt nicht mehr, tut mir leid. Stell dir vor, ich habe eine Nacht lang mit Dandy zur Prüfung gebüffelt, im Jakobiturm. Wir hatten viel Zeit und Tee. Es war warm und wir haben gelernt. Am Morgen, vor der Prüfung war ich so aufgekratzt, dass mein Herz nur noch raste. Vor dem Assistenten bin ich weggeklappt, meinte Dandy. Der nahm Ammoniumchlorid. Ich war wieder wach, aber wie im Nebel. Dandy ging es kaum besser.

Benno, ich beneide dich nicht. Doch du hast Ruhe und Zeit in der Klinik! Etwas anderes muss ich dir noch erzählen: Ich treffe regelmäßig die Militärmediziner. Jeden zweiten Sonnabend ist doch GEWI-Vorlesung im Uni-Hauptgebäude. Wir müssen hin, kannst dich nicht drücken, Anwesenheitskontrolle! Die Holzbänke knarren, wenn du versuchst, vorher abzuhauen. Sie stammen noch aus der Zeit der ‚Feuerzangenbowle'. Leider hören wir nichts von Pfeiffer mit drei f und so, nur sozialistische Phrasen, und das zwei Stunden lang! Kannst nicht einmal meckern. Da sitzen sie vor uns im Hörsaal, die ersten zwei Reihen in Uniform, Schulterklappen, geschorene Haare, sauber ausrasiert. Und sie hören alles!

Benno, du hast in Bad Saarow die promovierten Ärzte getroffen. Hier findest du die Studenten dazu. Die gibt es wohl nur in Greifswald. Sie bekommen dreifach Stipendium, fahren Motorräder und Motorroller und werden dafür beneidet. Aber sie wohnen für sich in der ‚Nationalen Einheit', du siehst sie nur in Gruppen. Wir schneiden sie. Die haben Angst, nachts eins auf die Klappe zu kriegen. Rüdiger kennt sie wohl besser, aus dem ‚Club MM', da machen sie Musik, angeblich in zivil, ist bestimmt auch nicht erlaubt; sind eben auch Studenten.

Dennoch, ein paar von den Altsemestern erzählen noch davon, wie's zuging in den 1950er Jahren. Sie waren auch nicht dabei, doch das hängt in der Luft wie Pfeifenqualm, das kriegst du nicht aus dem Kopf. Damals gab es Studentendemos gegen die Militärmedizin! Alle Fakultäten gingen auf die Straße. Die Stadt Greifswald wurde vergattert, kein Student kam noch aus der Stadt. Im Gegenteil, viele Demonstranten kamen in den Stadtmauer-Knast, fast wie im Mittelalter.

Übrigens bin ich als Einziger aus der Klasse so weit im Norden gelandet. Noch etwas – hast du Uta geschrieben? Schick mir ruhig wieder die Briefe. Ich lese auch keine mehr, ist versprochen, mein Bruder!

Kapitel 8
Der Frost. Die Studentengemeinde

Feuchtkalte Träume

Norbert hatte bei Uta verspielt. Doch hatte er das Mädchen in seinen Träumen nach Greifswald gebracht. Heute Nacht hatte sie ihn gewärmt, bis er schwitzte und sich herumwarf. Das Doppelstockbett knarrte. Seine Kommilitonen schliefen. Er suchte und fand seine Taschenlampe. Er kramte im Portemonnaie, das unter dem Kopfkissen lag, und holte zwischen den Mensamarken Utas Foto hervor, klein und abgegriffen. Ob sie nicht doch nach Greifswald käme, wenn er ihr versprach? Unsinn, er hatte verspielt. Er stopfte ihr Bild unters Kissen, hob die Taschenlampe, studierte die Pappdecke des Zimmers, gefleckt. In Ritzen und Winkeln saß schwärzlicher Schimmel. Er löschte das Licht und dachte, wie glücklich Benno mit Uta vor einiger Zeit gewesen war. Stolz hatte er ihm erklärt, Mädchen und Märchen, zwei Wörter im Gleichklang, das könne kein Zufall sein! Norbert hatte es wohl versaut. Er wollte Chemiker werden, ein Student, dem es darauf ankam, exakt zu analysieren, Stoffen zu vertrauen, ihren Eigenschaften. Er wollte vor allem wissen, wie sie reagierten, um vom Verhalten auf ihre Substanz zu schließen, vom Sichtbaren auf das Unsichtbare und Gesetzmäßige. Welches Gesetz dazu führte, dass Uta und Benno sich so gut verstanden, das stand in keinem Lehrbuch. Norbert erinnerte sich an seine erste Begegnung mit Uta, die so völlig entgleist war. In wenigen Zeilen notierte er in Bennos Tagebuch, als Denkhilfe sozusagen: Im Sommer, im Mondschein, den Uta zu hell fand, der ihr Herz klopfen machte, laut und sehr nahe, gingen wir durch die Nacht. Sie ließ sich streicheln, drückte sich an mich, hielt mich sogar fest, aber sie hielt auf Abstand. Sie ist ein seltenes Mädchen.

Norbert seufzte, Uta blieb fern. Nie käme sie nach Greifswald!

Kohlenwache

Norbert drehte sich um, sein Kissen war feucht. Hatte er geweint? Er drehte sich um, sah zum Fenster hinaus. Die Fleischerwiese war weiß, der erste Schnee war gefallen. Wieder tastete er über das Kissen und sah genauer hin – unter ihm glitzerten Schneekristalle. Der Wind hatte einen Weg ins Zimmer, in sein Bett gefunden, Schneegriesel durch die Pappwand gedrückt! Aus dem Winkel unter der Decke hauchte ihn die Kälte an, spürte er den Frost.

Er fror und sprang aus dem Bett. Er schraubte die Ofentür auf. Er griff sich aus der hölzernen Kiste einige Scheite Holz und etwas Kohlenanzünder. Er machte krach, niemand fluchte. Einer musste die Bude doch heizen. Heute war er an der Reihe. An ein klebriges Stückchen Sägemehl, mit stinkendem Harz getränkt, hielt er zittrig ein Streichholz. Als der Kohlenanzünder brannte, schob er ihn zwischen das Holz auf dem Rost. Er hatte die Asche herunter gekratzt. Als die Scheite loderten, warf er drei kleine Briketts hinein. Er lief aufs Klo, zum eiskalten Waschraum, dann rannte er eilig zurück. Die Ofenplatte begann zu glühen. Er stellte den Alu-Topf auf und kochte sich Kaffee. Die anderen krochen hervor. Wer fertig war, beeilte sich, in den warmen Hörsaal, ins Labor zu kommen. Nie wurde so eifrig studiert, intensiv geforscht wie im Winter, wenn der Frost an der Wiese fraß. Norbert blieb im Zimmer und schwitzte. Er hatte Kohlenwache. In jedem pommerschen Winter kämpften sie gegen den Frost. Robby und Schnürschuh ermahnten die Finken. Sie selbst hatten keine Zeit. Sie verbrachten den Tag im Labor und in der Bibliothek. Sie schrieben an ihrer Diplomarbeit, davor hatten die Finken Respekt. Also heizten Norbert und Dandy im Wechsel. Otti von nebenan, den die Altsemester immer noch quälten, besorgte das Heizen allein. Er hatte es schwer und bestritt es. Norberts Partner war gleichfalls der eiserne Ofen. Die Deckplatte glühte bereits. Pass auf, Norbert, neue Briketts kommen nur einmal pro Woche! Keiner durfte den Zeitpunkt verpassen, wenn auf den Hof vor dem Badehaus ein LKW staubend Kohlen abwarf. Jeder griff möglichst viele Briketts, um sie in Pappkartons oder Koffern, auf dem Schrank, unterm Bett zu bunkern. Wer zu spät kam, der fror eine Woche lang. Oder er nahm allen Mut zusammen und schlich in der Nacht zum Bahnhof. Dort standen manchmal Güterwagen mit Exportbriketts. Es war Diebstahl von Volkseigentum und wurde streng bestraft!

Mauergefängnis. Jakobiturm

Das Wochenende kam. Die Wiese leerte sich schnell. Studenten bestiegen die vollen, überheizten Züge. Manche hatten wohl eine Freundin am Ort, mit einem eigenen Zimmer. Norbert fehlte beides. Ihm fehlten Streicheleinheiten. Dandy jedenfalls fuhr wieder zu seiner Verlobten. Er lachte über den Frost. Norbert kassierte das Geld, aber es wärmte ihn nicht. Er verließ die Bahnhofshalle und trat vor die Flügeltür. Sonnabendabend, der Vorplatz war leer. Die letzten Busse in Greifswalds Vorstadt, auf die Dörfer waren längst fort. Olaf war nicht zu finden, obwohl er in Greifswald geblieben war, zum Doppelkopf spielen? Kaum! Norbert starrte den nebligen Abend an. Wo sollte er jetzt hin? Er nahm den kürzesten Weg in die Altstadt, über den Stadtwall und vor den Graben, eine Stelle, die ihm vom ersten Moment an unheimlich erschienen war …

Zwischen dem Wall und der Greifswalder Stadtmauer, im Grabental spielten die Kinder bis in den Abend Fußball. Dahinter erhob sich die Stockwerke hohe, hier von kleinen vergitterten Fenstern durchbrochene Backsteinmauer. Von dem Ort ging eine Bedrohung aus, die keine Erklärung brauchte. Norberts Blick wich nach links aus, dort fehlte die Mauer, schloss sich der tiefe Graben. Hier klaffte eine Lücke, durch die man schnell in die Innenstadt kam, zum Hauptgebäude der Uni. Noch weiter links wieder Stadtmauerreste und schmale, geduckte Häuser; es war die Schäfergasse. Dahinter, halb versteckt, stand die Jakobikirche mit dem Turm, in dem die Studentengemeinde jeden Montagabends versammelt war. Auch Norbert polierte dort sein Gewissen. Äußerlich angepasst, wie er war, innerlich rebellierend, ahnte er, dass sein ersehntes, freies Studentenleben schnell vorbei sein konnte. Doch er hörte gern den Studentenpfarrer, den ‚Roten Popen' reden. Die Studenten hatten ihn selbst gewählt, nach einer Probepredigt.

Studentenpfarrer. Gedankenfreiheit

Hans Jürgen Schulz war ein linker Prediger. Wenn es galt, den Sozialismus zu würdigen, den richtigen Sozialismus, hatte der Theologe seine Nase weit vorn. Ein Grund mehr, ihn von allen Seiten kritisch zu beobachten, zuerst durch die pommersche Kirche. Wenigstens war er verheiratet, hatte Kinder und eine Frau, eine voll funktionierende Pfarrfrau. Das Konsistorium war zufrieden. Die Studenten erwarteten mehr. Jeden Montag warteten sie gespannt, welchen Gastredner er ihnen vorstellen würde …

Norbert liebte die Diskussionen, die auf die Vorträge folgten. Hier übten sie sich in der freien Rede, ein Fach, das für Chemiestudenten nicht vorgesehen war. Je häufiger Norbert dabei war, umso weniger spürte er Furcht, verlor das Gefühl der Einsamkeit. In dieser Studentenrunde von Geistes- und Naturwissenschaftlern gelang auch ihm die Sprengung der engen geistigen Grenzen, die neben der Mauer, die um das Land lief, ihr Denken zementierte.

Diese lockere Glaubenspraxis von Greifswalds ESG war Gift für die staatlich propagierte wissenschaftliche Weltanschauung des Marxismus-Leninismus. Ein Christentum ohne strenge Dogmen, ohne Anspruch auf Perfektion provozierte allein schon durch seine Schlichtheit. So zu denken, im Geist einer Religion, die in diesem Staat nur geduldet wurde, war nicht ohne Risiko. Jeder von ihnen, das wussten sie alle, aber konnte sich über Nacht in der Stadtmauer wiederfinden! Daneben lag das Büro der Greifswalder Staatssicherheit, mit freiem Blick zum Jakobiturm; war das Zufall oder Notwendigkeit? Seine Feinde sollte man kennen, oder? Dandy fragen, wie alles zusammenhing; die Genossen wussten Bescheid!

Norbert lief erst einmal weiter, in die Altstadt, am Uni-Hauptgebäude entlang, vor dem links das Rubenow-Denkmal fror. Er kam zur Domstraßenecke, tappte durch Schneematsch vorwärts, auf einem schmalen Bürgersteig an windschiefen Häusern vorbei und näherte sich dem Dom.

Kapitel 9
Sehnsüchte. Vergebliche Wünsche

Muttchen Hackbarth

Als Norbert den Dom vor sich sah, hielt er an. Hoch und mächtig ragte das Kirchenschiff in der Dämmerung auf. Der Wind pfiff. Er schob sich in den Mauerwinkel und betrat die ‚Gaststätte Rubenow' durch die schwere Ecktür. Wie er erfahren hatte, gehörte das Haus Muttchen Hackbarth, die hier seit Jahrzehnten ihren privaten Ausschank betrieb. Hier gab es so etwas noch! Das erste Mal war Norbert nach der muffigen Rede des Rektors in der Aula hierher geraten. Auch heute war die niedrige Stube voll heller und dunkler Stimmen. Er blinzelte. Seine Augen brannten, der Hals war schon lange trocken. In seiner Hosentasche knisterte Dandys Geld. Der lag jetzt in Liebchens Armen. Norbert würde sein Geld gebrauchen, um den Abend zu überstehen. Die Wirtin jedoch ignorierte ihn völlig. Sie saß in einer halbdunklen Ecke, mit Haarknoten, Schürze und Filzpantoffeln malerisch ausstaffiert. Dabei nickte sie kaum ihren Gästen, aber eifrig dem Strickzeug zu, wobei ihr weißer Knoten den Takt dazu schlug, Andante. Aber keine Frage, Muttchen liebte ihre Besucher. Wer ein Bier brauchte, ging um den Tresen herum, zapfte selbst und legte Geld auf den Teller. Norbert nahm ein Glas und probierte, wurde rot, denn es schäumte gewaltig. Endlich gelang es. Er zählte gewissenhaft fünf Groschen aufs Porzellan; niemand nahm davon Notiz. Er setzte sich, trank und lauschte. Kannte er eine Stimme? In der hintersten Ecke Musik. Dort spielte jemand Klavier. Einige Gäste sangen leise, neckten sich, plauderten, flüsterten. Sie kamen gewiss von der Pflugbeil'schen Schule für Kirchenmusik in der Bahnhofstraße. Norbert stellte nach einer Weile sehr befriedigt fest, wie anders, wie unsozialistisch die Gespräche klangen. Eine Gruppe Mädchen sprach von Musik, diskutierte über Register, Klavierauszüge, Pedaleinsatz, erörterte den Schwierigkeitsgrad von Messen und Kantaten. Drei Männer an einem Nachbartisch begeisterten sich auffallend laut für die Rettung gefallener Mädchen, die saßen daneben und lachten. Einer der Männer predigte jetzt vom weltlichen und vom himmlischen Christus. Er wischte sich den Bierschaum vom Mund, stand auf und zapfte ein neues Glas. Norbert war zufrieden. Gegen das permanente sozialistische Phrasengeschwafel, die offizielle ML-Dogmatik sprach man hier über Religion! Hier fanden sich Männer und Frauen ein, bald hatte es Norbert begriffen, die an der Greifswalder Uni Theologie studierten ...

Die Theologenbeichte

Norbert wusste es von der Studentengemeinde, die meisten Theologiestudenten waren alles andere als fromm. Die Worte, die Norbert hörte, passten genau dazu. Die drei jungen Männer am Nachbartisch kamen aus dem ‚Lutherhaus', ein kirchliches Internat, nicht weit von der Kneipe entfernt. Sie redeten frisch und unverbraucht über die Christen und ihren Gott, als gehörten sie nicht dazu. Aus ihren Biertrinkermündern aber schäumten jetzt Worte der Gnade! Der nächste Satz triefte vor Spott über die ‚frommen Sprüche' eifernder Genossen: Realsozialistisch betrachtet, meinten die werdenden Prediger, müsste unser Denken durch die Säure der herrschenden Ideologie längst mit Stumpf und Stiel ausgeätzt sein, während die bürgerliche Gesellschaft, ihr dekadenter Rest wie Faulschlamm im Ryck verwest. Sie lachten und traten den braven Genossen, die zum Glück nicht anwesend waren, immer wieder verbal in den Hintern. So hörte es sich an, so meinten sie es auch, maulfeste Lutheraner. Norbert drehte sich um und nickte. Diese Kneipe war nicht nur gemütlich, sie diente der seelischen Wohlfahrt. Bei diesem Muttchen Hackbart fühlte man sich wohl. Das Auditorium dankte es ihr, zapfte selber und trank ihr zu.

Jemand klimperte jetzt auf dem alten Klavier. Ein Musikstudent saß fast immer dort, spielte schräge Lieder, wenn es die Wirtin wünschte. Eben sang, von sich selbst entzückt, ein lyrischer Tenor schmelzend das Heideröslein. Norbert horchte auf und erkannte ihn, es war Erhard. Lang und dürr hockte er vor den Tasten, warf den Kopf in den Nacken und improvisierte. Jetzt sang er einen Musikerspaß, den man zwar schon kannte, aber es war doch ein Gegenstück zu den Fleischerwiesengesängen, die Moritat vom Musiker und seiner hübschen Braut.

Als er ihren Chopin erblickte, stellte sich gleich sein Tschaikowski ans Pult. Nun spielte er Strauß, sie stand Beethövlich da, bis sie Händelten, Reger und Reger wurden. Mozärtlich griff er ihr an den Busoni. Schon sprangen sie über den Bach in die Haydn, wo sie sich nicht mehr Brahmsen konnten, und nun haben wir es, das Mendelssöhnchen, und keiner weiß, wo Hindemith!

Norbert lachte herzhaft. Er trank und zapfte und wunderte sich nicht mehr, dass die Groschen in seiner Hosentasche trotzdem nicht abnehmen wollten. Jemand feuerte Erhard an. Der soff und spielte, schwitzte gehörig und geriet in Ekstase, bis ihm eine der jungen Frauen in die Locken griff. Da stand Christina, küsste ihn hastig auf die Stirn und verlangte, gib endlich Ruhe, Erhard!

Vertrauliche Musik

Norbert war fasziniert, endlich traf er Christina! Erhard stand knurrend auf und verzog sich nach hinten. Dort kippte er Bier und Schnaps. Doch schon setzte sich das mütterliche, dunkelhaarige Mädchen selber ans Klavier. Leise, verträumt und fehlerfrei, ein Wunder bei diesem Kasten, begann sie mit ernster Musik. Norbert rückte näher. Christina präludierte, wobei sie die Stimmung langsam von dröhnendem Fortepiano zu sanftem Adagio verschob, schwankend, von Dur zu Moll. Es passte zu Norberts Lage. Ihr Spiel ging ihm unter die Haut.

Ihr Name wurde einige Male von den Tischen gerufen, man bestellte bei ihr Musik. Christina trank Bier und spielte, halblaut, forte, dann sehr verhalten. Auf ihrer Stirn eine Locke, die sie zwischen zwei Phrasen zur Seite warf, wobei sich ihr Pulli straffte. Endlich drehte sie sich im Spielen um und fragte: Du bist doch Norbert; wir kennen dich aus der Hütte, richtig?

Er nickte, ein Kloß drückte in der Kehle.

Der Name passt nicht zu dir. Du bist ein schweigender Bär. Du heißt Benno, habe ich recht?

Norbert schwieg; woher wusste sie, kannte den Namen? Es verwirrte ihn mehr, als die Nähe des Mädchens.

Norbert, das heißt wohl, ‚der strahlende aus dem Norden'.

Auch das also wusste sie; wieso auch nicht? Zum Studium der Kirchenmusik gehörte zwar Latein, doch das waren germanische Namen!

Norbert war verwirrt. Aber er flüsterte ‚Danke', ohne dass Christina es hörte. Sie hatte ihn aus der Ecke geholt, schon dafür war er ihr dankbar. Ach was, er war verliebt; Unsinn, er war nur blau.

Christina spielte versonnen weiter. Norbert hatte Zeit zu lauschen, seine Gedanken zu ordnen. Fasziniert schaute er auf die flinken Finger, die schlanken, kräftigen Hände. Nach zwei Läufen im hohen Diskant nahm ihre Rechte das Bierglas. Es stand dort, wo die Noten sein sollten. Während sie trank, griff die linke Hand ein paar Akkorde im Bass. Wieder spielte sie polyphon, mit ihren beiden Händen, als zöge sie mehr und mehr frische Stimmen aus ihrem Bierschaum. Ein Tropfen lief übers Kinn. Sie hatte das Glas zu schnell abgesetzt. Er zückte sein leinenes Taschentuch und tupfte ihr den Mund ab, das Kinn, den schmalen Hals. Dabei wurde er beinahe rot. Christina zog die Brauen zusammen, blickte ihm ins Gesicht, bremste das Tempo, spitzte die Lippen und flüsterte: Danke! Sie beeilte sich, den Takt zu halten und brachte ihr Stückchen Mozart zu Ende, oder war es Bach? Buxtehude, rief sie ihm nach, da seine Vermutung falsch war.

Norbert war aufgestanden. Er drehte sich weg und lief ein paar Schritte, bis alles sich drehte, das Mädchen, der Tresen, die Tische, selbst Muttchen Hackbarth in ihrer wolligen Ecke.

Norbert ging. Keiner rief ihn zurück. Noch gehörte er nicht dazu. Vor der Tür herrschte Finsternis, die dem betrunkenen Studiosus höllische Geister schickte.

Einsamkeiten

Norbert lief unterm schwachen Licht der wenigen Straßenlaternen durch die Rubenow-Straße, die Bahnhofstraße. Er graulte sich vor seinem Zimmer. Es war kalt und einsam. Er duckte sich unter dem Nieselregen. Die Bahnhofstreppe glitschte. Er kletterte hinauf, tastete sich durch die Nebelnässen, stieg hinab zu den Holzbaracken der Wiese, öffnete mühsam die Tür zu Heim III, das trübe Flurlicht folgte ihm in den letzten Winkel. Er schloss auf, schloss zu, war allein. Keiner sah ihn, und das war gut so. Keiner sprach mit ihm, das war schlimm. Er schwor sich, kein weiteres Wochenende allein in der Wiese zu bleiben. Selbst Robby und Schnürschuh fehlten ihm jetzt. Nur ihre löchrigen Kittel, von den Farbkupplern rötlich und blau gemustert, von Chromschwefelsäure verätzt, hingen an den Schränken und stanken vor sich hin. Selbst wenn die Altsemester ihre Laborluft verströmten, süßliche organische Dünste, mit ihnen könnte er reden. Plötzlich roch er wieder das Mottenpulver, die dumpfe Luft aus den selten geöffneten Eichenschränken, den altehrwürdigen Roben, oder bildete es sich ein. Das feuchte Wiesenzimmer verströmte wieder die klamme, muffige Feierlichkeit der Immatrikulation, pathetischer Glaubenssätze. Norbert riss das Fenster auf, holte tief Luft. Die Nachtluft schmeckte bitter, nach geheuchelten Schwüren und Doppelmoral. Er lauschte lange ins Dunkel. Ihm war, als höre er aus der Ferne Christinas Klaviermusik. Sie drehte sich zu ihm um, kam seinem Gesicht sehr nahe, schob die Zunge vor, spitzte die Lippen und sagte: Norbert, der Name passt nicht zu dir! Sie lachte ihn einfach aus ...

Endlich kletterte er ins Bett und hoffte, heute von Uta zu träumen. Vor Wochen war er heimlich, ohne Abschied davongefahren. Er hatte sich geschämt. Nun schickte sie ihm zum Advent ein Päckchen, eine Blechdose voll mit selbst gebackenen Plätzchen, ‚HANSEATENKAFFEE' stand darauf. Sie schrieb dazu, sie freue sich auf seinen Adventsbesuch, wenn er nur nicht so stürmisch wäre! Was sollte Norbert tun ? Ihr Versteckspiel musste ein Ende haben!

Kapitel 10
Bewährungsproben

Nervenkrise

Am Montag saß Norbert vor Assistent Köhler mit dunklen Augenrändern und leicht verwirrten Gedanken. Mit verdrehten Formeln und vagen Formulierungen über die Eigenschaften, den analytischen Nachweis und die Chemie der Kohlenstoffgruppe, vierte Hauptgruppe des Periodensystems, bot er für einen Chemiestudenten ein jämmerliches Bild. Der väterliche Köhler schickte ihn nach Hause: Ausschlafen, ihre Gedanken sortieren, morgen wiederkommen!

Norbert lief ziellos umher. Zurück ins Zimmer, das ging nicht. Die Altsemester saßen beim Frühstück. Sie würden ihn ausfragen, ärgern, verspotten. Er könnte Erhard besuchen. Oder Christina? Warum denn nicht! In der Bachstraße wohnte der Musiker. Christinas Wohnung kannte er nicht. Greifswald besaß, je nach Fakultät Internate und Studienhäuser, aber wenig private Zimmer. Wer wo in der Boddenstadt hauste, bestimmten Traditionen und praktische Interessen. Die Mathematiker beispielsweise lebten in der südlichen Vorstadt, neben den Militärmedizinern in der ‚Nationalen Einheit'. Auf diesem tristen Gelände, neben dem Internats, der Fleischerwiese vergleichbar, fanden sich Hörsäle, Seminarräume, Institute für Mathematik.

Norbert überlegte vergeblich, wo er zu dieser Stunde die Kirchenmusiker fände. Sie würden in ihrer Schule, neben der Hauptmensa proben; dort konnte er sie nicht stören. Er lief mit nassen Schuhen, schon halb erfroren am Marktplatz herum. Wieder blieb nur die Hütte! Norbert spürte Hunger. Er stolperte in die Wärme, setzte sich an den runden Tisch und bestellte, Hackepeter mit Ei und Zwiebeln, etwas Brot und ein Bier. Es war der einzige Ort, an dem er ganz sicher Erhard traf, wenn er Glück hatte, auf Christina. Er erinnerte sich melancholisch an den Abend bei Muttchen Hackbarth ...

Hier mischte sich Benno ein: Und was wird mit Uta? Sie hat wieder geschrieben! Norbert müsste dem Bruder, vor allem sich selbst endlich die Wahrheit sagen: Ich bin es, der Uta liebt! – Er stand auf, ging aufs Klo, sah in den Spiegel. Das Glas war trübe, verstaubt wie die ganze Kneipe. Schimmel lag in den Ecken, niemand kümmerte sich darum. Im Spiegel zischte Benno ihn an: Reiß dich zusammen, Norbert! Du brauchst mich, um mit dir wieder ins Reine zu kommen!

Norbert wusch sich die Hände und ging zurück, setzte sich, starrte aufs Tischtuch und flüsterte vor sich hin. Der Kellner sah herüber. Norberts flackernder Blick verriet ihn. War er schon reif für Heim Null? Er wäre nicht der erste. Eine ernsthafte seelische Krise, nichts Besonderes bei Studenten, und schon kam man dort hinein. Benno kannte das von der Mutter; das war vor Norberts Erscheinen. Sie sprachen nie darüber, Norbert sollte in Ruhe studieren. In Kalkdorf würde man weiter sehen ...

Benno lachte bitter. Norbert spürte den wachsenden Kopfschmerz. Er wusste, in solchen Momenten rückte ihm Benno zu nahe. Eine überkritische Masse entstand und drohte zu explodieren! Nur die Nerven behalten, Norbert!

Norbert winkte dem Kellner, bestellte erneut. Es würde sein Misstrauen dämpfen. Saufen war hier die Norm. Er nahm sich dabei vor, die Briefe an Uta nun selbst zu schreiben. Er würde ihr klar machen, dass er auch Weihnachten in Greifswald bleiben würde; sie könne gerne kommen.

Gab Uta ihm eine Chance, würde sie ihn verstehen? Er verstand sich ja selber nicht. Er war schon zu lange allein. So etwas machte krank. Benno wusste es von der Mutter.

Voyeure

Norbert riss sich zusammen, trank aus und zahlte. Montag früh würde er endlich zu Professor Schwarz in die Vorlesung gehen. Dandy musste mit. Die Psychiatrie war nahe. Vielleicht wären sie nachher klüger, was ihr Seelenleben betraf …

Renommierte Nachbarn umgaben die Fleischerwiese, erstens rote Häuser aus Backstein, die chemischen Institute, zweitens am Ende der Soldtmannstraße die Greifswalder Nervenklinik. ‚Heim Null' war im Grün verborgen, hinter einem soliden Zaun. Dort holten sich die Erstsemester ihre Gruseleinheiten. Es war der einzige Vorlesungsort, den auch die Chemiker ohne zu murren Montag früh mit sauberen Kitteln besuchten, schon, um nicht aufzufallen. Anders als bei Medizinern saß die Knopfleiste bei Chemikern vorn. Also stiegen sie in der Arena soweit es ging nach oben. Da der Hörsaal fast immer voll war, fielen die falschen Kittel aus der Entfernung nicht auf.

Bald schwieg das Auditorium, Professor Schwarz kam herein. In seiner Hauptvorlesung führte der Psychiater häufig abnorme, oft asoziale Patienten aus pommerschen Dörfern vor, manchmal auch schwere Jungs, triebhafte Kriminelle. Die Horde der Jungstudenten starrte in die Manege hinab. Wie im Zirkus, bei Raubtiernummern wurde es mäuschenstill, als der Professor die Kranken befragte, die ihm antworten mussten. Sie schämten sich und flüsterten, oder sie schrien plötzlich auf, wenn der Professor dem Auditorium zu viel über sie verriet. Man hörte von Schizophrenen mit depressiven Schüben, von Hyperlibidinösen, bei denen die einzige Unterhaltung in ständigem Beischlaf bestand. Und allen Kommilitonen, die schweigend vor ihm saßen, Studenten der Medizin, illegal lauschende Chemiker, ihnen gab der Professor mit auf den Weg, sie mögen es mit dem Alkohol und der Liebe nicht übertreiben! Quod erat demonstrandum! – Das Problem traf auf Norbert nur teilweise zu. Aber keiner von ihnen fragte, ob man Nervenkranke begaffen durfte. Ihre Neugier lag unter der Gürtellinie, doch sie lernten nicht für die Schule, sondern für das Leben. So viel wussten sie noch von Lenin, und sie waren sich darin einig: Das Studium der menschlichen Psyche sei so wichtig wie das des Körpers, des weiblichen ganz besonders ...

Männliche Prüfungsängste

Beim Ückerwirt diskutierten sie abends, wieviel Bier, wieviel Liebe gut tat. Und sie feierten die Naturwissenschaften, die Medizin inclusive. Beides versprach ihnen Satisfaktion. Five-Number-Man prahlte wie üblich mit seinen Eroberungen, der Zahl ihrer nächtlichen Höhepunkte. Sein Spitzname sprach für sich. Norbert beneidete ihn. Er konnte eben beides, saufen wie ein Loch und vögeln wie ein Karnickel. Morgens kam er oft aus Heim I. Auch Norbert schmeckten das Bier und die Mädchen. Wenn es jedoch so weiter ging, würde er Weihnachten wieder allein verbringen. Dann lieber gleich besaufen!

Arno war gleicher Meinung, ihn kotzte die Prahlerei des Blonden mächtig an: Du und deine Weiber! Er hatte die Schnauze voll. Er und Rüdiger gingen.

Ich nehme noch einen Kasten mit. Rüdiger nickte und Arno zahlte, griff sich das Bier und fragte besorgt: Und was willst du später trinken?

Zabback, der Ückerwirt machte dicht. Die Truppe zog weiter, in die MITROPA. Heute war Montag und Dandy zahlte. Sie hatten abgerechnet. Dandy hatte nun auch seine Rückfahrkarte Berlin-Greifswald der Bahnpost anvertraut. Achtzehn Mark achtzig kassierte das Fräulein, das den Leuten die Haare toupierte; so blieb das Geld in der Familie. Er lachte: Meine Kleine ist eben clever. Einige Biere später verriet er, was er und seine Freundin alles noch miteinander teilten. Prost Norbert! Der blickte zum Tresen, genauer gesehen, zu Hedda. Das nervte Kellner Willi: Was ihr euch nur von den Weibern versprecht! Für ihn war Hella ein warnendes Beispiel: Seht euch die Schlampe an, hat ein Kind, aber keinen Vater! Hella besuchte gern die nahe Fleischerwiese, am liebsten in Begleitung höherer Semester. Dort hat sie jemand geschwängert, nur wer?

Norbert entdeckte Olaf. Er kam an ihren Tisch: Willi hat gleich Feierabend. Hella bedient uns weiter, nicht hübsch, aber handfest; was meint ihr?

Als die Kellnerin später gelaufen kam, fragte sie Olaf: Hast nicht bald Feierabend?

Erst in zwei Stunden! Sie dehnte die Wörter.

Das halte ich gerade noch aus.

Du? Übernimm dich bloß nicht! Hella lachte. Sie schwenkte die Hüften, ging zum Tresen und zapfte Bier.

Deshalb also blieb Olaf hier. Er wohnte in der Altstadt und hatte ein freies Zimmer. Er lachte Norbert und Dandy an: Macht ihr beide mit? Ein Bier müsst ihr aber spendieren.

Abgemacht, nickte Norbert. Dandy verneinte: Nein danke. für mich ist die Sache gelaufen.

Olaf bestätigte: Hella kommt mit, ganz egal, welche Fakultät. Sie ist etwas langsam im Denken, aber schnell auf dem Höhepunkt, und das nicht nur einmal. Und wenn wir zwei sind, zwei Männer, hat sie weniger Angst.

Sie warteten ungeduldig, um mit Kellnerin Hella die Liebe zu üben. Zu zweit? Keine Ahnung, wie das wohl ging. Greifswald war zwar eine Hafenstadt, aber im Sozialismus war käufliche Liebe verboten, auch fehlte beiden das Geld.

Advent mit Hella

Für Hella genügte ein Schnaps, ein Bier, dann freute sie sich auf den Spaß. Nach Feierabend kam sie, hängte sich zwischen die beiden Jungs, Olaf führte sie in die Altstadt. Bald saßen sie zu dritt in seinem engen Zimmer und Hella verteilte ihre Garderobe großzügig auf die Männer. Norbert genierte sich noch. Hella lachte: Bist ein Erstsemester? Sie drehte sich zu Olaf: Dir traue ich bisschen mehr zu. Norbert rutschte in eine Ecke und ergriff eine Flasche Schnaps. Olaf verstand ihn falsch: Saufen kannst du auch woanders! Und bevor es richtig zur Sache ging, warf Olaf ihn hinaus.

Norbert landete auf dem Rückweg wieder in der MITROPA. Er hätte es lassen sollen. Ein Tisch voll Biologen winkte ihn näher und zog ihn auf: Was ist denn nun mit Hella, hast du den Zugang verfehlt? In der Wiese haben wir sie zu dritt, über den Tisch, und als wir fertig waren, wollte das Mädel noch mehr!

Wir suchten eine Kerze, hat man ja, wegen dem Stromausfall. Die haben wir ihr ganz langsam, und den Docht zum Leuchten gebracht; sah richtig feierlich aus!

Sie lachten. Norbert war rot geworden. Ein Biologe fluchte: Damals hat die FDJ Wind gekriegt, Schweine-Siggi hat wohl gepetzt. Wir mussten Besserung loben. Ich habe dem FDJ-Chef gesagt: Ihr seid doch bloß neidisch, aber wir haben Advent! Die Biologen brüllten. Norbert aber schwor sich, wenn er wieder in Kalkdorf wäre und sich Uta noch immer zickig benahm, sich bei

Lotte schadlos zu halten. Lotte, was für ein Zufall, kellnerte in der ‚Mühle' und hatte den Jungs aus dem Dorf schon vor Jahren das Wesentliche gezeigt, und so weiter ...

Schutzgasathmosphäre

Norbert schlich sich davon und stieg auf die Brücke. Der Morgen steckte im Nebel. Hinter dem Wall lag die Altstadt. Auf das erste folgte das zweite Semester. Dann noch vier Studienjahre, und schon war mit Greifswald Schluss. Erst einmal würde er froh sein, wenn das Frühjahrssemester vorbei war. Als Finken nahm sie doch keiner ernst! Sie wussten ja nicht einmal, ob sie die ersten Prüfungen schafften, überhaupt hier bleiben durften.

Wieder mischte sich Benno in seine Gedanken. Der Bruder philosophierte: Du gehst zwar hier weg, doch die MITROPA wird bleiben, Kellner Willi und Hella, und dieser Bahnhof mit den dröhnenden russischen Dieselloks. Sie verbinden die Stadt mit der Welt.

Norbert wurde wütend: Übertreibst du nicht etwas? Diese Welt hat zu viele Grenzen, und die meisten sind unpassierbar! Vielleicht aber nicht mehr lange?

Das ist Wunschdenken, weiter nichts!

Norbert war im Recht. Der ‚Staatsplan' der 1960er Jahre sah den Aufbau des Sozialismus vor, allerdings unter Laborbedingungen, in Schutzgasatmosphäre. Man reduzierte die reine Lehre, lehrte nur das, was man brauchte und verwarf den Rest. Da niemand zuhörte, alle nickten, fiel das jedoch kaum auf.

Kapitel 11
Die Chemie der Läuterungen

Katerfrühstück. Reisepläne

Karlo, inzwischen Matrose in Stralsund, kam das erste Mal zu Besuch, Gitarre unterm Arm, Seesack auf der Schulter. Er würde mit Norbert den Abend und die halbe Nacht reden, trinken, Gitarre spielen, wie zur Oberschulzeit. Nur mit den Mädels klappte es nicht. Karlo war enttäuscht: Wenn ich das nächste Mal komme, Alter, klärst du das bitte vorher! Er schlief in der Küche, am kalten Herd, bis die Putzfrau den Schnarcher am frühen Morgen laut und unfreundlich weckte.

Karlo fuhr ab und Norbert kam fast zu spät in die Mensa: Grützwurst, Grünkohl, Salzkartoffeln. Ins Labor zu gehen, fiel ihm zu schwer. Das Trinken bis gegen Morgen hielt seinen Schädel gefangen. Mit klarem Kopf hätte er endlich die nächste Tür geöffnet, die Schule für Kirchenmusik. Dort übte Christina Klavier, allerdings auch Erhard. Ihm wollte er bei Christina heute nicht begegnen.

Norbert würde besser an Christof schreiben. Der Schulfreund studierte in Magdeburg, Maschinenbau und Statik. Sie wollten im Sommer verreisen, ins Ausland, und mussten einiges planen. Sich per Brief zu verständigen, brauchte Zeit. Norbert schrieb: Lieber Christof, bin einverstanden, in die ČSSR zu fahren! Wir kaufen Fernfahrkarten bis Prag, wenn du willst, bis Brünn oder Bratislava, sorry, ich meine Preßburg.

Sie liebten die alten Karten, gebrauchten alte Namen. Es war nicht erwünscht. Ihre Sprache klang revanchistisch, aber von zwei DDR-Studenten ging keine Bedrohung aus. Norbert schrieb seinen Brief und grämte sich. Hinter Bratislava kam Wien, davor die verschlossene Grenze, der ewige eiserne Vorhang, ein geografisches Fallbeil! Sie wollten die wenigen Länder, die sie bereisen durften, umso gründlicher kennen lernen. Das waren sie sich schuldig. Nur ein Land interessierte sie nicht, die große Sowjetunion. Dieses Reich von Leonid Breschnew öffnete sich nur streng geführten Gruppen. Dieses ‚Heimatland aller Werktätigen' ließ sich privat nicht erkunden. Könnte ja sein, man hätte Russisch wirklich gelernt und erführe etwas von sibirischen Lagern!

Und die Situation war nicht besser geworden, nachdem Nikita Chrustschow vor etwa zehn Jahren wagte, Stalins Terror halb öffentlich anzuklagen ...

Lieber Christof, manchmal (ver)zweifle ich. Auch unsere Bruderländer leben mit Scheinwahrheiten, den gleichen Problemen wie wir. Wozu reisen wir überhaupt? Norbert legte das Blatt weg, den Kopf auf den Schreibtisch. Sein Schädel brummte weiter.

Bedenke Norbert, schrieb Christof zurück, als er den Brief gelesen hatte, was wir für Landschaften kennen lernen!

Und was für Mädchen, ergänzte dieser. Er war noch immer allein. Aber sie nahmen sich vor, jeden Sommer ein anderes Land zu durchforschen, ein Stück ihrer Welt zu begreifen, soweit sie erreichbar wäre ...

Grenzfragen. Schlaftag. Laborunfälle

Christofs nächster Brief klang noch besser: Ich habe die Auslandsfahrkarten, Berlin, Dresden, Prag gekauft, und den Anschluss bis Preßburg. Von Bratislava geht's zwar nicht nach Wien, doch in die Weißen Karpaten, ins Altvatergebirge. Ich besitze sogar schon Wanderkarten, soweit man welche bekommt. Quer durch

Mähren werden wir trampen. Noch fehlen uns die Visa, also kümmere dich!

Alle Bürger im ‚sozialistischen Lager', die Brudervölker des ‚Warschauer Pakts' waren mehr oder weniger eingesperrt, die Polen etwas weniger, DDR-Bürger ganz besonders. Wer von ihnen die Grenze ins ‚sozialistische Ausland' privat oder dienstlich passieren wollte, brauchte einen Visumseintrag im Personalausweis. Also Antrag stellen und warten, auf die Genehmigung hoffen, schließlich den Stempel bezahlen. Und wie weit würden sie kommen? Selbst wenn sie in der ČSSR oder in Ungarn versuchten, eine Westgrenze zu passieren, würde man sie wie Wildschweine jagen. In Grenznähe drohten erst Schilder, dann gab es Sprengfallen, wurde geschossen! Das Aufgreifen an einer Grenze genügte für den so genannten ‚Verdacht auf Republikflucht'! Ihr Studium wäre vorbei. Vorsicht also in Böhmischen Wäldern, in Ungarn und Bulgarien!

Norbert wälzte sich schlaflos herum. Ihm dröhnte schon wieder der Kopf. War es der Abend bei Zabback gewesen, die verdächtige Trübe im Greifen-Pils, oder doch die politische Lage? Er sah auf die Uhr. Es war noch zu früh. Gegen Morgen schlich sich der Frost ins Zimmer, das Aufstehen fiel noch schwerer. Der Sommer war unendlich weit. Dandy und Norbert beschlossen, Donnerstag wird Schlaftag! Statt um acht Uhr früh im Labor zu stehen, blieben sie liegen und träumten.

Wie gesund es war, diesem Labor ab und zu fern zu bleiben, zeigte sich immer wieder: Chromschwefelsäure verätzte die Haut, wenn sie nicht gleich ein Auge traf, weil die Schutzbrille fehlte. Ein Siedeverzug genügte, falls Ammoniaklösung, zum Farbkuppeln nötig, zu schnell erhitzt worden war. Sie fixierte die Farbe, aber sie verdarb auch die Sehkraft. Sie schliefen, schonten die Augen. Das klappte einige Wochen lang. Nur einmal bedauerten sie ihr

Fehlen: Olaf destillierte aus einem Reisweinballon den Schnaps. Wer nicht mitgearbeitet hat, kann auch nicht mitsaufen, klar!

Eines Morgens zerriss der Vorhang ihrer naiven Idylle. An der kleinsten Uni des Landes kannte man jeden Studenten persönlich. An einem herrlichen Donnerstag stand ihr Professor im Zimmer: In dreißig Minuten bei mir, meine Herren!

Die Strafpredigt wurde heftig, ihre Moral, die sozialistische, wurde in Frage gestellt. Fazit, das Prorektorat und die FDJ unterdrückten studentische Freiheiten, die preußischem Geist widersprachen. Disziplin und Ordnung, Subordination und Parteilichkeit waren stattdessen gefragt.

Dandy knurrte: Wie bei der Fahne! Unser Prof hätte uns auspeitschen lassen, er traute sich nur nicht ...

Das Erbe Ernst Moritz Arndts

Norbert und Dandy knurrten: Kein Wunder, dass Ernst Moritz Arndt hier Freiheitslieder schrieb, ‚Lützows wilde verwegene Jagd' und so.

Olaf erklärte sachlich: Arndt studierte und lehrte in Greifswald Geschichte. Er untersuchte die Leibeigenschaft in Pommern und auf Rügen und wetterte dagegen. Aber vor allem verwünschte er die Fremdherrschaft der Napoleonischen Truppen.

Und sein Freund, der Freiherr vom Stein, reformierte Preußens Armee, rief Dandy eifrig dazwischen; jeder NVA-Offizier ist heute noch stolz auf ihn.

Wir kennen die ‚Uffze', echote Olaf, die Unteroffiziere haben uns ja gedrillt, in Prerow, in Prora, im Suff. Norbert fragte: Was meint ihr aber dazu, dass die Uni den Namen Ernst Moritz Arndt im Dritten Reich bekam?

Dandy meinte, es hörte sich stolz an, sie behielt ihn auch über die Stalinzeit und trägt ihn weiter bis heute.

So weit ist die DDR von Preußen ja nicht entfernt, knurrte Olaf.

Norbert wusste, den Deutsch-Nationalen ging es zur Stalinzeit schlecht, ich weiß es von Theologen. Karl Engel war Rektor im Dritten Reich. Er starb nach dem Krieg in ‚Fünf Eichen'.

Dandy staunte: Habe ich nie gehört.

Ein Lager des NKWD. Sein Nachfolger war ein Neutestamentler. Diesen Ernst Lohmeyer hat die Geheimpolizei, die sowjetische noch im Herbst 1946 hier standrechtlich erschossen; da lief der Lehrbetrieb schon.

Wer sollte auch protestieren? Nicht einmal Professor Hans Beyer, erster Dekan nach dem Krieg hätte sich das getraut. Dafür holte er aber die Stiftungskette des Pommernherzogs aus Celle zurück.

Sie schwiegen, es ging sie nichts an. Erst Olaf sprach den erlösenden Satz. Jungs, darauf sollten wir trinken!

Dann holte er aus der Kitteltasche einen Erlenmeyerkolben hervor: Kleine Reisschnapsprobe für euch. Aber heute Abend wird mitgesungen, auf der Wiese ist Kittelverbrennung!

Dandy sah aus dem Fenster, es schneite: Bei diesem Wetter, ihr spinnt!

Es wurde höchste Zeit für ihr wichtigstes Ritual. Wie jeder Ritus, folgte auch dieser einem mythisch verklärten, aber realistischen Zweck. Gegen Abend liefen auch Norbert und Dandy mit Olaf um die Baracken herum. Ein Scheiterhaufen türmte sich hinter Heim III, vor der Koppel. Am Rand standen wacklige Kreuze aus Holz. Die drei hockten sich in den Schnee und sahen die Flammen wachsen …

Kittelverbrennung

Olaf hantierte mit einem Kittel, den er seit dem ersten Labortag benutzte. Er wies prächtige Farben und Löcher auf. Schon hing sein Kittel am Lattenkreuz, an dem das Feuer leckte. Norbert und Dandy schwiegen, schluckten Bier aus der Flasche und fühlten sich schlecht. Ihre Kittel waren noch heil, eine Schande. Stattdessen bemühte sich Norbert, bei den Studentenliedern kräftig mitzuhalten. Zu solchen Feierlichkeiten wurde mit Inbrunst gesungen. Trankopfer flossen reichlich. Anfangs fragten sich alle Erstsemester, wozu das Gewese bei drei Grad plus und hundertprozentiger Luftfeuchtigkeit im Freien überhaupt gut sei? Saufen könne man auch im Zimmer! Es dauerte nicht lange, bis sie begriffen hatten ...

Stellt euch vor, erläuterte eines Tages ihr väterlicher Assistent, ihr wollt ein Mädel gefügig machen; keiner von euch tut das unaufgeklärt! Also sanft anfassen, vorsichtig streicheln, immer geduldig bleiben. Keine raschen Handgreiflichkeiten. Junge Mädchen, starke Säuren und diverse Oxidationsmittel können spontan explodieren, dann ist es zu spät für die Reue!

Köhler setzte die Schutzbrille auf und zeigte ihnen, worauf es ankam. Er füllte in ein Drei-Liter-Becherglas hoch konzentrierte Schwefelsäure. Dahinein schüttete er in Ruhe eine Handvoll feiner Kristalle, rötliches Kaliumdichromat. Er rührte ständig mit einem Glasstab, damit die Säure nicht kochte. Sie taten es ihm nach, hielten die Hände ans Becherglas und spürten die wachsende Wärme, die positive Enthalpie, die sich in der Lösung entwickelte.

Dieses Teufelsgemisch, erklärte Köhler, entzieht jedem Stoff das Wasser, oxidiert praktisch alle organischen Substanzen, die auch nur in die Nähe kommen. Also Vorsicht!

Jeder Student tauchte langsam seine Schliffgeräte in diese zähe, schwarzrot schimmernde Brühe. Dort blieben sie über Nacht. Sie aber hatten Zeit, die unerwünschten Effekte der Chromschwefelsäure kennen zu lernen. Jeder Tropfen, der aufspritzte oder fiel, fraß sich in die Haut, jeder Handgriff, der mit einer Säurespur an den Laborkittel fuhr, löste die Baumwolle auf. Nach einigen Wochen Laborarbeit trugen die Kittel ein Muster braunschwarz verkohlter Löcher. Norberts naiver Glaube an die wissenschaftliche Reinheit war bereits gebrochen. Überall roch es nach Ketzerei. Das wissende Auge entdeckte die ätzenden Möglichkeiten, die stille Macht der Zerstörung. Zur Strafe für diesen Frevel half nur die Läuterung in der Flamme! Die Tradition verlangte, die stummen Delinquenten im Feuerbrand zu opfern. Ein metergroßer Scheiterhaufen wurde also an jedem Semesterende auf der Fleischerwiese errichtet.

Reinigungsrituale

Später erklärten auch Norbert und Dandy den Jungstudenten den Hintersinn einer solchen Kittelverbrennung: Diverse Laborgeräte, Rundkolben und verschiedene Kühler für das Destillieren, die Kolonnen zum Fraktionieren wurden durch geschliffene Endstücke miteinander verbunden. Jede Destillationsapparatur bestand aus zahlreichen Einzelteilen, Reduzierstücken, Spinnen und Birnenkölbchen, alles Geräte mit Glasschliff. Zum Kochen von Analysen aber, zur Herstellung von Präparaten, im Vakuum, unter Stickstoff, brauchte man Schliffgeräte mit passenden Verbindungen, die sorgsam gefettet wurden, um luftdicht abzuschließen. Wiederum mussten viele andere Geräte vor der Arbeit absolut fettfrei sein, um nicht gleich zu brennen oder zu explodieren. Bei den quantitativen Analysen mussten die Vorlagen, die am Schluss das Produkt enthielten, von definiertem Gewicht sein, aufs Milligramm genau! Glasfilter, Maßkolben, andere Gefäße für die Gravimetrie wurden also nicht nur gereinigt, sondern auch entfettet, gewogen, gereinigt und wieder gewogen, bis zur Gewichtskonstanz. Jetzt aber kommt das Gemeinste – nach jeder analytischen Arbeit saß wieder Fett am Glas! Es musste entfernt werden, gründlich. Kleinste Fettspuren reagierten stürmisch mit oxidierenden Stoffen! Und kaum war alles fettfrei, begann die Arbeit von vorn. Beim Neuaufbau der Apparaturen mussten Schliffgeräte gefettet werden, damit das Innere luftdicht abschloss, und so weiter, da capo al Fine!

Die Finken waren beeindruckt, dann rebellierten sie doch: Und wenn nicht, was ist denn so schlimm dabei?

Dandy hob die Stimme: Euch drohen Fehlanalysen, die Präparate misslingen. Es kommt zu Explosionen ... Sie kniffen die Augen zusammen, schüttelten die Köpfe; typisch Erstsemester!

Jeder Student, betonte Norbert, muss bei seinen Geräten selbst für Fettfreiheit sorgen; bei seltsam geformten Laborgefäßen ist das gar nicht so einfach! Sie aber sahen den Flammen zu, dachten sich ihr Teil; oberschlau, diese Alten!

Kapitel 12
Die Kunst, das rechte Lied zu singen

Studentenlieder

Zur Kittelverbrennung kamen fast alle. Einige Mädchen hatten sich in ihre Decken gewickelt und blickten still in die Flammen. Wer kein Chemiker war, begriff nicht gleich den Sinn der heidnischen Feier, bei der fleckige Teufelsgestalten, im Feuer flatternde Kittel schnell und heftig zu brennen begannen. Immer mehr Laboarbeiter hingen ihre Vogelscheuchen in die sprühende Glut, wo sie aufflammten, tanzten, loderten, brannten, ein hexenhaftes Treiben! Aber singend und saufend feierten alle die Läuterung der verlorenen Seelen mit Studentenliedern und Greifen-Pils.

Rüdiger stellte sich neben Norbert. Der Greifswalder wohnte zu Hause, kam aber gern in die Wiese. Oft saß er in der Studentengemeinde bei Physiker Sebastian oder auch neben Norbert. Sein Forschungsstipendium hing davon ab, ob er sich engagierte, gesellschaftlich aktiv war. Er tat es im Studententheater, geleitet von Lehrer Sawade. Es war eine Bühne, auf der auch Manske und Halbmeier dilettierten, eine offene Sprache führten. In dem verwahrlosten Kinosaal erinnerte man sich daran, dass 1964 die Studentenbühne aus Hamburg zu Besuch war. Sie brachte ein Peter Weiß Stück mit: Die Verfolgung und Ermordung Jean Paul Marats, dargestellt durch die Schauspielgruppe des Hospizes zu Charenton, unter Anleitung des Herrn de Sade. In Rostock hatte Intendant Perten das Stück erst vor einem Jahr spielen lassen. Von der Bühne herab die Frage: Was ist aus unserer Revolution geworden?

Gern hätte Greifswalds Studententheater ... die HSGL der FDJ kontrollierte das lose Treiben! Man würde schon etwas finden!

Rüdiger stand auf, stellte sich an den Scheiterhaufen, nahm sich ein Bier, einen Schnaps, der vorbei kam, und fing an zu singen:

Du kommst nach Greifswald mit Elan
mit Ernte fängt das Studium an
wie viele Prämien kriegst du ,drum
zusätzlich zum Stipendium!

Dann sitzt du endlich im Kolleg
der Muskelkater ist jetzt weg
vielleicht jonglierst du dich mit Glück
durch die Physik, durch die Physik

Im Praktikum stinkst um dich her
du selber stinkst ja noch viel mehr
dann kommt der Knall kurz hinter dir
du hängst als Plastik an der Tür

Die Haare sind dir abgebrannt
der Kopf noch nicht, na Gott sei Dank
und doch hältst du dich irgendwie
für ein Genie in der Chemie ...

Das Traktorlied

Rüdiger endete mit einem Tremolo, das einem Krächzen glich. Lukas klopfte ihm auf die Schulter: Trink mal wieder was. Jetzt kamen andere dran. Die trunkenen Reden der Altsemester waren an der Reihe. Sie erwarteten einige Assistenten und ein oder zwei Professoren. Ihr Kommen krönte jedes Mal die durch Feuer und Schnaps überhitzte Feier. Bei gutem Wetter spielten später die höheren Semester mit Professor Kröger Fußball, ein ‚Schiebchen', wie sie das nannten. Vorher tat Kröger ihnen Bescheid: Ick seh di im Glase, grüßte er sie auf Platt, natürlich mit Schnaps, auf ex, meine Herren! Bis es jedoch soweit war, redete Lukas und drohte den jüngeren Kommilitonen mit dem Industriepraktikum: Erst im achten Semester, Finken. Wollt ihr Chemie nochmal richtig schmecken, müsst ihr nach Bitterfeld fahren, in die IG-Farben-Bude aus den 1920er Jahren. Kommt ihr mit Hautekzemen, Schwermetallvergiftungen und Lungenschäden zurück, habt ihr die Feuertaufe bestanden! Die stellen noch alles her, was Schweinereien macht: Quecksilber, Chlor, Aluminium, Chromsäure, DDT und andere Insektizide, dazu Herbizide und Methylenchlorid, Molybdändisulfid, Salzsäure, Schwefelsäure und sogar Wolframsäure. Ich rate euch, nehmt genug Schnaps mit. Nur der Alkohol schwemmt das Zeug aus! – Davon glaube ich nicht die Hälfte, knurrte Olaf und spuckte ins Feuer. Fast hätte er den Prof. am Hosenbein getroffen. Professor Kröger war eben dabei, sich beliebt zu machen. Seine jubelnd empfangene Gabe, ein Vierzig-Liter-Fass Bier wurde stehenden Fußes gezapft und geopfert. Mit dieser jährlich fälligen Professorenspende kreisten Flaschenbier und Flaschen Schnaps; die Runde wurde lauter.

Norbert entdeckte Uwe. Ihr Kommilitone mit Schauspieltalent sprang ans Feuer und rezitierte, zum Auswendiglernen für Jungstudenten, den Begriff Finken vermied er, er gehörte ja selbst dazu, sang eins der bekannten Lieder nach der kindlichen Volksmelodie ‚Im Märzen der Bauer die Rösslein einspannt':

Auf, tuckre mein Traktor und mache tuck-tuck
Die Hühner der Gretel, die machen putt putt
wir beide und du gehören zum Staat
und kämpfen gemeinsam für die Frühjahrsaussaat –
Tuck-tuck, putt putt,
tärä-täterätätäh!

Alle schmetterten den Refrain! Uwe griff nach der nächsten Flasche. Es war eben Tradition, am Stammtisch, aber auch hier, auf der Wiese, Lieder zu singen, die an der Uni streng verboten waren, Kommerslieder zum Beispiel. Es dauerte, bis die Jungstudenten sie auswendig mitsingen konnten, also wurden sie gründlich geprobt. Stolz waren die Altsemester auf eigene Kompositionen, wenn ihr Ursprung auch Jahre zurück lag. Besonders beliebt war heute noch ein heiter-ironischer Lobgesang auf die Zwangskollektivierung der 1950er Jahre. Uwe sang, denn das Lied kannten alle, die es ernst nahmen mit der Wiese; es folgte die zweite Strophe:

Der Hans und die Gretel sind beide ein Paar
bald gehen sie zum sozialistischen Altar
die Kinder, sie lassen nicht lang auf sich warten
und gehn in den sozialistischen Kindergarten –
Tuck-tuck, putt putt
tärä-täterätätäh!

Der Refrain bestand aus Lautmalereien. Er wurde lauter und lauter gesungen, bis die letzten geschändeten Kittel vergingen, die Flammen verlöschten, die Fleischerwiese in Rauch und Nebel versank, doch sie sangen weiter:

Am Wochenend geht es gemeinsam hinaus
ins staatlich genehmigte Wochenendhaus
Die Sonne brennt vom Firmament
man genießt ein atomwaffenfreies Wochenend –
Tuck-tuck, putt putt
tärä-täterätätäh!

Frierende Mädchen

Das Traktorlied entstand auf Greifswalds Kartoffel- und Rübenfeldern, bei der intensiven Beschäftigung mit der Landwirtschaftspolitik der DDR in den 1950er Jahren. Norbert sah sich im selben Moment mit den Mädels bei der Kartoffelernte. Die LPG-Bauern auf den Dörfern waren zum Glück pragmatisch. Sie hatten keine Parolen gedroschen, sondern für ihre Studenten, für Brote mit Butter und Wurst gesorgt. Auf der Wiese wurde es kalt. Weiter Uwe, die letzten zwei Strophen:

Und senkt sich der Abend ganz leise ins Land
besteigt die Familie den ersparten Trabant
man singt neue Lieder und freuet sich schon
auf den Alltag in der sozialistischen Produktion
Tuck-tuck, putt putt
tärä-täterätätäh!

Norbert begann, die Kälte, die Nässe zu vergessen. Das Bier, die Flasche Schnaps, die ihm ab und zu in die Finger geriet, loderndes Feuer und glimmende Kittel. Er sah im Kreis um sich her zahllose Augenpaare, glänzend wie die Nacht, die voller Sterne stand … Norbert, sing mit, eine Strophe fehlt noch:

Der Hans und die Gretel sind alt und grau
ihr Stolz ist die individuelle Sau
die Kinder sind glücklich und schützen den Staat
und kämpfen noch immer für die Frühjahrsaussaat –
Tuck-tuck, putt putt
tärä-täterätätäh!

Pause. Norbert sah sich um. Einige Meter entfernt drückten sich vier Mädchen frierend in ihre Decken.

Sollen wir euch wärmen? Sie blickten herüber, sie kicherten. Im Feuerschein glänzten vier Unschuldsmienen. Sie wohnten im Vier-Mädchen-Zimmer wie Norbert und Dandy zu zweit, mit zwei Altsemestern.

Ist kalt hier, wir sollten im Heim weiter feiern! Norbert sagte es und erschrak. Die Mädchen sahen sich an: Euch fehlt noch einer, stellten sie fest. Sie hatten Recht, der vierte Mann fehlte. Karlo sollte hier sein, dachte Norbert und wusste, Freund Karlo ritt bereits wieder auf einem Torpedoschnellboot im Schweinsgalopp über die Ostsee. Norbert hörte fast, wie er fluchte, bestes Stralsunder Seemannsdeutsch; das gehörte in Quarantäne! Norbert raffte sich auf; genug Bier und Schnäpse hatte er intus. Er erklärte: Wenn wir zu viert sind, kommen wir zu euch! Er versprach es und fühlte sich gut.

Übernimm dich nicht, grinste Olaf. Seit der Schlappe mit Hella traute er ihm nichts zu.

Ihr kommt auch mit, rief Norbert, und Karlo natürlich; hab's ihm schon lange versprochen.

Dandy zögerte wieder, dann nickte er: Wenn's sein muss, die Blonde sieht nett aus.

Die Mädchen versprachen, ihr Wort zu halten, drehten sich um, standen auf und verschwanden im Schneematsch, in einer sternklaren Nacht. Ihre Ausdauer war bewundernswert. Dieses nasskalte Wetter mutete man nicht einmal den pommerschen Kühen zu.

Maul- und Klauenseuche

Norbert sah den Mädchen noch nach, da sangen sie schon wieder. Sie waren Chemiker. Sie hielten aus. Uwe leitete ihren Männerchor:

Die Chemiker seins kreuzbrave Leut
destillieren aus der Kohle
Schnaps und andere Alkohole
und saufen's auch, und saufen's auch!

Ein Biologe kam, der vor Tagen in der MITROPA von Hellas leuchtender Möse schwärmte. Aber er riet den Finken: Lasst die Finger von den vier Mädels, das sind noch Fersen, die zicken rum.

Dandy war sauer, er fragte: Was denn jetzt, Kuh oder Ziege?

Der Kommilitone spürte die Stimmung, lachte und lenkte ein: Ihr sitzt hier auf der ‚Schlächterwiese', so hieß sie vor hundert Jahren. Auf dieser Koppel hat Friedrich Löffler auch schon Kühe studiert, mal von ihm gehört?

Olaf wusste so einiges: Tierseuchenforschung, das Institut auf der Insel Riems. In Greifswald baute er, glaube ich, die Kanalisation.

Hier hat er das erste Virus entdeckt, den Erreger der Maul- und Klauenseuche, gemeinsam mit Herrn Frosch; der Mann hieß wirklich so!

Der Biologe nervte. Norbert stand auf, wollte gehen. Aber Benno mischte sich ein: Hör zu Norbert, als ich ein Kind war, standen die Ärzte vor einem Rätsel, welche Krankheit ich haben könne. Jemand tippte auf Maul- und Klauenseuche! Bin ich etwa ein Rind? Sie haben mir ein Stück Bindehaut vom Auge entnommen, zur Insel Riems geschickt. Das Ergebnis war negativ, Norbert! Also, spuck ins Feuer und dann sauf, was du kannst. Tu es für mich, mein Bruder!

Norbert gehorchte und setzte sich wieder. Aber schon drehte sich alles. Während sie ihre Körper mit Bier und Schnaps traktierten, belehrte der Biologe: Löffler wurde hier 1888 Professor für Hygiene und Medizingeschichte. Auf der Fleischerwiese grasten die Kühe. Als die Fleischer sie holten, waren sie krank. Löffler und dieser Frosch entdeckten bei ihnen das erste tierische Virus, viel kleiner als jeder Bazillus, eben groß genug, um damals überhaupt gesichtet zu werden. Sie entwickelten auch ein Medikament, aber es war zu teuer, man ließ die Kühe krepieren.

Krepieren, nickte Norbert. Er fühlte sich plötzlich elend. Dandy ergriff ihn, zog ihn nach Hause. Sie hatten zum Glück nur hundert Schritte ins Bett, aber dann mussten sie noch zwei Meter senkrecht nach oben. Norberts Hochbett, der schaukelnde Kahn kam lange nicht zur Ruhe. In seinem Kopf brummte ein Traktor, kicherten die Mädels, loderten Kittelflammen. Ein Sturm tobte, der nicht abflauen wollte. Das Saufen, die Sehnsucht nach Liebe, wo führte das alles hin?

Kapitel 13
Feiern und Hassen

Der Antifasching

Wenn im Spätherbst die alternativen, also begehrtesten Feten begannen, waren viele Studenten, Studentinnen glücklich, hochsensibel und offenherzig. Im Stadthafen, auf einem Schiff der Greifswalder Weißen Flotte startete der ‚Antifasching', eine der knappen Gelegenheiten, ohne Einlasskontrolle und Aufsicht durch die FDJ seinen Spaß zu haben. Die Schiffe lagen fest vertäut. Mit dem Eis kamen die Studenten. Mund zu Mund Propaganda genügte. Der stinkende Schiffsdiesel hielt das Innere des Kahns über Null Grad Celsius, aber Dutzende Kisten Bier, einige Flaschen Schnaps und hundert tanzende Leiber heizten dem Dampfer ein. Laienband oder Plattenspieler sorgten für viel Musik. Und die heimlich gehandelten Platten aus dem kapitalistischen Ausland, schwer zu kriegen, doch streng gehütet, machten es leider unmöglich, die staatlich verordneten sechzig Prozent sozialistischer Schlager zu spielen. Männlein und Weiblein drängten sich aneinander unter farbigem Glühlampenlicht, vierzig Watt BGW, Berliner Glühlampenwerke. Sie schwitzten und mühten sich redlich, die Langspielplatten des Klassenfeindes in Grund und Boden zu tanzen.

In den besseren Häusern der Stadt, auf den FDJ- oder Handwerkerbällen ging es nobel, neureich und anfangs sogar gesittet zu, wenn die Karnevalsvereine Greifswalds ihre Kleinbürger, Händler, Büroangestellten, Lehrer und Genossen zum Faschingsvergnügen baten. Dort sprach der Bürgermeister.

Im schwach beleuchteten Hafen dagegen, auf ihrem Antifasching-Dampfer hielten sich die Studenten an ihresgleichen und ließen sich unzensiert vom Studententheater bespaßen; auch hier aber schrieb jemand mit. Norbert tanzte fast nur mit Elisabeth; er hatte sie einige Male in die Enge des Schiffsbauchs geführt. Dort konnte er ihre Figur besser greifen. Elisabeth aber genierte sich. So hatte er es in der Hütte erlebt, als Erhard sie sich vornahm. Ihr Vater war ein Pastor. Norbert bemühte sich also um Haltung. Er spielte den Kavalier. Elisabeth wurde aufgeregt und angenehm erhitzt. Schon verschwand sie für kurze Zeit. Norbert stellte sich an den Tresen. Es gab das Übliche, Kekse, Brause, Bockwurst und Buletten, dazu Bier und Schnaps, sauren Wein und Vita, ein weinhaltiges Erfrischungsgetränk, und dessen vier Prozent Alkohol genügten Elisabeth völlig. Norbert stand da und entdeckte Gabi, das dritte Mädchen um Erhard. Er steuerte auf sie zu. Sie erkannten sich, er sah erfreut, für einen Moment irritiert in ihre lachenden Augen und lachte. Ein Teufelchen ritt ihn. Er fragte wortlos und Gabi nickte nur. Als erstes holte er Schnaps. Gabi war trinkfest, temperamentvoll. Sie tanzte gut und flirtete, was das Zeug hielt …

Gabis Launen. Die Falle

Gabi flirtete heute mit jedem, der männlich war und dazu gehörte. Norbert merkte nicht viel davon; ihm fehlte die Übung, der Blick dafür. Jedenfalls ließ er Elisabeth sitzen, ohne noch einen Moment lang an das Mädchen zu denken! Sie stand, an die Wand gedrückt da und zitterte, wenn der Schiffsdiesel dröhnte. Sie suchte nach Norbert und fand ihn nicht, während die Paare vor ihr sich immer enger umschlangen. Bald war Schluss, ihr Heimweg begann, in die Nacht, in den Frost, durch die Finsternis. Wer mit wem und wohin ging, die Frage war geklärt, nun wohl auch für Norbert: Per aspera ad astra, rief er albern, als er mit Gabi im Arm Elisabeth überholte, sie jedoch übersah. Gabi fror. Er drückte sie an sich. Sie ließ es sich gern gefallen. Norbert brachte sie bis vor die Haustür, bis zum ersten, zum zweiten, zum dritten Kuss. Wie viele Küsse, grübelte er, während sie ihre Zungen wetzten, er ihrer schlanken Gestalt näher zu kommen versuchte, wie viele Küsse hatte sie heute unter den Jungs verteilt? Egal, er gehörte dazu! Auch er bekam seinen Anteil an der brennenden Hitze, die ihrem Körper entströmte, obwohl er noch immer von Mantel und Schal verhüllt war.

Danke Norbert, und Tschüss, sagte Gabi, drehte sich um und verschwand. Norbert hielt sie nichts auf. Es war besser so. Er hatte für heute genug gelernt. Schon war er wieder nüchtern.

Wer bei den Mädels nicht landen konnte, der fiel eisgekühlt, wie jetzt der Regen aus dem nächtlichen Himmel. Er musste sich in der Greifswalder Altstadt erst einmal wiederfinden. Norbert, wer würde sich wundern, landete in der ‚Falle', der Medizinerkneipe, die noch geöffnet hatte. Doch Norbert passte auf! Für Erstbesucher hing vor dem Tresen ein fünfzölliger Nagel. Der halbdunkle Raum garantierte, dass jeder Neuling das Corpus Delicti mit seinem Schädel traf. Eine Saalrunde wurde fällig! Norbert, der allerdings viel lieber in Gabis Falle gelockt worden wäre, wusste wenigstens hier Bescheid. Er mied den teuren Nagel, setzte sich in eine halbdunkle Ecke und trank für sich allein. Um ihn her sangen und brüllten im Wechsel die Herren Mediziner. In der Stadt traf man sie selten. Ihre Mensa lag in der Kapaunstraße, gegenüber der Medizinischen Klinik. Manchmal ging Norbert dorthin; das Essen schmeckte anders. Und er lauschte gern den Geschichten, die sie in der Mensa erzählten, wenn sie vor dem Mittag im Keller, in der Pathologie von ihren Leichen kamen. Abends gingen sie in die <, oft noch vom Dienst in der

Klinik, dem Flirt mit der Schwester erregt, witzelten sie gern weit unter der Gürtellinie.

Jetzt sah sich Norbert gelangweilt um. Die niedrigen, dunklen Räume der ‚Falle' waren geruchsintensiv wie ein Enddarm, also gewöhnungsbedürftig, nur nicht für Mediziner. Norbert dachte lieber an duftige Kirchenmusikerinnen, die raffinierte Gabi, die pralle Schönheit Christina. Auch sie hatte auf dem Schiff getanzt, nur nicht in seiner Nähe. Und Erhard? War gar nicht zu finden; es war übervoll. Und Norbert träumte heiß von Christina, erkundete Stück für Stück ihren Körper.

Plötzlich fiel ihm wieder Elisabeth ein; er hatte sie vergessen!

Neben Norbert tranken und schwatzten die Mediziner weiter. Jemand rief launisch die Biermesse aus! Auf den Tisch kamen gläserne, schäumende Stiefel, randvoll mit Greifen-Pils: Ergo bibamus! Und auf Ex, meine Herren!

Norbert saß dicht dabei, also machte er mit. Sie schluckten und rülpsten feierlich, als sei Papst Martin IV. persönlich in die Diaspora gekommen, um mit ihnen zu saufen. Auch Martin Luther war ihnen recht, schon wegen der deftigen Sprüche. Doch sie brüllten die Medizinerstrophe des ewigen Steiger-Liedes:

Wir Mediziner seins kreuzbrave Leut', denn wir nageln ab die Knochen, morsch und splitterweis' gebrochen, und saufen's auch!

Der Hassprediger

Norbert trank bis zur Neige, machte sich auf den Heimweg. Durch Greifswalds nächtliche Straßen verfolgten ihn Gespenster, allen voran der Rektor und der Prorektor Schließer in seiner Allmacht, Herr über alle Studentenheime. Ihm nach liefen eifernde Schatten, Blauhemden tragende Funktionäre der Freien Deutschen Jugend. Norbert schlich um die Jakobikirche, den Turm der Studentengemeinde herum. Darüber erschien, die Sterne verdunkelnd, der Bezirksparteisekretär und Vorsitzende des FDGB, der Rostocker Harry Tisch, wahrlich ihr Lieblingsfeind. Greifswalds Studentengemeinden, die Evangelische zuallererst, beschworen jeden Montagabend ein gedankenfreieres Leben, einen besseren Sozialismus. Eine Anmaßung sei das, tobte und schäumte in der Bezirksstadt ihr Konkurrent; er hasste die Studentengemeinden, die bei jedem Anlass aufzumucken versuchten. Zu seinem großen Ärger aber waren die Funktionäre der Uni, der FDJ nicht fähig, den christlichen jungen Leuten verbal die Stirn zu bieten! Statt offener Diskussionen, bevorzugten sie die Mitarbeit Inoffizieller Mitarbeiter.

Der Regen begann zu erstarren. Norbert flüchtete vor dem Eis in der Luft. Krachend schloss sich die Tür zu Heim III. Er ging pinkeln, dann in die Küche. Auf dem Kohleherd stand ein riesiger Kochtopf. Im Winter sorgte Mutter Riedel hier morgens für heißes Wasser. Dieser große Topf, mit Laugenstein fingerdick ausgekleidet, hatte seine Geschichte; früher kochten die Medizinstudenten sich darin menschliche Schädel. Solche Fundsachen pommerscher Dorffriedhöfe kauften sie für eine Buddel Schnaps. Die Prozedur war einfach: Konzentrierte Natronlauge löste Fleisch und Fett von den Knochen, bis nach Stunden die Oberfläche von einer wachsgelben Schicht haltbar versiegelt wurde. Die Schädel dienten als Kerzenhalter oder als Menetekel: ‚Sic transit gloria mundi'! Dieses Latein konnte jeder gebrauchen, ganz gleich welcher Fakultät.

Norbert sah, auf dem Herd kochte Wasser, doch er verzichtete auf die Rasur. Er kroch ins Bett und schlief bis zum Mittag, mit seinen besten Grüßen an den Herrn Professor!

Zwiegespräch mit der Stadt

Als der Nassschnee die meisten Wege unpassierbar machte, suchte auch Norbert Familienanschluss bei ihrem Studentenpfarrer. Die geräumige Altbauwohnung stand fast immer für Gäste offen. Zwei kleine Töchter freuten sich über solche Studenten, die häufig Späße machten, wenn sie oft auch traurig aus der Wäsche guckten; die Einsamkeit tat weh. Manchmal lief Norbert sich selbst davon. Er wanderte über die Eisenbahnschranke, Richtung Grimmen, ins Sumpfland hinaus. Über grasbewachsene Pfade, über Eispfützen, fest gefroren, durch tiefschwarze Erlenbrüche, wo sich der Ryck in Gräben verlor, die das Wasser lautlos zum Stadthafen führten, kam Norbert, suchte und fand das Flüsschen. Doch er suchte vor allem sich selbst. Und er vermisste Benno. Manchmal wünschte er ihn zum Teufel, jetzt hätte er ihn gebraucht. Sein kranker Bruder war klug.

Norberts späterer Rückweg durchs Hafenviertel zeigte ihm deutlich wie nie, die Häuser zerfielen, die Kähne verfaulten, der Ryck versumpfte weiter, hier und überall. Im Zentrum wie an den Rändern verrottete die alte, stolze Hansestadt. Wie konnte er sich hier heimisch fühlen?

Jahre später fragten sich auch die Bewohner, warum so viele Häuser verfielen, während man ihnen ständig erklärte, sie würden die Zukunft bauen! Übrig blieb eine Stadtlandschaft ohne Erinnerung, entseelt. Sie diente als Baugrund für Plattenbauten mit aufgesetzter Fassade. Vieles im Land war nur noch Fassade.

In Norbert kreisten Bennos Gedanken, die er Jahre später in Verse setzte; er schrieb sie in sein Tagebuch mit dem Plasteeinband:

Stein zerbricht und Staub quillt auf wie Blut
deine Türme stehen einsam da
reißen Wolken, Regen schließt dein Grab
alte Stadt, die ich verlassen hab

Alter Baum am Wall, sogar dein Schatten
fällt zu Stamm und Krone in den Staub
bloßgelegt sind Jahr und Tag und Stunde
die du sahst – wer wird sich nun erinnern?

Letztes Licht aus einem Hafenkahn
blickt zerbrechlich das Zerbrochene an
alte Kneipen, dunkle Liebesecken
komm an Bord, den letzten Stein
lass uns dort verstecken!

Kapitel 14
Friedensarbeit und Liebessorgen

Weststudenten. Fleischerhemden

Norbert würde noch einige Jahre als Student in Greifswald verbringen, vermutlich bis zum Schluss in der Fleischerwiese! Erst einmal kam der Frühling. Der halb gerundete Frühjahrsmond schob Ostern vor sich her. Einige ESG-Studenten freuten sich auf den Besuch in Berlin. Die ‚Geschäftsstelle der Studentengemeinden' organisierte dort, im ‚innerkirchlichen Rahmen' ein ‚Partnergemeindetreffen'. Hansjürgen Schulz nahm diesmal in seinem Wartburg-Tourist Norbert und Rüdiger mit. Greifswalds ESG war mit der von Heidelbergs Uni liiert. Sie gingen mit ihren Besuchern als erstes ins Brecht-Theater, ins Berliner Ensemble, noch regiert von Helene Weigel. Norbert freute sich auf die frischen, nach Westseife duftenden jungen Frauen, ihre flinken Zungen, die lockere Kleidung. Hans Jürgen würde nur lächeln, wenn sie sich näher kamen. Sie waren alt genug. Doch sie diskutierten lieber, über den ‚kalten Krieg', die Aufrüstung in Ost und West. Es gab nur praktische Gastgeschenke, keine Bücher, die sie gern hätten. Westliteratur war verboten, sie konfiszierte der Zoll. Norbert erhielt ein Fleischerhemd. Was verschenkte er? Den Zwangsumtausch der Heidelberger! Sie hatten dreißig Westmark zu dreißig Ostmark umtauschen müssen. Ihre Partner hatten die Ostmark in Bücherstapel verwandelt, Ausgaben aus dem Dietz-Verlag, Marx, Engels, Lenin, vor und zurück: So billig kriegen wir bei uns diese Bücher nicht!

Sie lieben es, den Marxismus besser zu kennen als wir, meinte Rüdiger nur lakonisch. Alle waren in 1968er Stimmung, und die

Heidelberger Studenten diskutierten, als hinge ihr Leben daran. War es nicht auch so? Man kam darüber ins Grübeln.

Norberts Vortrag aber beschäftigte sich mit der Euthanasie. Er sprach frei, diskutierte klug. Auch Rüdiger tankte auf, wie sie alle, intellektuell und moralisch. Sie bemühten sich zu begreifen, wer ihre wirklichen Feinde seien, nicht etwa die FDJ-Funktionäre, obwohl sie permanent Phrasen droschen. Die Quintessenz ihrer Diskussionen aber lautete etwa so: Wenn es so weitergeht mit dem Overkill, können wir einpacken, ganz egal, ob in Ost oder West!

Sie fuhren zurück nach Greifswald, und sie bedauerten sehr, dass die örtlichen Funktionäre jenes Zwiedenken von ihnen forderten, das George Orwell beschrieben hatte! Die Partei hatte immer Recht, selbst bei höherem Blödsinn. Man hinderte sie jeden Tag daran, die echten Probleme zu lösen. Umso mehr waren sie ihrem Hans Jürgen dankbar. Was sie an den Montagabenden im Turm an Rhetorik lernten, war fast so viel Wert, wie ihre Hochschulausbildung. Der Studentenpfarrer organisierte Vorträge über Theologie, Philosophie, Soziologie; auch Politik war inzwischen ein Studienfach geworden, wer hätte das geahnt! Wer von ihnen im Turm abends mitdiskutierte, musste im Staat DDR schon bald zum Grenzgänger werden, zwischen der Welt der Naturwissenschaften und der Welt des Geistes. Dazwischen wie immer ein tiefer Graben, doch ein überwindbarer Gegensatz! Norbert begriff die Fragwürdigkeit aller Ideologien …

Osterstimmung. Magenschmerzen

Je häufiger Norbert mit den Studenten im Jakobiturm diskutierte, umso mehr wurde es auch für ihn zu einer Lebenspraxis, die herrschende Ideologie kritisch zu hinterfragen, möglichst zu überwinden, um zwischen Dogmen und Phrasen eine eigene Sprache zu finden. Einem Dogmatiker wie Harry Tisch konnte das nicht gefallen. Doch der Pfarrer erklärte stets, sie täten nichts Verbotenes. Sie nutzten nur den kirchlichen Rahmen, wie die Juden ihr Zelt in die Wüste stellten, um das Allerheiligste zu verbergen, ein Geheimnis daraus zu machen.

Norbert nahm in diesen Frühlingswochen die Stadt mit anderen Augen wahr. Die Luft roch frisch, die Mädchen zogen sich luftiger an. Norbert lief mit besserer Laune durch das alte, verfallende Greifswald.

Als er Freitagnachmittag aus dem Labor kam, stand Karlo erneut vor der Tür. Er sah finster aus, knurrte: Ich bin fertig, Alter, die Volksmarine macht mich noch kaputt! Jeden Tag jagt unser Schnellboot in voller Fahrt übers Wasser, und das wird hart wie Beton! Mir geht's auf die Knochen, schlägt auf den Magen!

Karlo blickte grimmig zum Spiegel am Bett, als drohte er sich selbst: Noch drei Jahre Alter, dann ab zur Handelsmarine und nach Valparaíso, Buenos Aires oder was weiß ich! Im fernsten Hafen sage ich: Pappkameraden, Ahoi! Ihr könnt euch in eurem scheiß Staat den Mond mit dem Arsch ansehen!

Bist du nicht in der Partei?

Ich will nur noch ,raus hier, Mann! Diese Idioten ändern sich nicht, nicht in hundert Jahren. So lange steht die Mauer, kannst du mir glauben, Alter!

Auf Friedenswacht

Mit den Mädchen, das wurde schon wieder mal nichts. Also fingen sie an zu saufen, Bier und Korn, Karlo hatte Wodka. Norbert trank wenig, das harte Zeug war er nicht gewohnt. Doch er hörte

Karlo gern zu ... Karlo brauchte einige Gläser, dann spuckte er seine Geschichten aus, erzählte Einzelheiten, die streng vertraulich waren: Ohne Partei hätten sie mich gar nicht erst genommen. Du brauchst zuverlässige Leute, vor uns liegt die Grenze. Wir sind dort auf Friedenswacht, Mann! Wie oft ich mir vorgestellt habe, spring ins Wasser Mann, ab mit dir, Richtung Westen! Wenn nur die Angst nicht wäre. Die eigenen Leute knallen dich ab; so lautet der Befehl. Er sprang auf: Wir haben noch eine Flasche. Sauf mit Bruder! Das ist auch ein Befehl.

Irgendwann fiel Karlo um. Er schlief wie ein Stein. Morgens kroch er auf allen Vieren umher. Er verordnete sich eine Pferdekur, kaltes Wasser, einen Schnaps und ein Bier. Dann fühlte er sich wieder frisch, ging zum Bahnhof und fuhr zurück.

Norbert blieb liegen, schlief weiter. Heute Abend war immerhin Chemikerball, also ausschlafen, fit sein, feiern. Das Studienjahr über ihnen war dran. Norbert freute sich auf das Bühnenprogramm. Auch Uwe machte mit. Doch er war ständig wütend: Jede Zeile müssen wir vorlegen, bei den Idioten der HSGL! die FDJ streicht die besten Witze, nur weil die Partei drin vorkommt. Keinen Funken Humor haben die Genossen. Heute Abend, im Dorf, auf der Bühne sage ich doch, was ich will!

Beim Chemikerball

Die Greifswalder Chemikerbälle hatten Tradition. Sie wurden seit ewigen Zeiten vom dritten Studienjahr organisiert. Ein gutes Programm war Pflicht. Norbert und Uwe waren zwar erst im vierten Semester, aber sie machten im Hintergrund mit, als Dichter und Rezitator. Auch Bennos Verse gefielen. Und Norbert?

Norbert sorgte sich eher darum, welche Mädchen wohl mit ihm tanzen würden. Heute Nachmittag fuhren alle gemeinsam im Bus Richtung Stralsund, bis Neuenkirchen. Nach Hause würden sie laufen müssen; hoffentlich blieb Norbert nicht allein. Doch am Abend lief alles gut ...

Der Dorfkneipensaal war riesig, die hohen Wände geschmückt, Tapetenbahnen, verkehrt herum, knallbunt bemalt mit Destillen, Phiolen, riesigen Hexen und Teufeln. Das machten die Kunststudenten. Als das Programm vorbei war, spielte der schöne Ingo mit seiner ‚Echo-Combo'.

Mit Engelszungen

Beim Tanzen traf Norbert Elisabeth. Sie hatten sich eng umschlungen. Kein Wort fiel vom Antifasching. Auch von Gabi schwieg er. Elisabeth wusste auch so Bescheid. Er hatte Zeit, sich mit ihr zu versöhnen. Später gingen sie vier Kilometer zu Fuß, am Hafenviertel vorbei, seinen halb zerfallenen Fachwerkhäusern; eine kalte Nacht ohne Sterne. Vom Bodden her wehte salziger Regen. Auf dem Schießwall zur Gützkower Straße hin standen sie mehr, als sie liefen. Endlich gelang ihnen etwas wie Petting, oder was sie dafür hielten. Die Turmuhr von St. Jakobi zerschlug ihr atemloses, gespanntes Einverständnis. Ein Stundenschlag genügte, Elisabeth erschrak. Sie ging sofort auf Abstand. Norbert versuchte noch eine Umarmung, aber da hörte er: Gute Nacht. Für das Mädchen war es das erste Mal, für Norbert ein Déjà-vu, zurückgewiesen zu werden. Und doch war Elisabeth seine Chance; so schnell gab er nicht auf.

Als er es am nächsten Abend bis in Elisabeths Zimmer schaffte, gelang es ihm, sie intensiv, fast intim zu küssen. Er probierte es immer wieder, sie da und dort zu berühren. Sie wehrte jedes Mal ab. Norbert bewies eine Engelsgeduld. Tagelang schickte sie ihn wieder fort, ohne sich zu ergeben. Endlich schenkte sie ihm ihre alte Gitarre; mochte er daran zupfen!

Kapitel 15
De söben Sinn

Balzstimmung. Heiße Hexen

Frustriert ging Norbert auf Abstand. Aber Greifswald war klein, er traf Elisabeth schon nach Tagen wieder. Erhard saß mit den drei Mädels, mit Gabi, Elisabeth und Christina in der Hütte und trank. Der Musiker reagierte gereizt. Er forderte Norbert zum Stemmen auf, also Fingerhakeln mit steifen Armen, den Ellbogen auf das Holz gepresst! Sie hatten die Blicke der Mädels im Nacken. Bevor sich Erhard rührte, lief Norbert schon der Schweiß. Diesen wütenden Kampf um Ehre und Bier gewann der Hahn im Korbe. Nun zog er Norbert alias Benno zum zweiten Mal in sein Welttheater, verräuchert, voll Bier und Schnapsgeist, dabei mit viel Sendungsbewusstsein. Erhards verschnaufte, dann schlug er mit seinen Augen Funken. Und wieder folgte ein Auftritt, der Norbert anzog und abstieß. Diese explosive Stimmung hätte jedem Chemielabor große Ehre gemacht. Noch etwas anderes zwang Norbert, die Vorstellung auszuhalten: Christina saß neben Erhard! Die drei Mädels blieben geduldig sitzen, auch als Erhard aufstand, mit langen Armen in die Luft griff und sprudelnd erzählte, von seiner Kindheit in Freest, dem Baden und Tauchen im Peenestrom, vom Fische fangen mit bloßen Händen ...

Norbert hörte verblüfft die Stimme, ihre Variationen, ihre Mixtur, anfangs acht, später sechzehn Fuß auf der Orgel. Ein Crescendo, ein Basslauf, dann vier Fuß Flöten, gedackt.

Kurze Pause, das Bier, einen Schnaps durch den Schlund. Vor seinen Mädels und ihm absolvierte Erhard, der Musikerknabe eine Ausdauerprüfung in Fitness und Eloquenz. Seine Stimme blieb unangestrengt. Sie hatte auch nach dieser Übung, ohne Klavier und Noten, frei aus dem Kopf durch die Kehle gespielt, kaum an Kraft verloren. Innig und heiß stieg sein Wortschwall herauf, ließ die Luft überm Biertisch zittern. Bald riss sein Parlando die Zuhörer mit, brachte die Augen der Mädels zum Glimmen, bis sie dem dürren Kerl mit seinen Knochenmannwangen alles glaubten, bereit, ihn zu lieben!

Plattdütsch snacken

Die Mädels zündelten mit den Lippen. Auch Norberts und Bennos Sinne hatten sich entzündet, brannten wie trockenes Stroh. Erhard war nicht zu bremsen. Er begann, Plattdütsch zu schnacken: Tu hus hiet dat över nur, blew da un lern tau, min Jong! Awer Grotmoder snackte mit unsem Paster, un so kam ick tu Grypswol.

Benno hatte die Mädels fixiert, bis er spürte, sie brannten gleich selbst. Er sah in Gedanken, wie die drei Frauen nicht nur Erhard, sondern sie beide angriffen, sie dionysisch umkreisten wie die Mänaden verschlangen …

Norbert hatte wohl nur geträumt. Die drei Mädel blieben vernünftig. Sie bewegten nur fahrig die Arme, rutschten hin und her, streckten die Finger lang, rauchten gierig und tranken schnell, lachten ohne Pause. Ihre heißen Herzen, die rauh gelachten Kehlen wurden immer wieder mit Bier gelöscht, sonst hätte die Luft zu brennen begonnen!

Erhard rief Norbert an: Ick seh di im Glase, Norbert! Gedankenpause. Dann fragte der Knabe: Kennst du ‚de söben Sinn‘? Und Erhard fing an, Plattdeutsch zu snacken, dass Norbert die Ohren spitzte. Anfangs verstand er kein Wort. Aber Erhard brillierte mit seinem Sermon, wenn auch nur schwer verständlich:

Der Mensch, seggt Köster Klickermann,
steit bi de Schöpfung boben an
un is de wählichste vun allen!
Es kann mir soans nicht gefallen,
wenn welche seggen, datt vor Jahren
die ersten Menschen Affen waren,
die'n bitten plietscher sich gebierten
un sich hernach vermengelierten
Denn, Kinner, dieses gibt zu denken
un mutt die besten Eltern kränken
un woans kannet möglich sein?
Dat Viech döst in den Tag hinein
un frißt un is ihm einerlei
un denkt sich inne Welt nichts bei.
Der Mensch dagegen denkt sich wat
un hat viel Weeswart früh un spat
da merkt man, daß er Ahnung hat
Er grübelt mit Verstand un Fleiß
un watt er dann von selbst nich weiß,
dat schlächt er in den Büchern nach
un wo er sonst wat finnen mach ...

Pinocchios Spinnenfinger

Satz für Satz spuckte Erhard schäumende Wörter über den runden Tisch. Kurze Pause, Schluck Bier, einen Schnaps. Dann erstarrte die Mimik wieder. Sie versteinerte. Erhard stakte mit seinen Spinnenfingern in der Luft umher, er wurde zur Marionette. Ein Puppenspieler spielte sich selbst! Ein gespenstisches Spiel. Die Mädel schwiegen. Norbert blieb stumm. Erhard produzierte sich weiter:

Nein, Kinners, wir sinn keine Affen!
als Mensch sinn wir sofort erschaffen
und: Sinne hat uns Gott gegeben,
darum, daß wir als Menschen leben ...

Erhard verhielt, verdrehte die Augen und steigerte das Tempo:

Nu abber, segg mal, Heiner Moll:
Wie viele Sinne hast du woll?

Tje, Heiner Moll, dat wer son Soch
hei hett wat anners inne Moch:
Mit sine Nachbarn Beggerow
hedd hei segg dremmelt owertau,
un wier een Schachern un een Fuhm,
un hat mit all ihrn Griffel schurm!
Un nu kömmt das aal Klickermann
mit sin verdammte Sinne an!
Du, seggt hei: Karl Beggerow,
du seg mol'n bidden läufig tau!
Tja, seggt mi Karl, is leicht jeseggt
Karl wüßt dat awer ook nich recht.
Wo inne Welt soll hei ook weiten,
wo Heiner Moll sin Sinne seiten ...

In der Stadt fünf, auf dem Lande sieben

Erhard erstarrte erneut, trank einen Schluck, räusperte sich und rezitierte weiter, als ginge es um sein Leben. Er ahnte wohl, in der Welt dort draußen lauerte nicht viel Gutes. Norbert lauschte verwirrt. Mit seiner inneren Stimme hörte er Benno flüstern, der warnte ihn davor, laut zu sagen, was ihm durch den Kopf ging … spiel weiter, Erhard, die seidenen Fäden, an denen Pinocchios Glieder hängen, müssen eines Tages, könnten ganz plötzlich reißen.

Erhard hatte Luft geholt und getrunken. Jetzt setzte er angestrengt fort:

Wo inne Welt soll hei ook weiten
wo Heiner Moll sin Sinne seiten!
Ach, denkt hei, is ook einerlei
un wies emm midde Finger drei!
Ick hew drei, seggt Heiner Moll
un kiekt emm an aas willst mi woll?
Nu kuck oans diesen Esel an!
Wat soll ick nu mit di beginnen?
Du Dämelack hast nur drei Sinnen!?
Tja, Heinerle, ich glaub es dir
so kamst du mich ook immer für.
Nu bliew ma diese Stunde stehn,
wir aber wollen weitergehn …

Erhard japste und rang nach Luft. Der Junge übernahm sich! Die Mädels blickten auf Norbert, der ihn abzulenken versuchte. Ihm fiel etwas ein, er verkündete laut: Die Stadtbewohner besitzen fünf, auf dem Land hat man sieben Sinne! Das schrieb Johannes Bobrowski.

Erhard bekam wieder Luft, wischte den Einwand beiseite und schrie auf einmal, als sei er selbst der Lehrer:

Der nächste dann: Karl Beggerow
du grientest ja so schadenfroh
un gabst wohl deinen Senf mit zu:
Na, wieviel Sinne hast denn du?
So, dicken Karl, dat hast di dacht,
dat kümmt davon, wenn eener lacht.
Tje, Klickermann, du bist gerissen
drei Sinne waren noch nich büsen, na,
wieviel mot ick di denn gäwen?
Ick glob all bei di Stücka söben.
hei mut sick nu upt graden leggen
un waat ook richtig „Söben“ seggen!
Waat? Blooß? Hast nich noch mehr?
Denk doch noch bissgen hin un her,
datt nich noch eens verkrümelt is!

[Nachlass auf Durchschlagpapier]

Norbert verstand noch immer nicht alles von dem plattdeutschen Text. Er hat ihn sich später aufschreiben lassen. Heute ist es vermutlich das letzte Zeugnis, das von Erhard geblieben ist. Damals gab er noch lange nicht auf:

Denk doch noch bißgen hin un her,
datt nich noch eens verkrümelt is!
Karl schüttelt'n Kopp: Datt ick nich wüsst.
Nu kömmt hei vont Katheder ru
un nimmt hei ganz gehörich ru!
Un kricht hemm widder inne Wickel:
Du bist ja einen großen Nickel!

Du treibst wohl noch Spijök mit mir?
Raus mit dir, Esel, vor die Tür!

Die Mädels lachten kreischend, Norbert verstand immer besser ...

Un runner flücht Karl Beggerow,
dat hedder von sien Schadenfroh!
Da stünn hei nu mit söben Sinn'
un kunnt noch keenen Klarsatz finn...

Christina stand auf, schenkte Norbert ein Lächeln, zu wenig, um daran zu glauben. Wo ging sie hin? Auf's Klo. Erhard sprach ungerührt weiter:

Een Oogenblick hei hier hett stein
dann waad de Huusdür open gein
Hei Lütten Blöhm hat up de Straat
noch bütten spölt un kommt tu laat
Wat hebbst du maat, frecht emm de Lütten,
du steist do ganz alleen hi bidden
Hei hett mi eenfach rutgesmitten
unn hett mi anne Ohren ritten
un geff mi mechtich watt innt Linnen
blooß wejen dei vafluchten Sinnen!
Wie kömmt denn datt?, freggt Lütten Blöhm.
Bi sine damisch Relijion, wo aans de
Affen Menschen waan
unn weivöl Sinne sei wohl hadden ...

Christina gibt auf

Christina kam zurück. Norbert sah, sie hatte genug von der Art, wie Erhard sich produzierte, während sie sich um ihn sorgte und er sie links liegen ließ. Was wusste so ein Pinocchio von Christinas Angst! Sie nahm ihren Mantel und ging. Erhard ließ sie laufen, sie versaute ihm noch die Pointe:

Wat wöll so'n Köster Klickermann
Wat gehn emm meine Sinne an!
Dat lett mi Modder ook nich stecken
meen Vadder schöll met'n Schoolrat sprecken
Dei kann emm bi det Amt verklag'n
Wejn sowat derf hei mi nich schlogn!
Det hast nich wüsst? Un Lütten lacht
wejen soan krigst hüt morgen Schacht?
Denn hast det awer ook vadeint!
So, du schnackst klug! Un Karl, de weint
un fasst nach sinen Buckel henn:
Na, wüvöll Sinne hast du denn?
Nu, ick hebb fiew, seggt Lütten Blöhm.
Un da wöllst du noch dick mit daun?
Bloß Stücka fiew? Da hör ick up!
Mit drei fing Heiner Moll erst an
een Dösel is, seggt Klickermann
Denn bin ick fix bis söben stegen
un hebb een mechtig Föll fullkräg'n
Un nu kömmst du mit lumpich fiew?
Mensch, red di blooß nich up det Liew!
Gei doch da rinn mit dei fiew Sinnen
du bist keen fiew Minuten binnen!

Denn will ick di wat seggen, Lütten:
Denn bliew ma lebber gliek hi bütten!

Kapitel 16
Eifersucht. Kirchenmusik

Wettlauf ohne Chance

Zwei Mädels saßen noch da. Sie lachten. Norbert war still geblieben.

Noch eine Runde, rief Erhard. Jetzt standen die zwei Frauen auf. Sie gingen. Christina war bereits fort. Erhard fluchte, ließ anschreiben, nahm die Jacke, rannte hinaus, lief Christina nach. Norbert blieb ihm auf den Fersen, von unsichtbaren Fäden gezogen ...

Geh nach Hause, schrie Erhard ihm zu. Norbert lief hinter ihm her. Kurz vor ihrer Haustür erreichten sie Christina. Die junge Frau stöhnte auf, dann ließ sie beide ein. Allein mochte sie mit Erhard jetzt nicht in der Wohnung bleiben.

Sie kletterten unters Dach in ihr Zimmer. Die Männer warfen sich auf die Couch, jeder in eine Ecke. Christina entzündete Kerzen, die sofort zu flackern begannen. In ihrem Dachbodenzimmer zog es wie in der Wiese. Kaum war Tee gekocht, saß Christina auch schon an ihrem alten Klavier. Sie spielte Präludien. Erhard schwieg. Endlich knurrte er etwas; sie würde das Tempo verschleppen. Christina drehte sich um, sah Norbert an und lachte. Er wurde verlegen und freute sich, hörte ihr fasziniert zu. So ging es eine Stunde: Tee trinken und Musik hören, lachen. Erhard war eingeschlafen, Norbert wach wie lange nicht mehr. Er stand auf, um die üppigen schwarzen Haare Christinas zu berühren, während sie mit den Fingern ihr Zimmer zum Klingen brachte, die Pedale bediente und Norbert mit blitzenden Augen ansah, auf die Noten blickte, dann wieder zum schlafenden Erhard. Wie oft war er bereits alleine hier gewesen? Norbert war eifersüchtig!

Als Christina nach der Teetasse griff, fasste er sie am Arm. Sie drehte sich um. Er küsste sie. Sie ließ es geschehen, dann schüttelte sie den Kopf: Wir müssen Erhard wecken. Ihr geht jetzt beide nach Hause. Sie entzog sich geduldig und öffnete lautlos das kleine Fenster im Dach. Die Vögel an diesem Frühlingsmorgen waren selbst wie Musik. Christinas Stimme fehlte.

Schüchternes Rendezvous

Das nächste Mal traf Norbert die Frau allein und in voller Absicht. Er fing Christina am Dom ab. Die Bachwoche würde in Kürze beginnen, der Domchor übte seit Tagen Bachs Magnifikat; eben war die Probe zu Ende. Die Nacht voller Sterne war kalt. Christina kam ohne Mantel. Sie sah ihn, war irritiert, blieb ein, zwei Schritte vor ihm, als sie nach Hause gingen. Ihr Frühlingskleid wippte und tanzte. Sie passierten Schießwall und Gützkower Straße. Vor der Haustür drehte Christina sich um, lächelte unbeteiligt.

Benno flüsterte Norbert zu: Halt sie fest! Norbert scheute sich, sie in den Arm zu nehmen. Sie kam ihm ein Stück entgegen. Die Andeutung einer Umarmung folgte, ein flüchtiges Ertasten der Lippen ... Christina fror. Warum tat er nichts? Er ließ sie im Haus verschwinden! Grund genug für schlaflose Nächte, Selbsthass und Selbstbefriedigung, in dieser Reihenfolge.

Kernverschmelzung. Mädchen in G.

Benno lachte den Bruder aus. Seitdem er in der Klinik lag, wusste er besser als früher, was er ohne Freundin entbehrte. Norbert hatte die Chance gehabt! Er fühlte sich tagelang wie betrunken. Warum hielt er sich so zurück, scheute jede intime Berührung, liebte er das Mädchen? Er spürte den inneren Widerstand, wenn ihre Körper den Punkt erreichten, um ihre Hüllen zu sprengen, ineinander zu stürzen! War die Liebe nicht doch eine Parallele zu jeder Kernverschmelzung, atomar oder biologisch? Lächerlich, Phantasterei! Woher dann aber die Furcht vor jeglichen Konsequenzen?

Norberts verflixte Neigung zur Physik tat ihm einfach nicht gut. Er solle sich besaufen, dann vergingen die Hemmungen schon! Er befolgte den Rat von Benno, und bei der nächsten Kittelverbrennung hielt er die Bierfahne hoch, Norbert, Chemiestudent zweites Semester. Doch Christina war nicht in der Nähe. Er musste die Frau eben wechseln. Einige Schnäpse, und er war bereit, sich der Blonden zu widmen, die Five-Number-Man unter sich hatte! So ein Unsinn!

Christina, Urgrund der Sehnsucht, Anlass für Bennos romantische Verse drängte sich immer wieder dazwischen, verfing sich in Norberts Gedächtnis. Benno versuchte, sie zu porträtieren. Er vermied dabei ihren Namen. Der Vorteil war, Norbert konnte den Liebesbeweis auch noch anderen widmen. Benno nannte die sanfte Gestalt einfach:

Mädchen in G.

Ich trage zusammen: Dein Lachen
den Glockendunst von den Türmen
morgens und abends vertraut

Treff ich dich
deine Münder Heiterkeit
vor dem alten Klavier

Mit dem Schattenspiel Töne rufst du mich an
meinen Namen sagst du mir auf
Ein altes Vertraut sein dampft aus den Tassen
der Tee

Einmal in Händen halt ich dein Blühen
rotgolden, warm, eine Flocke Licht
Ich liebe in dir die Sonne
wenn sie die Gassen herabkommt im Schatten
der Kirchen
wenn sie die alten Häuser liebkost
und schweigend hinaustritt
aufs Meer …

In Norberts romantische Träume hinein heulte die RIAS-Mittelwelle eine Meldung, die ihnen zeigte, in welcher Provinz sie lebten und versuchten, erwachsen zu werden. In derselben Zeit wurde in Westberlin, während des Shah-Besuchs der Politikstudent Benno Ohnesorg durch einen Polizisten erschossen, angeblich, als er zu fliehen versuchte, der Verhaftung entgehen wollte.

Unsere Sorgen, knurrte Dandy, der Norberts Transistorradio Loewe-Opta auch gerne hätte, ein Gerät von Brieftaschengröße, der dazu kam und RIAS hörte, unsere Sorgen hat er nicht mehr. Jetzt schnappen sie sich den Polizisten; der Kerl kann mir fast schon leidtun!

Die Greifswalder Bachwoche

In der letzten Juniwoche kam die jährliche, fiebrige Krisis für Greifswalds Musikliebhaber, ein Höhepunkt musikalischen Strebens: Orgelklänge, Chormusiken, Solisten, Orchesterkonzerte in den Kirchen, in der barocken Aula, im Stadttheater und anderen Sälen. Immer wenn an der Küste der Rotdorn und die Kastanien blühten, verströmten die Bässe erdige, die Celli herbsüße Düfte, glänzten diverse Trompetensoli, raunten, flüsterten mächtige Chöre, dröhnten die Sinfonieorchester in bürgerlich frohe Gesichter, in heiße Mädchenohren. Besonders an sie dachte Norbert voller Zärtlichkeit.

Auch 1967, im 21. Jahr waren Programm und Besetzung der Greifswalder Bachwoche üppig: Präludien und Fugen von Bach, am gleichen Abend die A-Dur Messe und das Magnifikat; Norbert hatte bei den Proben gelauscht, er begann zu summen: Meine Seele erhebet den Herrn, und mein Geist freuet sich Gottes! Anfangs sangen sie auf Latein: Anima mea Dominum Et exultavit spiritus meus in Deo salutari meo ...

Von Freitag bis Mittwoch der folgenden Woche erklang von morgens bis abends Musik. In der Aula und im Theater Weltliche Konzerte und Lieder, Kirchenmusik zum Lobe des Höchsten hörte man im Dom und in St. Jakobi, im Lutherhaus und in St. Marien. Euphorische Theologiestudenten erklärten frei heraus, der Herr sei nicht nur Mensch geworden, weil es der Vater so wollte, nichts Menschliches sei ihm fremd; und sie nahmen die Weisheit wörtlich. Gelegenheiten gab es genug, diese Tage waren mit Morgen- und Abendmusiken bis an die Grenze der Taubheit gefüllt, die Nächte mit Kneipengängen und Scherzen mit Bekanntschaften, Freundschaften, Trunkschaften, Buhlschaften, mit Küssen in jeder Lebenslage, bis unter die Gürtellinie. In diesen Frühsommernächten drohten die Kneipen der Stadt nicht selten trocken zu fallen. Also schleppten die durstigsten der Studenten und Kirchenmusiker das Flaschenbier kistenweise in kleinste Buden und letzte Winkel, in denen noch ein Klavier stand: Gaudeamus igitur, bis in den hellen Morgen ...

Auch Norbert sang mit und verschlief das Labor, so oft es eben ging. Die Bachwoche war ihm wichtiger, Christina allerdings auch. Erhard stand täglich mit ihr und den anderen Mädels im Chor. Morgens geistliche Morgenmusik, Bachs Kantate Numero 126, Erhalt uns Herr bei deinem Wort, sechsstimmig, hell bis dunkel. Abends folgte das erste Domkonzert, Bachs Messe in A-Dur.

Norbert hätte im Chor gern mitgesungen. Doch er dachte an seine Vollanalyse, die noch nicht enträtselt war. Ihr Assistent war grausam: Ihr destilliert euren Schnaps allein, also kocht ihr auch selbst Analysen! Wenn es ums Studium ging, war Köhler ohne Gnade.

Semesterabschluss mit Gartenerde

Die ersten zwei Semester von Norberts Chemiestudium endeten mit der Vollanalyse eines natürlichen Stoffgemischs. Es war quasi Gartenerde, etwas Ähnliches wie die Kemet, die schwarze, fruchtbare Erde des Niltals. Auch der arabische Ursprung des Wortes Chemie kam gewiss von dort. Die zweite Worterklärung, das griechische chymeia bedeutete so etwas wie Schmelzen. Frei übersetzt, war die Alchemie die Lehre und Kunst des Gießens von Metallen.

Kannst du jetzt Gold machen, fragte Christina, nachdem er ihr mit vielen Worten erklärte, was sie nicht verstand. Doch nun zeigte sie Interesse an ihm. Seine Hartnäckigkeit imponierte ihr. In der Knopfstraße gingen sie abends ins Kino. Christina ließ sich streicheln. Über Küsse und Petting ging nichts hinaus, nicht einmal in ihrem Zimmer. Christina saß am Klavier, probte Kantaten und Messen, sang mit schwellendem Busen ‚Gloria in excelsis Deo', aus der Messe A-Dur von Bach. Norbert geriet in Ekstase. Er musste das Mädchen umarmen! Darfst heute hier bleiben, flüsterte sie, aber du musst brav sein!

Am Morgen ging Norbert mit ihr in den Dom, ein Prachtbau der frühen Gotik. Anfangs hatte er sich an den hohen Fenstern nur vorbeigeschlichen. Jetzt trat er mit Christina ins Licht und ließ sie nur ungern los. Sie entschlüpfte ihm, lief durchs Hauptschiff nach vorn. Vor dem Hauptaltar stand die Holztribüne, wo der Domchor sowie der Chor der Pflugbeil'schen Kirchenmusikschule saß, davor, in voller Besetzung das Sinfonieorchester Schwerin. Norbert drückte sich an einen Pfeiler und lauschte. Nur widerwillig verließ er die Probe. Er musste ins Labor! Vielleicht fand er ja heute die Lösung des Rätsels!

Stunden später fluchte er wieder, wie Dandy neben ihm fluchte. Nur Olaf, der Pommer grinste: Ich hab's! Er drehte sich zu den beiden, zeigte sich nett und meinte, lasst euch ein bisschen helfen! Und Olaf half tatsächlich. Er war ein geschickter Student, begabter Analytiker, der die praktische Arbeit meisterte. Die Theorie dagegen war ihm meist egal; in der Theorie glänzte Norbert.

Es wurde spät im Labor, doch sie blieben nüchtern. Das hatte Vorteile, wie sich zeigte. Während der Bachwochenzeit waren sonst nur die Frauen nüchtern.

Kapitel 17
Träume und Schäume

Nach Wampen

Norbert zog es auch heute Abend in Christinas Nähe, auch wenn ihm der Schädel brummte; auch Laborstunden wirkten nach.

Christina sah ihn und bat spontan: Komm morgen früh mit nach Wampen! Norbert nickte, dann zögerte er: Die Abschlussanalyse ist nicht fertig geworden. Ein Blick von Christina, schon war er entschlossen. Er ließ es sich nicht entgehen, mit ihr am FKK-Strand, in einem versteckten Winkel am Greifswalder Bodden zu liegen; was ihm dabei alles einfiel!

Christina besaß ein Herrenfahrrad. Norbert musste strampeln, sie setzte sich auf die Stange, hielt aus, ohne viel zu stöhnen. Ihre musischen Mädels lachten, als sie Christina mit Norbert erblickten: Wo hast du Erhard gelassen? Norbert wurde rot. Sie verzog das Gesicht, denn sie musste die Stöße vom Sandweg parieren: Der pennt irgendwo, ist vermutlich noch breit von gestern.

Viele Jugendliche fuhren nach Wampen. Die Kirchenmusikerinnen nutzten, wenn es möglich war, den Vormittag aus. Abends warteten Rotten von fremden Jungs, ‚die Weiber' zu empfangen, zu begutachten, unter sich aufzuteilen.

Landschaft und nackte Körper

Heute früh war der wilde Strand leer. Sie zogen sich aus und badeten, sonnten sich, lagen im Sand. Die Frauen hielten auf Abstand. Norbert fühlte sich fremd zwischen ihnen. Er drehte sich auf den Bauch und sah sich verstohlen um. Nichts als Landschaft und nackte Körper. Die Zeit am Bodden war stehen geblieben. Das Rad der Geschichte steckte im Sand, die Weltzeit war hier noch nicht angekommen. Im fernen Rügener Hochwald lauerten Steinzeitgräber. Norbert kniff die Augen zusammen. In der Ferne erblickte er Insel Vilm, nur frei für Politprominente. Für das gewöhnliche Volk war Landen und Baden verboten!

Christina drehte sich zu ihm um und schlief neben Norbert ein, wohl ein Vertrauensbeweis. Lang ausgestreckt, sanft gerundet, hüllenlos lag sie da, vom Wasser noch feucht, vom Strandsand verklebt. Jedes Stück Haut fing die schwachen Strahlen der Junisonne auf. In die Täler der Haut floss Feinsand. Von Windböen angetrieben, puderte er ihre Leiber, bescherte sie mit einer sanften, fast erotischen Streichelei.

Norbert sah gelangweilt aufs Wasser, das Morgenlicht war grell. Unter der Vormittagssonne, auf dem flachen Bodden schoben sich einige Frachter ins Bild, fuhren langsam, die Fahrrinne suchend. Gefährlich, dachte Norbert, sind nur die Grenzgewässer, auf denen die Torpedoschnellboote Tag und Nacht auf Menschenjagd gingen, Nachfolger der Kogge-Jäger, von Störtebekers Piraten.

Norbert gähnte. Neben ihm schlief Christina und vertiefte die Langeweile der sandigen Provinz. Plötzlich fesselte etwas ganz anderes seine Aufmerksamkeit. Er rollte sich zur Seite, um besser sehen zu können, denn er entdeckte das Abenteuer einer gewöhnlichen Stubenfliege, die sich am Strand nur selten herumtrieb. Und wo sie sich herumtrieb! Der Ort musste unwiderstehlich sein ...

Fliege im Abseits

Christina schlief ruhig weiter. Nichts störte die Mädchenträume, auch nicht die trunkene Fresslust eines unmoralischen Krabbeltiers. Die Fliege summte und brummte. Unaufhaltsam kroch sie voran …

Welcher Mann, dachte Norbert, könnte behaupten, das Studium weiblicher Anatomie je abgeschlossen zu haben? Davor bewahrt uns allein schon die Ehrfurcht vor Mutter Natur, dem Quell aller Wissenschaften!

Norbert nahm einen Brief aus der Hose, die unter seinem Kopf lag. Christof hatte ihm endlich geschrieben. Er nannte Tag und Zeit ihrer Abfahrt, von Berlin bis Prag und weiter, ins ferne Bratislava.

Norbert riskierte noch einen Blick; die Fliege soff unermüdlich! Unerwartet drehte Christina den Kopf und zischte: Lass das, du, lass mich schlafen!

Er erschrak, die Sache war heikel. Wie sollte er sich erklären? Fünf Minuten später war die Ruhe des Mädchens vorbei. Christina blitzte ihn an, erwartete eine Antwort, Erklärungen für die sensible Berührung! Sie spitzte die Lippen und blies die Haare zur Seite. Dann zischte sie: Mach endlich die Fliege, Wüstling! Sie drehte sich demonstrativ zu ihm um, stieß die Knie in seine Seite.

Norbert wagte nicht, sich zu rühren. Unschuldig lagen beide unter dem Richtschwert der Sonne. Über ihnen Zirpten die Schwalben. Er steckte den Brief weg, versuchte zu schlafen. Er wollte es sich auf keinen Fall mit Christina verderben! Also musste er sie so schnell wie möglich von ihrer Bedrängnis befreien; nur keine rohe Gewalt! Er suchte nach einem Manipulator, einem Grashalm vielleicht, der das Tierchen zwang, die beglückende Höhle zu räumen …

Christina spürte inzwischen zu viel Sonne und Sand in der Nase. Sie zuckte zusammen und nieste, wobei sich ihr Körper wie ein Gummiball dehnte und krümmte. Jede vernünftige Fliege hätte die Fliege gemacht! Norbert, der nicht anders konnte, genoss die Szene. Dann hörte er auf einmal Bennos Stimme: Jetzt oder nie!

Meinte Benno nun die verflixte Fliege, oder einen beherzten Angriff auf Christinas Blöße?

Die größten Fabeldichter, von Äsop und Lafontaine bis Lichtenberg hätten die Situation vermutlich genussvoll beschrieben, ohne jedoch zu versäumen, die Unvernunft, das Tierische in uns mit scharfen Worten zu geißeln!

Kaperfahrten

Was war überhaupt passiert? Als Christinas Schoß sich zusammenzog, war das Insekt im selben Moment fast unwiederbringlich verschwunden. Es gab keinen Zweifel wohin. Norberts Hand schnellte vor und griff nach der Schleuse, aus der noch ein haariges Bein hervor sah! Er zog daran, ohne die weibliche Pforte mehr als nötig selbst zu berühren. Ein Ruck, und er hatte das Tierchen. Zappelnd und feucht hielt es Norbert hoch. Dann führte er die verklebten Flügel, den Kopf mit den großen Augen als Beweis vor Christinas Blick. Sie sah ihn staunend an. Das Mädchen sprach kein Wort. Nur ihre Lippen zuckten, es blitzte unter den Brauen. Also ließ er die Fliege fallen; er machte auch alles falsch!

Christina jedoch sah sich um; die anderen waren fort! Sie hatten die Abfahrt verschlafen. Entschlossen hob sie die Hand, griff Norbert ins Haar, zog ihn zu sich. Mit einem einzigen Wimpernschlag negierte sie Norberts Vermutung, an diesem verschlafenen Greifswalder Bodden sei die Welt zu Ende! Im nächsten Augenblick würde sich zeigen, dass auch hier die Zeiten sich ändern konnten! Der Strandsand hob und senkte sich, das Wasser im Bodden schwankte. Bisher hier nie erlebte Gezeiten, warfen die Körper einander zu. Die Lust auf Ebbe und Flut schwoll gewaltig an. Der Wunsch nach Kaperfahrten in der süßen, salzigen See brachten Christina und Norbert zum Keuchen. Diese Freibeuterei war es Wert, sein Leben dafür zu wagen. Der Drang schien allen gemeinsam zu sein, den Stubenfliegen, den braven Mädchen, selbst verklemmten Chemiestudenten!

Christinas Verschwörung

Niemand störte die beiden am einsamen Strand, und die Flut kam näher, ihr Auf und Ab überwältigte sie, ebbte ab, stieg erneut, ebbte wieder ab ... Endlich beruhigten sich die aufgewühlten Gemüter. Sie drehten sich auf den Bauch. Christina lag dicht neben Norbert. Sie sahen voller Freude einer gewöhnlichen Fliege zu. Die saß im Sand und putzte sich, und rieb mit haarigen Beinchen die zarten Flügel trocken, ganz vergnügt vor der Schönheit der Welt.

Christina drehte den Kopf und legte die kräftige schwarze Mähne langsam auf Norberts Schulter. Er hielt sie und griff begeistert in ihre Pferdehaare. Sie flüsterte: Hör mir zu, mit uns beiden kann es nichts werden, das ist dir wohl klar. Ein Jahr noch, dann habe ich Abschlussprüfung, Orgel, Klavier, Gesang und so weiter. Ich gehe weg aus Greifswald, alle anderen auch, die du kennst. Nur Erhard wird länger hier bleiben müssen. Er säuft und er trödelt zuviel. Norbert, ihr beide kennt euch. Du musst ihm helfen, bitte! Er verliert sich, wenn er mich nicht mehr hat; verstehst du, was ich meine? Sie küsste ihn auf den Mund. Norbert erschrak und war selig. Sie hatten sich eben geliebt, auch geküsst. Schon aber sprach sie nur noch von Erhard. Das sollte einer verstehen! Doch er wagte es nicht, sie zu fragen, ob ihre Hingabe an diesem Strand, ihre Leidenschaft, die er immer noch spürte, ein Freundschaftsdienst war, für Erhard?

Kapitel 18
Das musikalische Opfer

Erhards Pflicht und Kür

Der junge Mann aus Freest hatte das richtige Fach gewählt, und er wusste es zu erfüllen. Er ließ die Orgel singen, ihre Register klingen und die Mixturen dröhnen, durch Kirchenschiffe, in stumme Herzen, in die Ohren der Tauben, der ungläubig Lahmen und Blinden vor Gottes gewaltiger Schöpfung! Zur Bachwoche spielte er auch privat, auf schäbigsten Klavieren, um den Frauen zu imponieren. Überall hin flossen seine Klänge, überall hin reichten seine Arme, griffen Erhards Finger. Sie streichelten, tasteten, fassten zu, wo es darauf ankam. Es gelang fast immer, aber er hütete ihr Geheimnis. Es war eine Lust zu leben!

Auch der Musiker Erhard meinte es ernst. Er schwelgte in der Kunst, Wohlklänge zu erzeugen, Schwebungen auszuhalten, die Fermate über dem Herzen. Es war ein einziges Geben und Nehmen, körperlich und geistig, machte doppelt glücklich, verschenkte Ewigkeiten. Aus der Musik strömte Lust und Freude, ganz gleich, auf welchem der Instrumente die Melodien erklangen, und sei es ein Mädchenkörper. Erhard beherrschte sein Fach und wusste es zu erfüllen. Tragisch war nur, dass in seinem Innern jedes Mal eine Flaute zurückblieb, nach jedem genussvollen Abend, jedem geistigen, physischen Koitus Interruptus. Erhard spürte die Leere im Kopf, der häufig wie ein Schwamm war, der immer wieder gefüllt werden musste, mit Wein gesäugt, mit Fusel gesättigt, bis darin endlich, für kurze Zeit etwas Ruhe eintrat.

Ruhe und Frieden, und Ehre dem Höchsten! Erhard wankte als letzter zur Nacht durch die Stadt. Mitten darin blieb er stehen. Er pisste gekonnt den Dom an. Und er spürte in sich den Riss, der in sein gelbliches Fleisch schnitt, das eben noch glücklich gewesen war. Wann und wo war das, mit wem? Schwer atmend, lehnte er sich an einen der klobigen Pfeiler, die das frühgotische Bauwerk von außen im Gleichgewicht hielten. Wohin jetzt? Hinein in den Dom. Erhard besaß einen Schlüssel. Es drängte ihn hinein, zur Empore. Er musste die Orgel schlagen, jetzt gleich, gegen Morgen. Die Stadt sollte wissen, wie dieser Erhard spielte; passt auf, ihr werdet es hören!

Es war Zufall, aber in diesem Moment kam Norbert von der Domgasse her. Seine nächtliche Tour führte ebenfalls am gewaltigen Dom vorüber. Hier fand er den Freund, den er stundenlang suchte. Norbert packte Erhard, sie drängten hinein. Sie machten im Innern kaum Licht. Doch sie setzten sich auf eine der Bänke, und Norbert beruhigte Erhard, der wie immer zu viel getrunken hatte und jetzt mit allem prahlte, was ihm im Laufe des Abends zwischen die Finger geraten war, Instrumente, Schnapsflaschen, Frauen, die Orgel! Er sprang auf, er musste zur Orgel!

Nein Erhard, du hörst mir jetzt zu!

In solchen Momenten half Benno. Norbert ließ seinen Bruder sprechen: Erhard, ein bisschen Demut bitte! Was Orgel spielen heißt, sollst du Hören ...

Orgel spielen

Erhard gab keine Ruhe! Er und Norbert alias Benno, Saufbrüder aus der Hütte, waren Streithammel um Christinas Gunst; aber Norbert hielt seinen Freund auf der harten Kirchenbank fest. Er hatte den Wampener Strand im Kopf, war selbstbewusster geworden. Und er fand im Dom, zwischen Nacht und Morgen die richtigen Worte für Erhard: Lass das Saufen sein, du stürzt dich ins Unglück! Plötzlich kriegst du ihn nicht mehr hoch!

Erhard lachte schrill: Nicht mehr hoch? Du hast ja keine Ahnung! Er wollte seinen Hosenstall öffnen ... Hör auf! Weißt du was passiert, wenn du zu viel vögelst? Davon wirst du womöglich blind!

Du bist doch nur neidisch.

So war es wohl. Norbert schwieg. Erhard gab nicht auf: Du weißt, ich bin Musiker und nichts weiter. Die Besten, sage ich dir, machen Musik ohne Licht!

Auch Kirchenmusik?

Was denkst du! Die Orgel zu spielen, ist einer der schönsten Blindenberufe. Es gibt auch Noten für Blinde; du kannst mich nicht erschrecken!

Die Streithähne standen auf. Norbert legte dem Freund die Hände auf die Schultern; er beruhigte sich allmählich. Endlich konnte Norbert beginnen, Bennos Verse über das Orgelspiel in die Stille der Kirche zu sprechen:

Er tritt mit Füßen die schwingende Luft
glättet sie wieder mit Händen
bündelt sie, wirft sie wie Sterne ins Dunkel
in das lebendige Schweigen

Zwischen den Schläfenpfeilern,
unter den Bögen der Stirn
breitet sich schimmernd die tönende Tiefe aus
steigt die vergessene Wahrheit
ins Schwerefeld der Gedanken

kreist hinter geschlossenen Lidern
öffnet die Augengrüfte

Durch die Tore der Harmonien
strahlt eine neue Sonne
das Kreuzgewölbe der Lauschenden
trägt den göttlichen Plan

Er lautet:
Es werde Licht!

Das war wieder einer der frommen, selig machenden Sprüche von Benno, sein Lob auf alles göttliche, auf die Musik, auf die Frauen! Norbert mochte sie, mochte sie nicht. Das war nicht seine Sprache. Aber sie wirkten, und Erhard, der Saufaus, Erhard begann zu heulen. Er schlang seine Arme um Norbert, der nur müde abwehren mochte. Ihm fielen die Flüstereien der Mädels wieder ein. Sie fürchteten lange, Erhard sei schwul. Auch in Vorpommern war das von Übel. Christina verteidigte ihren Freund. Sie plauderte von Qualitäten, über die sonst keine gern sprach. Sie wurde dabei knallrot. Gabi biss sich auf die Lippen; auch sie kannte seine Stärken. Und Elisabeth? Sie blieb als einzige schüchtern und ratlos zurück.

Kommersgesang

Eine andere Art von Musik pflegte man in der ‚Falle'. Dort sang man aus dem Kommersbuch. Die Biermesse wurde zelebriert, als gelte es, den Papst persönlich aus dem Schaum der gläsernen Stiefel in die tweinlose Diaspora Lutherischer Wüsteneien wieder ans Licht zu holen. Hol's der Teufel, der Luther selbst war den meisten lieber, seine Tischreden und so weiter, denn getrunken, gesoffen, gefurzt und gehurt wurde reichlich, darauf kannst einen lassen!

Heute war alles anders. Lutz kam auf einmal dazu, und er benahm sich so unauffällig, dass ihn die Kommilitonen misstrauisch fixierten. Sein Kopf traf den hängenden Nagel. Er lachte und zahlte die Runde, für alle im Lokal, als gäbe es nichts Schöneres! Sie verschaffte ihm die Gelegenheit, sich an den Tisch zu setzen, wo heute die Chemiker saßen und tranken. Manchmal war die ‚Falle' als Rückzugsort gesucht. Davon gab es nicht eben viele. Die Mediziner, sich dessen bewusst, tolerierten die Fakultäten, sofern deren treffen diskret, in ihrem Sinne verlief. Die Runde der Chemiker, die heute hier saß, von der konnten selbst sie noch lernen. Dazu gehörten Olaf und Norbert, Rüdiger, Arno, Uwe und Dörte. Zwischen sie schob sich nun aber Lutz, den die HSGL seit kurzem zum Forschungsstudium vorschlug. Das war keine Schande, er war eben gut. Die Frage war, was wollte er hier?

Prost Leute! Er wollte dabei sein.

Prost Lutz, heute wird gesungen! Arno rülpste und stimmte ein Lied an, Zweivierteltakt, langsam, ein Trauermarsch, voll Bierschaum und Kohlensäure: Oh alte Burschenherrlichkeit, wohin bist du entschwunden?

Nie kehrst du wieder gold'ne Zeit,
so froh und ungebunden.
Vergebens spähe ich umher,
ich finde deine Spur nicht mehr,
oh jerum, jerum, jerum,
oh que mutatio rerum!

Sie sangen gefühlvoll, halblaut, doch mit Nachdruck. Alle Augen lagen auf Lutz. Er sang mit, er beherrschte den Text, ohne einmal zu Stottern.

Hast du ein Kommersbuch im Schrank?

Lutz lächelte schief und wusste, das letzte Büchlein mit solchen Texten, ‚Ergo bibamus' betitelt, wurde zur 500-Jahrfeier ihrer Uni 1955 gedruckt. Heute galten die Burschenschaftslieder längst wieder als reaktionär.

Du weißt ja gut Bescheid!

Immerhin war auch das letzte Kommersbuch Ernst Moritz Arndt gewidmet. Lutz bestellte noch eine Runde, weiter ging's mit Gesang ...

Mal hören, wie lange er mitmacht! Rüdiger stimmte an:

Die Gedanken sind frei, wer kann sie erraten?
Sie fliegen vorbei wie nächtliche Schatten,
kein Mensch kann sie wissen, kein Jäger erschießen
mit Pulver und Blei, die Gedanken sind frei!

Lutz sang immer noch mit. Das hatte doch nichts mehr mit Sangeslust zu tun, er hatte einen Auftrag! Damit war klar, wer am Tisch saß, wurde registriert. Sie konnten also auch weiter singen. Die niedrige Decke, der dicke Qualm aus Pfeifen und Zigaretten verknäulte sich mit dem Bierdunst zu einer launischen Stimmung, die ihre Selbstkontrolle blockierte. Zu lange schon hatten sie ihre Köpfe mit Stacheldraht und Parolen umwickelt, bis kein eigener Gedanke mehr durchdrang. Hier sangen sie sich frei:

Und sperrt man mich ein im finsteren Kerker,
das alles sind rein vergebliche Werke,
denn meine Gedanken zerbrechen die Schranken
und Mauern entzwei, die Gedanken sind frei!

Die Runde sang laut, andere Tische folgten; war das nicht schon Aufwiegelei? Doch je mehr Leute sangen, umso schwerer würde es werden, alle diese Sänger mit Namen zu registrieren ...

Heil dir im Ziegenstall

Auch diese Kneipe war immer noch ein öffentlicher Ort. Keiner warf Lutz hinaus, warum auch? In solchen verlogenen Momenten spielte Uwe ein bissiges Spiel, hielt es für seine Pflicht. Er war wie immer geladen mit allem, was die Runde so wütend machte, von der Tageszeitung zur GEWI-Vorlesung. Uwe strotzte vor Ironie: Wir singen jetzt zeitgemäßere Lieder, was soll Lutz sonst von uns denken!

Lutz spielte den Naiven. Hielt er sie wirklich für blöd?

Also, ein Greifswalder Lied!

An ihrer Uni waren bis heute viele Lieder entstanden. Das Folgende war nicht ganz frisch, aber die Stimmung stimmte. Sie sangen es unisono, es machte ihnen Spaß: Heil dir im Ziegenstall, Ziegen gibt's überall, drei haben wir: Eine versaufen wir, eine verkaufen wir, eine behalten wir im Ziegenstall.

Den Text verstand jeder, der im Büro, im KONSUM um die Ecke, Walter Ulbrichts Porträt vor Augen hatte, ihm nicht entrinnen konnte. Der Spitzbart war schon sehr alt, aber seine Jünger trichterten den Studenten in jeder GEWI-Vorlesung die wissenschaftliche Weltanschauung des Marxismus-Leninismus ein, die stalinistische Variante. Mit jeder Milchflasche, die sie im Konsum, bei Schummel-Elli kauften, tranken sie also die reine Lehre, von Walther Ulbricht und seiner Frau Lotte aus Moskau mitgebracht. Auch hier, in der ‚Falle' hing er, über dem finsteren Tresen. Also die zweite Strophe:

Wir sind in GeWi schlecht, wir haben niemals Recht,
sagt die Partei.
Aus uns wird einmal nichts, aus uns wird zweimal nichts,
aus uns wird dreimal nichts, Dank der Partei!

Norbert bestellte Schnaps. Sie prosteten burschenschaftsmäßig, die Mädels mittendrin:

Zur Mitte, zur Titte, zum Sack, zack zack!

Ohne Pause folgte der Kehrreim:

die Zicke, die Zacke, die Heu, Heu, Heu, Greifswalder Studenten sind immer dabei! Aber eins, aber eins, das bleibt besteh'n, die Greifswalder Uni wird nie untergehn!

Für einige aus der Runde war der Verbleib an der Alma Mater alles andere als sicher. Dennoch brüllte Uwe die letzte Strophe Lutz genau ins Gesicht:

Trinkfest und arbeitsscheu, aber der Linie treu, so haben wir's gern.

Wir haben uns vorgenomm' im Leben zu nichts zu komm',
was uns auch Gott sei Dank bisher gelang!

Lutz wurde blass. Er vertrug wohl den Schnaps nicht. Er stand auf und verließ die Runde. Arno wollte ihm nach. Dörte hielt ihn fest und drückte ihm den Mund zu. Er schnaufte durch die Nase und begann, als er wieder Luft bekam, das Nieder-mit-der-Mauer-Lied, gleich die dritte Strophe:

Hängt den Walter Ulbricht, hängt den Walter Ulbricht,
hängt den Walter Ulbricht auf den Ehrenplatz,
denn sie kommt schon, sie kommt schon, die Revolution!

Noch eine Strophe, und mit Effet:

Schlagt die Kommunisten, schlagt die Kommunisten
zu den Wahlen vor,
denn sie kommt schon, sie kommt schon, die Revolution!

Sie tranken weiter, sie waren sich einig: Eine Revolution wäre fällig. Würden sie es noch erleben?

Kapitel 19
Studentensommer. Mumien und Autoritäten

Trampen statt Straßen bauen

Die FDJ-Seminargruppenleitung mit Schweine-Siggi vornweg verkündete am Beginn der Versammlung als ihre frohe Botschaft: Unsere Seminargruppe Eins nimmt geschlossen teil am Studentensommer. Dieser neu geprägte Begriff umschrieb euphemistisch eine unbezahlte, gesellschaftlich wichtige Arbeit. Es ging um Straßenbau in den Ferien, den Neubau der F 96, eine Fernstraße, die aus dem Sachsenland über Greifswald nach Stralsund und Rügen führt. Im Sommer rollten Scharen von Urlaubern auf ihr zu begehrten Ostseestränden und FDGB-Ferienheimen. Die Anweisung für den Studentensommer kam vom Parteisekretär Bezirk Rostock und Vorsitzender des FDGB, Genosse Harry Tisch.

Jeder Student freute sich auf den Urlaub und hatte seine Pläne! Es traf sie wie eine Bombe. Drei Wochen in Dreck und Hitze, drei Wochen länger Fleischerwiese! Genossin Siggi sah um sich. Muckte da jemand auf? Einer tat es; der Student Norbert stand und erklärte entschlossen, er würde mit seinem Schulfreund Christof in den Ferien ins Ausland fahren, in die befreundete ČSSR. Fahrkarten seien gekauft, auch die Platzkarten hätten sie schon.

Sieglinde erbebte von Wange zu Backe: Das klären wir in der HSGL!

Man lud Norbert vor. Er verteidigte sich und bekam die Antwort: Deine Kommilitonen müssen jedoch für dich mitarbeiten, dann kannst du in Urlaub fahren; ihre Zustimmung will ich schriftlich!

Also blieb Norbert nichts weiter übrig, als von Student zu Studentin zu pilgern, im Labor, in der Kneipe, wo er sie traf, um sich mit Namen und Unterschrift die Absolution zu holen. Die Karteikarte mit ihren Signaturen hängte er sich an die Wand, als Beispiel für die Segnungen eines siegreichen -ismus.

In Berlin traf er Wochen später auf Christof. Sie fuhren gemeinsam bis Prag. Dort kauften sie sich für zehn Mark der DDR den internationalen Studentenausweis, den in Berlin nur verdiente FDJ-Funktionäre erhielten. Damit konnten sie in den Studentenheimen der Länder des sozialistischen Lagers gut und preiswert wohnen. Bald streunten beide durch Prag, ihre erste, verwinkelte und geheimnisvolle ausländische Großstadt, deren Menschen eine selten gehörte, harte Sprache gebrauchten. Sie besuchten die stark verrußte, aber historische Prager Altstadt, dann die Burg, den Veits-Dom, das Judenviertel, die Uhr mit den zwölf Aposteln. Sie kosteten im ‚U Fleku' das Schwarzbier, schon reisten sie weiter nach Bratislava, knapp vierzig Kilometer vor Wien! Sie spuckten auf die Grenze und trampten in die Weißen Karpaten, zur Pension des berühmten ‚Karpaten-Wolf'.

Die Mönche im Spielberg

Von hier aus trampten sie quer durch Mähren. Im K&K-Heilbad Piestany fanden sie Reste prachtvoller Wiener Cafés. Sie kletterten mit ihrem schweren Gepäck ins Altvatergebirge hinauf, begannen eine Bergwanderung durch den Inovec. Sie hatten zwanzig Kilo im Rucksack und eine schlechte Karte, also verliefen sie sich. Kurz vor dem Dunkelwerden folgten sie einem Bach in das Tal. Ein Förster nahm die Erschöpften auf und brachte sie zu einer Hütte mit Kühlschrank. Als ihr Herz nicht mehr raste, begriffen sie erst, welches Luxusasyl sie gefunden hatten – sie bewohnten das Ferienhaus eines Jagdpächters aus der BRD. Zwei Wochen im Jahr kam er ins Land, um hier einen Bären zu schießen! Müssen wir den Frevel nicht melden, und zwar an Schweine-Siggi? Sie lachten und schrieben Ansichtskarten an Familie und Kommilitonen. Tage später erreichten sie Brünn. Burg Spielberg und ihre Kerker lehrten die beiden Studenten das Gruseln. Auch der Anblick der Franziskanermönche war ihnen unheimlich, neu. In ihren Kutten lagen sie da, ein Dutzend in einer Reihe, Haare, Bart und Fingernägel lange nicht mehr geschnitten. Als Mumien, in trockener Luft aufs Beste präpariert, zogen sie die Besucher in ein stummes Gebet: Memento mori, hauchten die zu Leder gewordenen Lippen. ‚Sic transit gloria mundi', las Norbert in geschlossenen Lidern. Angesichts der Mumien, die Jahrhunderte überlebten, wunderte er sich nun schon weniger, wie alt ihre eigenen Staatshalter wurden! Predigten sie nicht wie die Mönche von der ‚sozialistischen Menschengemeinschaft', moralisch unanfechtbar, gläubig und überzeugt?

Das Trampen Richtung Heimat wollte am Sonntagnachmittag nicht klappen. Sie liefen zurück durch die Altstadt und klopften an mehrere Türen, vergeblich. Christof erschienen die Schieferspitzen der spitzen Brünner Kirchen als Fingerzeig Gottes; es musste von Mensch zu Mensch auch hier noch Vertrauen geben! Spät abends fand sich ein Nachtquartier, weil die Tochter des Hauses Deutsch sprach. Sie wurden im Wohnzimmer einquartiert und bekamen am Morgen ein stummes Frühstück, die Tochter war schon zur Schule. Heute nahmen sie besser den Zug nach Prag. Ihr Urlaub war vorbei. Norbert wurde bewusst, auch ihre studentische Freiheit wird in vier Jahren zu Ende sein. Planmäßig boten die Unis ihnen nur für die kurze Zeit eine erholsame Nische. Der Preis dafür war der triste Alltag eines verschulten Studiums, vierzig Stunden Vorlesungen, dazu Seminare, Laborarbeit mit Anwesenheitskontrolle. Dennoch liebten sie ihr bisschen Freiheit. Es gab Freundschaften, Liebschaften, Saufbrüder, Streber und gewöhnliche Spitzel. Sie sprachen selten darüber, aber Christof, Maschinenbau, Magdeburg, könnte etwa dasselbe erzählen.

Sie stiegen in Prag aus dem Zug. Der erste Kreis hatte sich geschlossen, bis zum nächsten ‚Studentensommer', den sie für sich völlig frei definierten; für sie hieß er reisen, reisen ...

Utas Abschied

In Prag kauften sie Oblaten. Norbert erstand für Uta schicke Damenschuhe, die gab es nur bei den Tschechen. Er würde sie überraschten, die Sache mit Benno und ihm erklären, ihr sagen, dass er sie liebte! Dann überraschte ihn Uta. Verlegen gestand sie, sie hätte jetzt einen richtigen Freund, und sie wurde rot. Zur Entschuldigung fügte sie an, sie würden auch bald heiraten. Es täte ihr sehr leid; aber du, lieber Benno, du bist wieder frei!

Norbert schwieg für ein paar Momente. Dann warf er die Schuhe der Ziege vor, die im Hof stand und alles angehört hatte. Und er ging, ohne ein Wort.

Wütend lief er direkt bis zur ‚Mühle' am anderen Ende des Dorfes. Lotte, die Kellnerin gab sich Mühe, als sie Norberts verwirrte Erzählung begriff. Was konnte sie ihm schon bieten! Er vögelte sie in der Küche, rücksichtslos, erstaunt, dass es ihr gefiel. Mach weiter Norbert, du Hengst! Aber schon wusch sie sich, kühlte sich das Gesicht, küsste ihn und ging. Die Gäste schrien nach Bier.

Norbert hockte sich in eine Ecke und trank, mischte bier und Schnaps mit einigen Tränen. Was hatte er sich auch dabei gedacht, sich Bennos Freundin zu nähern! Er hatte es verpfuscht! Benno selbst tröstete ihn: Lass es gut sein, Norbert. Das musste wohl sein. Wir sind um eine Erfahrung reicher, um eine Hoffnung ärmer.

Norbert nickte und griff nach dem Bier. Benno nahm sich den Bierdeckel vor, und er schrieb, ohne abzusetzen, Abschiedsverse für Uta:

So wenig Gutes bleibt
nach einem letzten guten Wort.
Der Atem, der uns warm und tröstlich war
weht von uns fort.
Der Tag stirbt seinen Tod in jeder Nacht.
Nichts ist vollbracht
doch alles ist vergangen.
Jetzt hält Erinnerung qualvoll mich
und fest umfangen.

Beyers Geburtstag

Als Norbert in Greifswald ankam, ging es feierlich zu. Am Abend vor Hans Beyers Geburtstag versammelten sich die Studenten. Sie zündeten Fackeln und sangen. Sie warteten auf die Schwedenfähre mit Baumkuchen für den Professor. Dutzende Fackeln brannten, alle bekannten Studentenlieder wurden abgesungen. Endlich trat er auf den Balkon, bedankte sich, warf etwas Geld herab und schickte nach Fässern mit Bier. Hans Beyer, der bekannteste Organische Chemiker Deutschlands, sein Lehrbuch, ein weltweites Standardwerk, Hans Beyer wurde erst zweiundsechzig. Hans Beyer jedoch durfte reisen. Als nächstes fuhr er nach Japan.

Die Greifswalder Chemiker aber rollten das Bierfass bis zur Wiese, in ihr ‚ideologisches Naturschutzgebiet', wie der Professor sagte. Hierher kam er gern zu Besuch, um mit seinen Studenten zu feiern. Später nahm er Baumkuchen in Empfang, mit herzlichen Grüßen aus Lund! Die älteste schwedische Uni war eine Tochter der Greifswalder Alma Mater, seitdem Vorpommern zu Südschweden gehörte. Aber Greifswald hatte von Anfang an die Forschernase vorn. Beyers Heterozyklenchemie machte immer noch von sich reden. Die Assistenten kochten hunderte Präparate, stellten neue Verbindungen her, klärten die Eigenschaften, bis eines Tages ein Wirkstoff, ein neues Medikament, die Formel dafür an der Tafel stand. Nicht heute. Jetzt wurde gefeiert!

Auch im Hotel ‚Zur Sonne' tranken die Chemiker stundenlang: Vivat, Professor Beyer! Das Biergeld ging zur Neige, aber Rüdiger kam zu Beyers gelaufen und Frau Professor half.

Vertrauensstudenten

‚Der Rumpf des Greifs ähnelt dem eines Löwen und der Vorderleib samt Flügeln, Krallen und Kopf dem eines Adlers'. Norbert sah aus dem Fenster und fand außer Kühen wieder nur Krähen vor. Aber der Greif war authentisch. Im Greifswalder Stadtwappen saß er, auf einem gebrochenen Baum. Norbert hatte sein Abbild im Bücherregal. Auch die Cotta'sche Verlagsbuchhandlung trug diesen Vogel im Siegel. Bei Norbert standen einige Bände mit Weltliteratur. Er betreute inzwischen die Bibliothek der Studentengemeinde, eine Sammlung westlicher Editionen, wie sie kein Ostberliner Verlagslektor auf der Leipziger Buchmesse stehlen konnte; es war ein beliebter Sport. Leider fehlte Norbert die Zeit zum Lesen. Vor ihm stapelten sich die Bücher zur Chemie komplexer Verbindungen. In seinem zweiten Studienjahr wurden Präparate von ihm verlangt, für die Forschungsarbeit der Assistenten. Die Zahl der Studenten im Studienjahr war erheblich kleiner geworden. Nicht nur Otti hatte die Uni verlassen. Wer aber bleiben durfte, wurde als vollwertig anerkannt. Er fraß sich durch noch mehr Bücher, las ähnlich viele Werke wie die Mediziner. Der Cotton-Wilkinson beispielsweise definierte und diskutierte die Theorien der chemischen Bindung als Ableitungen von Schrödinger-Gleichungen; reine Thermodynamik! Norbert blickte vom Lehrbuch auf, sah in den feuchten pommerschen Herbst. Die rotbunten Birkenblätter stimmten ihn melancholisch. Es war Montagabend. Bald begann ihr Treffen in St Jakobi. Der Turnsaal war bestens, bequem möbliert. Theologen und Philosophen, Schriftsteller und Pädagogen standen abwechselnd am Katheder. Die Studentengemeinde würde heute Sebastian P. und Norbert K. als Vertrauensstudenten wählen. Rüdiger würde den beiden im kommenden Frühjahr folgen. Diese V-Studenten hatten die Pflicht, unterstützt von ihrem Studentenpfarrer, so selbständig wie möglich die Sitzungen zu eröffnen, Referenten willkommen zu heißen, die Diskussion zu leiten. Es war eine streng öffentliche, autarke Denk- und Sprecharbeit, die Norbert erst lernen musste. Diese Studentengemeinde entwickelte sich zu einer Gegenuniversität unter dem Dach der Kirche. Norbert studierte also Chemie, und er hörte in ihrem Jakobiturm Vorträge über Verantwortung und Moral in einer autoritären Gesellschaft, die sich sozialistisch nannte. Gehörte es sich nicht auch, gegen KZ-Spiele jeder Art, mit denen man eben noch Otti quälte, bis er endlich aufgab, energisch aufzutreten? Olaf hörte es und war sauer: Willst du sie anzeigen, bei den Bullen? Jetzt spinnst du aber wirklich; die machen uns fertig, Mann!

Die Autorität des Studentenpfarrers

Nicht nur Olaf, den meisten Studenten fehlte das Vertrauen in die ‚sozialistischen Staatsorgane', auch in die Polizei, nicht anders als im Westen des Landes, wie man vom Fernsehen der DDR täglich bezeugt bekam. In Greifswald gab es zum Glück andere Persönlichkeiten. Studentenpfarrer Hans Jürgen Schulz strahlte Autorität aus. Doch er achtete Montagabends darauf, dass im Turm, vor ihrer Gemeinde auch die Studenten sprachen. Er redete nur das Nötigste. Der Pope, zwar klein, war für sie der Größte, wenn es um Kontakte zur westdeutschen Friedensbewegung ging, die gegen den Vietnamkrieg, gegen die Atomaufrüstung auf die Straße ging.

Am Beginn des Wintersemesters begeisterte in Greifswald der Prager Philosoph Milan Machovec, Vorsitzender der von ihm erdachten ‚Prager Christlichen Friedenskonferenz'. Er bemühte sich, Christentum und Marxismus ins Gespräch zu bringen. Dorothee Sölle, Theologin, von Machovec fasziniert, erklärte, er rette die Schätze der Religion in die Theorie des Marxismus. Im Turm stellte er den Studenten sein Buch ‚Jesus für Atheisten' vor. Der Beifall war groß, die Diskussion zog sich in die Länge. Norbert schrieb in ihr Tagebuch: Wir Zuhörer könnten den Lebensweg mit frischen Argumenten pflastern, um auf den staatlichen Glaubenssätzen nicht so leicht auszurutschen. An diesem Abend hatte er Dienst. Er prüfte die Gesichter. Er fragte sich, wie man Spitzel erkennt. Ein Vortrag wie heute enthielt Gedankensplitter, die man schon deshalb notierte, um einige von ihnen eines Tages darüber stolpern zu lassen. Alles hat seine Zeit, Steine sammeln und Steine verwerfen, wusste Salomo.

Die Arbeit der Studentengemeinde erregte Zorn und Neid der Parteileitung der FDJ, die sich weigerte, mit den Evangelischen offen zu diskutieren. Kein Wunder, dass Harry Tisch die selbstbewussten Studenten hasste! Man brauchte andere Mittel, förderte das Karrierebewusstsein, den Ehrgeiz der Forschungsstudenten, um wenigstens sie davon abzuhalten, an einer so destruktiven, gefährlichen Gemeindeversammlung überhaupt teilzunehmen!

Hansjürgen Schulz war so frech, sich der Staatssicherheit am Ort als Gesprächspartner anzubieten. Der Pfarrer fesselte die Genossen mit seinen Freundlichkeiten, als wolle er nur behilflich sein, den Friedensstaat zu sichern. Harry Tisch wütete, als er es hörte: Wie wollt ihr diesen Gegner schlagen, wenn ihr mit ihm im Clinch seid? Haltet den Feind auf Abstand, sonst verschwimmt euch das Feindbild vor Augen! Mehr ideologische Klarheit, Genossen!

Norbert liebte sein doppeltes Studium. Es gab ihm Halt und hinderte ihn, zwischen Mädchen, Kneipen und Karten, mit Hilfe von Tabak und Alkohol Selbstzerstörung zu treiben, die bei vielen Studenten bereits dazugehörte.

Kapitel 20
Jesus vom Dienst

Bespitzelungen. Zimmerwechsel

Während sich die ESG-Studenten im Jakobiturm abends erklären ließen, wie Kirche und Sozialismus zusammenpassen könnten, dachten die Genossen in Rostock vor allem daran, konfessionelle Studenten effektiv zu observieren. Greifswalds Studentengemeinden wurden wie üblich bespitzelt, durch Inoffizielle Mitarbeiter, aber wer gehörte dazu? Die Frage ließ Norbert nicht los, seitdem er vom Popen erfahren hatte, dass ihn die Stasi regelmäßig zu Gesprächen empfing. Norbert klammerte sich an verdächtige Namen, ohne Hoffnung, jemanden zu enttarnen. Wie die Komplexchemie lehrte, schafften es auch Chelatmoleküle, die schwersten Zentralatome so in die Zange zu nehmen, dass sie scheinbar mühelos in jeder Lösung verschwanden. Und da die Studenten im selben Milieu spontan einander vertrauten, hatten die gut getarnten Fremdatome, auch Spitzel genannt, leichtes Spiel mit ihnen ...

Dandy riss Norbert plötzlich aus seinen Grübeleien: Es gibt was zu feiern! Das war kaum zu glauben; Dandy, Olaf und er kriegten ein Dreimannzimmer, durften in den ersten Stock ziehen, und ihr drittes Studienjahr fing gerade erst an! Dandy murmelte ganz verlegen: Hab bisschen dran gedreht. Mehr wollte keiner wissen.

Zimmer Dreiundzwanzig war das beste im Heim, links die Brandmauer, rechts die Küche. Nur höhere Semester konnten darauf Ansprüche stellen.

Sie wurden sich schnell einig. Norberts Bett unterm Fenster stand solo, daneben sein Schreibtisch mit Bücherregal; er brauchte das beste Licht. Wenn auch Dandy und Olaf von Benno nichts ahnten, sie wussten um Norberts Schwachpunkt. Das Doppelstockbett hinter der Tür teilten sich die beiden. Zwischen die Fenster stellten die Jungs ein Fass Greifen-Pils, hölzern, vierzig Liter, leider schon geleert. Darüber hing eine rote Laterne, Spiritusfunzel, Baustellenampel, in der F-Straße frisch geklaut. Das eiserne Öfchen glühte, darauf köchelte Fischsuppe vor sich hin, ein Dauerrezept von Olaf. Fischköpfe schwammen in Graupen und Salz, Fischaugen trieben im Schleim. Das Zimmer roch nach Ostsee. In dieser Ecke ihrer Baracke war es unheimlich still. Sie saßen über den Büchern, Norbert am Schreibtisch, Dandy und Olaf am Vierertisch in der Mitte. Den dritten Stuhl brauchte Norbert, wenn es gemeinsam ans Essen ging, ein vierter wartete auf ihren Gast beim Skat- oder Doppelkopfspiel. Dann war da die rechte Zimmerwand. Drei Spinde im Volksarmee-Look standen dort, mit Vorhängeschlössern gesperrt. Die genialste Erfindung blieb unsichtbar, ein hölzerner Bierkasten-Kühlschrank, von außen ans Fenster genagelt, luftgekühlt, sehr ökologisch, nur gab es das Wort noch nicht. Dieser Kasten bewahrte sie sicher vor Mundraub und vor der Fresslust der Kühe, die oft genug den Zaun zur Fleischerwiese durchbrachen, um zwischen den Baracken zu grasen und zu scheißen.

Da stand Norbert, hatte das Fenster geöffnet und sah sehnsuchtsvoll in den Kühlschrank. Der war leer. Zur Adventszeit im letzten Jahr hatten Utas Plätzchen darin gelegen. Eine traurige Zeit begann …

Der Überraschungsgast

Olaf hatte wieder einmal begonnen, Kartoffelreste zu braten. Auf dem eisernen Öfchen, in eiserner Pfanne brutzelten sie ohne

Fett. Das Produkt war ein rauchiges Etwas, das ihnen die Kehlen schwärzte. Sie spülten gründlich nach. Greifen-Pils gab es immer genug. Manchmal stieß Norberts Freund Erhard dazu. Wenn er sie abends besuchte, kam er meist von MITROPA-Willi. Er passte in Willis Beuteschema, war trinkfest und renitent. So bekam er das Bier für nur vierzig Pfennig, Bauernfrühstück für zwei Mark achtzig. Das galt nur für gute Gäste. Man musste sich mit Willi verstehen. In den riesigen Labyrinthen des staatlichen Versorgungssektors lebten Leute wie Willi und Erhard selbst ohne Geld fast problemlos. Und Erhard besaß Courage und genug protestantischen Geist. Wenn er abends in ihrer Tür stand, war er folgerichtig besoffen. Er hob die leicht zitternden Hände, kroch unterwürfig ins Zimmer, küsste Norbert, Olaf und Dandy die Hand und winselte wie ein Hund. Man roch durch den Schnapsdunst die Angst vor der Leere, die ihn beherrschte, ihn lähmte, sobald er einmal nicht trank. Er vermisste die Freiheit zu träumen, frei heraus zu reden. Er tobte herum, wurde laut: Wohin in dieser verfluchten Welt, in diesem scheiß Sozialismus? Ich fordere die totale Freiheit für jeden Christenmenschen! Dandy rümpfte die Nase, Norbert beruhigte ihn: Er versteht nichts von Politik. Musiker machen Musik, und die Trinker trinken.

Erhard hörte es, blähte sich auf, der Blödmann: Ich bin Direktstudent an einer kirchlichen Schule, mich hat sogar die Army verschont!

Es stimmte, aber die Wahrheit war wohl, die NVA hatte andere Sorgen. Die Partei sorgte sich mehr um die Sicherheit und Wohlfahrt der polnischen Klassenbrüder. Immer mehr Konterrevolutionäre wie dieser Lech Wałęsa versuchten, die Danziger Arbeiter aufzuwiegeln! Hier ging es um den Erhalt des kommunistischen Staates! Ein Saufbruder wie dieser Erhard tat nur sich selber weh. Jetzt krümmte er die Finger zu Krallen und zog sich an den Haaren empor, so sah es jedenfalls aus. Olaf vermutete ganz im Stillen, dieser Erhard sei schwul, deshalb kam er von Willi nicht los, genauso wenig von ihnen. Norbert schwieg; er kannte sich damit nicht aus. Einiges sprach dafür. Doch auch Dandy und Olaf glaubten inzwischen, an Erhard sei etwas Besonderes.

Diesmal kam er an einem Abend, als die Bratkartoffeln verkohlten. Er zeigte sich in der Tür, Dandy und Olaf stöhnten. Dann sahen sie seinen Begleiter stehen, blickten überrascht auf und kommentierten halblaut: Teufel, das gibt es nicht!

Norbert gab ihnen wortlos Recht. Dieser Mann entstieg einer Kinderbibel, langer Kerl, lange strähnige Haare, Vollbart.

Hallo, ich bin es, sagte er knapp.

Sie starrten dem Fremden wortlos entgegen. Norbert kämpfte mit seinem Glauben. Erhard bestätigte grinsend: Das ist mein Freund Jesus, klar?

Der Knabe war völlig plemplem! Sie nickten und aßen weiter, kauten auf schwarzen Kartoffeln herum. Nur Norbert starrte auf diesen Jesus, wie ihn Erhard nannte, der trug nicht nur seinen Bart, sondern auch einen schwarzen Koffer! In Norbert regte sich Bartneid. Er rasierte sich leider noch immer ...

Schon traten die beiden ins Zimmer. Die drei blieben wie gebannt sitzen. Jeder sah auf die lange Gestalt, die Schritt für Schritt näher kam, ruhig. Das Äußere sprach ohne Zweifel für Jesus, wie die Legende ihn ausgemalt hatte. aber das war nicht alles; der Mann verkörperte etwas, das schwer zu fassen war.

Gesegnete Chemiestudenten

Eine Minute lang blieb es still. Plötzlich räumte Erhard den Tisch ab.

He, he, knurrte Olaf. Dann winkte er ab, als die traurige Mahlzeit verschwand. Auch Dandy sah schweigend zu. Jeder von ihnen spürte die fremde Autorität. Und Erhards Freund praktizierte wortlos seine Spielart alltäglicher Heiligkeit. So könnte man es bezeichnen, dachte Norbert und war fasziniert.

Schon waren die drei bereit, ihn gleichfalls Jesus zu nennen, denn der Mann nahm den Koffer, den er in der Hand hielt und platzierte ihn auf dem Tisch. Dann hob er die knochigen Arme und streckte sie über die Köpfe aus. Er öffnete den Kofferdeckel und schenkte im nächsten Moment mit hintergründigem Lächeln duftende Schätze her: Ein Stück Butter, Käse, Salamiwürste, ein Glas Leberwurst und ein frisches Brot. Nehmt das und esst mit mir, Leute!

Sie sahen sich wortlos an. Sein Evangelium klang sehr einfach, vor allem war es nahrhaft. Was konnte man in ihrer Lage besseres verlangen! Ein solcher Besuch war ein Segen für hungrige Studenten, wie er seliger gar nicht sein kann!

Olaf stand auf und sprach feierlich ein herzliches Willkommen. Dandy stellte den vierten Stuhl zurecht und drückte diesem Jesus, heute sogar Erhard, der sich auf Norberts Bettrand setzte, ein frisches Bier in die Hand. Und sie taten, worum sie der Fremde, Jesus genannt, gebeten hatte. Ihre Mahlzeit begann von vorn.

Später spielten sie mit ihm Karten. Als er nachts mit Freund Erhard davon ging, waren sie sich einig: Dieser Kerl, so lang, so besonnen und gut, ließ ihnen keine Wahl, sie würden ihn Jesus nennen; er mochte wiederkommen!

Etwa ein Jahr lang besuchte er sie. Auf seiner Wanderung durch die Stadt trat er zweimal im Monat ins Zimmer, mit oder ohne Erhard. Regelmäßig verteilte er Schätze, versammelte sie um den Tisch, öffnete den Schweinslederkoffer, gefüllt mit Schinken, Würsten und Speck, mit Butter, Brot und Wein! Dieser traumhafte

Vorrat stammte von seinen Pflichtbesuchen bei der erziehungsberechtigten Mutter, sie waren das Ergebnis eines Ablasshandels. Damit kaufte sich diese Frau ihren Frust von der Seele. Sie konnte den Sohn nicht halten. Jesus musste wandern. In Greifswald kannten ihn viele, zuallererst die Arbeiter aus der Schiffsarmaturenfabrik. Dort ging er nicht selten zur Arbeit. Aber Jesus zog weit umher. Seine an vielen Orten der Stadt sehnlich erwartete Predigt war stets handfest und nahrhaft zugleich, eine tätige Religion, die Magen und Kopf erfüllte und miteinander versöhnte, sogar die Beschenkten ruhig und friedlich stimmte.

Jesus wurde genau observiert. Sozialromantiker waren im Sozialismus nicht eingeplant. Das Glück der Menschen verwaltete die führende Partei. Diese Partei hatte immer Recht. Das konnte sogar gesungen werden, vom Erich-Weinert-Ensemble zum Beispiel. Und wer Recht hatte, schuf sich die Macht, die er brauchte, um Recht zu behalten ...

Aussiedeln oder kreuzigen

Jesus gehörte zu jenen Leuten, die nur unregelmäßig arbeiten gingen. Schon deshalb hatte ihn die Volkspolizei im Visier. ‚Zur Klärung eines Sachverhalts' lud man ihn vor und vernahm Wolfgang S., so lautete sein Name. Der Führungsbericht kritisierte wieder und wieder seine unregelmäßige Arbeit. Sie drohten mit Ausweisung aus der Stadt, aus dem Küstenbezirk. Sie misstrauten ihm und seiner ruhlosen, lächelnden Art zu leben, dem wachsenden Kreis von Freunden aus den verschiedensten Schichten. Die unfassbare Beliebtheit von S., den man ‚Jesus' nannte, ging weit über ihre Vorstellungswelt hinaus. Dahinter ließen sich ganz bestimmt gesetzlose Handlungen finden! Sie nahmen es ihm übel, dass man ihm wenig vorwerfen konnte, keine Straftaten wie gewöhnlich. Dann wäre der Fall ganz einfach: Am Wall gegenüber dem Bahnhof, neben den Stasi-Büros lag das backsteinrote Gefängnis. Sie behaupteten aus Verlegenheit, in Jesus läge der Keim für disziplinarische Mängel, passive Widerstände gegen die Staatsorgane, eine Brutstätte für beliebige Ordnungswidrigkeiten!

Kurz vor Weihnachten kam er das letzte Mal in die Wiese. Sie saßen zu viert am Tisch, während auf dem eisernen Ofen Fischköpfe kochten und stanken. Jesus schritt zur Tat, griff zum Koffer und wiederholte: Esset und trinket und lasst es euch wohl sein, ehrt Vater und Mutter, aber passt auf, dass euch keiner die Butter vom Brot nimmt! Nach der Mahlzeit ergänzte er bibeltreu: Stellt euer Licht nicht unter den Scheffel. Gebt mir die Kerzen, her mit den Karten, dass ihr versteht, wer die Trümpfe hat und wo die Luschen stecken! Und er brachte ihnen die wichtigsten Tricks für Canasta und Doppelkopf bei.

Als Ostern sich näherte, wurde es finster um Jesus. Die Polizei war müde, erklärte ihn zur unerwünschten Person. Man schob ihn ab, nach Halle in Sachsen; dort lebte eine Frau. Und Jesus fuhr bald seinen Sohn im Kinderwagen spazieren. Seit wann hatte Jesus Kinder? Es bewies doch, er war nicht echt! Hatte das jemand behauptet? Tatsache war, seine irdische, fleischliche Beziehung hielt nicht lange stand; diesem Mann folgte sein Name, sein eigenwilliger Ruf.

Jahre später traf Norbert ihn wieder, Berlin, Samariterstraße. Junge Nazis verfolgten ihn brüllend. Jesus klagte nicht, er erklärte gelassen: Die Wut, die sie auf mich haben, die Geschichte von Leiden, Tod und was weiß ich, werde ich nicht los. Glaub mir, das haftet wie Pech! Norbert notierte im Tagebuch: Kaum jemand spricht noch davon, dass dieser Jesus, ein anderer Jesus, er trägt viele Namen, immer noch täglich gekreuzigt wird, unschuldig, tausendfach, weltweit.

Kapitel 21
Frühling in Prag. Zarathustra

In schlechter Verfassung

Schweine-Siggi war immer noch Seminargruppensekretärin der, sich weise wähnenden, FDJ. Keiner wollte den Posten haben; sie jedoch genoss ihn. Ende März, Anfang April 1968 erläuterte sie der Gruppe die Bedeutung der neuen Landesverfassung, die Überwindung des Grundgesetzes, der bürgerlichen Verfassung zugunsten sozialistischer Denkweisen und Gesetze.

Quatsch mit Soße! Olaf war wütend: Wir blasen ihr Tränengas in den Arsch! Es herzustellen war simpel: Man tropfte etwas Brom in viel Aceton. Das Fläschchen wurde verschlossen und vorsichtig geschüttelt.

Wir schieben es ihr untern Stuhl!

Und wenn sie etwas merkt? Sieglinde war tückisch, das wussten sie.

Sie schlichen sich nachts in Heim II. Olaf tropfte den bräunlichen Saft auf ein rundes Filterpapier und schob es ihr unter der Tür durch. Sie schlichen davon und lachten. Auf dem Hof der Wiese sahen sie noch, wie jemand vom Badehaus eilig verschwand; der wollte doch jetzt nicht duschen! Als sie nachschauten, lasen sie an der Wand: Sagt Nein zur neuen Verfassung! Sie waren still und schämten sich. Das war sehr viel mutiger, als ihr alter Trick mit dem Tränengas. Und diese Siggi war schlau genug, es niemals zu erwähnen.

Wochenlang brachten die Zeitungen kluge Argumente für den Volksentscheid zur Verfassung: Das Fernmeldegeheimnis bleibe unangetastet, im Rahmen der Verfassung.

Erstmal ein Telefon haben, schimpfte Norbert und, wie sich zeigte, sollte er zwanzig weitere Jahre darüber schimpfen können.

Auch die Presse- und Redefreiheit werde garantiert, auf Grundlage der Verfassung! Auch wurde völlige Freizügigkeit den Bürgern in Aussicht gestellt, allerdings nur innerhalb ihres Staatsgebietes!

Die verscheißern uns, schimpfte Dandy; selbst ihr Zimmergenosse war sauer. Aber er hatte auch Angst: Sie werden kommen und kontrollieren!

Norbert lachte: Sind doch nicht unsere Zettel, die in der Teeküche liegen! Heute früh waren sie aufgetaucht; darauf stand: Sagt Nein zur Verfassung! Das war nicht ihre Art. Er und Rüdiger hatten mit vielen anderen in der ESG eine Eingabe unterschrieben, aber das wusste hier niemand. Sie bekamen nie eine Antwort.

Jetzt blickten Norbert und Dandy auf Olaf, doch ihr Pommer gab überhaupt nichts zu. Keiner wusste, wer die Zettel verteilte oder im Fahrradschuppen in Farbe an die verschmutzte Wand schrieb: AM 6. APRIL UNSER NEIN!

Als Dandy und Norbert es lasen, kam gerade ein Assistent vorbei: Ihr sorgt dafür, dass die Schmiererei von der Wand verschwindet!

Der meint doch nicht etwa, wir waren das! Dandy nickte nur, dann legten sie los, putzten buchstabenweise den Spruch weg. Als alle Farbe beseitigt war, leuchtete der Text hell auf dem staubgrauen Putz.

Alle Wiesenstudenten wählten geschlossen am Sonnabend in Heim VII. Der Prorektor, die FDJ-Funktionäre sorgten für die richtige Stimmung. ‚Nein' anzukreuzen, war viel zu gefährlich. Aber es gab ein paar Tricks; Norbert hat sie sich nie notiert, auch das wäre zu riskant.

Am Sonntag vor Ostern begann die öffentliche Zählung. Sie wurde abgebrochen, das ‚Nein' kam viel zu oft. Die Auswertung des Bezirks Rostock ergab an keinem Ort so viele Gegenstimmen, wie in der Fleischerwiese. Es stand in keiner Zeitung. Auch die FDJ passte auf, niemand sollte ihre Schande erfahren.

Mediale Diät

Der östliche Teil des Bezirks Rostock, auch Greifswald gehörte zur weiten ‚Ebene der Ahnungslosen'. Doch der wachsende Hunger auf Informationen trieb einige Studenten in den kommenden Wochen nach Süden. Wer am Wochenende dagegen die Ostsee, Natur und Landschaft suchte, dreißig Minuten bis Stralsund, eine Stunde nach Saßnitz auf Rügen, Mitte April gingen schon die Mutigsten von ihnen baden, diese Naturliebhaber fuhren in Richtung Norden.

Norbert und Olaf starteten mit einigen anderen Studenten in Richtung Berlin und Dresden. Prag war das Ziel dieses Frühlings. Ein Auslandsticket war billig. Dandy wunderte sich: Mehr kostet das nicht? Olaf grinste: Die Auslandsfahrkarten sind nur ein Viertel so teuer, zwei Pfennig pro Kilometer. Dafür bringt dich die Reichsbahn bis Prag, oder nur bis Dresden, brauchst ja nur auszusteigen. Dandy rechnete; bis Berlin brachte ihm das keinen Nutzen.

Wieso aber war die Fahrt nach Prag so viel billiger als nach Dresden?

Die Reichsbahn kann sich das leisten. Es gibt eben wenig Ausland.

Eine Hürde gab es, sie brauchten für die ČSSR und Polen damals ein Visum. Hatte man es im Ausweis, galt es ein halbes Jahr, und es war nicht teuer. Man stieg ein und fuhr los, eine seltene Freiheit. Allerdings waren die Namen einmal mehr polizeilich erfasst; als ob es darauf noch ankam!

Am 3. Mai fuhren sie los, für ein Wochenende in Prag! Die rote russische Diesellok treckte den Zug durch Pommersches Sumpfland, Brandenburgs Kiefernwälder, Lausitzer Kohlereviere. Ab Dresden ging es die Elbe aufwärts, durch die Sächsische in die Böhmische Schweiz, ab Decin die Moldau aufwärts. Es dauerte zehn Stunden, geschlafen wurde im Sitzen.

Praha Streb, der Stadtbahnhof tobte. Diese Hauptstadt pumpte sich voll mit Touristen, besonderen Touristen. Diese Menschen hatten den Wunsch, zu hören und mitzureden, das Schweigen zu verlernen. In Prag war immer Tag, man lebte rund um die Uhr. Die Kneipen blieben geöffnet, Zeitungen gab es reichlich, vor allem westdeutsche Blätter, wöchentlich Spiegel und Zeit, täglich die Süddeutsche Zeitung, die FAZ, die Frankfurter Rundschau. Aus den Zügen der BRD quoll unendlich viel Buch- und Zeitungspapier. Es bedrohte das streng parteiliche, tief schlafende Gewissen der Tschechoslowakei und anderer Länder des Ostens. Die dem Sozialistischen Friedenslager verordnete Friedhofsruhe wurde von einer vielsprachigen Stimmenflut überschwemmt. Bis vor kurzem schweigende Minderheiten meldeten sich zu Wort. Von wegen Minderheiten! Sächsisch, Berlinisch, selbst Plattdeutsch hörte man an allen Ecken, in den kleinsten Kneipen. Süddeutsche Dialekte schoben sich durch die Stadt. Einige, früher maulfaule Tschechen sprachen wieder Deutsch. Druckfrische böhmische Blätter in der noch immer verhassten Sprache wurden herumgereicht.

Olaf hörte zu und ärgerte sich: Das ist doch Landsmannschafts-Dialekt! Die größte Klappe haben schon wieder die falschen Leute.

Das nennt man Redefreiheit, beruhigte ihn Norbert. Aber auch ihm war nicht wohl, die herablassend klingenden Sätze einiger Deutscher zu hören. Die neu gewonnene Freiheit gleich wieder zu missbrauchen, um alte Vorurteile endlich laut auszusprechen, war eine ganz besonders perfide Art von Feigheit.

Sozialismus, dein menschliches Antlitz

Die Zeit verging viel zu schnell. Sie schwammen auf einer Woge von klugen Gesprächen und Freundlichkeiten. Prag war ein Phänomen. Norbert und Olaf sprachen mit unbekannten Leuten über nie erörterte Fragen. Kritische Kommentare rissen alle, die zuhörten, mit. Bisher streng verbotene Themen wurden freimütig referiert. Pilsner Urquell und Schwarzbier lösten viele Zungen, etwas wie ernsthafte Freude belebte die grauen Gesichter. Alle redeten laut und viel. Es war eine Stimmung wie Karneval, trunken und lebensgierig.

Benno benahm sich seltsam, als wüsste er heute schon, dass auch diesmal der Aschermittwoch nicht fern war. Norbert spürte die Ahnung des Bruders; ihm wurde flau im Magen. Sie sollten vielleicht etwas essen!

Er und Olaf schoben sich mühsam voran, zur Karlsbrücke, auf den Altmarkt, wo die Uhr mit den zwölf Aposteln Schlag Zwölf ihr Lied begann. Kaum jemand hörte zu. Auf dem Wenzelsplatz setzten sie sich ins Café, fanden etwas zu beißen und eine Gruppe, deren Sprache sie folgen konnten. Man las aus der druckfrischen Zeitung der deutschen Tschechoslowaken vor, haarsträubende Geschichten über die Nachkriegszeit. Man stritt sich, ob man so offen darüber schreiben, welche Rechte die deutsche Minderheit in Kürze fordern solle.

Die Studenten verhielten sich still und staunten. Benno mischte sich wieder ein: Immer und überall macht man Rechnungen ohne den Wirt. Schuld und Versöhnung hängen zusammen;

noch nie hat sie jemand gerecht voneinander gelöst. Johannes Bobrowski, das weiß ich, hat klug darüber geschrieben.

Olaf knurrte: Wenigstens darf man endlich die richtigen Fragen stellen!

Die wichtigste Frage wurde Anfang des Jahres von Alexander Dubcek im Präsidium der Partei gestellt, danach auch offiziell. Er fragte die Genossen, dann alle Bürger im Land, ob es nicht Zeit sei, die Praxis zu ändern, den ‚Sozialismus mit menschlichem Antlitz' endlich zu verwirklichen? Im Ergebnis benahm sich das Land, als sei es bereits erlöst. Jeder atmete hörbar auf. Verhasste Worte wie Planwirtschaft oder Parteidisziplin wurden nur noch selten benutzt. Es ging jetzt um wichtige Dinge, um Lebenspraxis und Mitbestimmung, um Arbeiterselbstverwaltung. Es ging auch um Preise und Reisefreiheit, um den unerschöpflichen Katalog menschlicher Schwächen und Tugenden. Es gab so viel zu besprechen!

Durch den Braunkohlensmog von Prag wehte plötzlich ein frischer Wind, Tag und Nacht, ohne nachzulassen. Norbert und Olaf waren dabei, weil sie sich selbst beurlaubt hatten, von der Greifswalder Uni, vom Studium. Sie hofften, das würde gut gehen, niemand möge sie fragen, zur Rede stellen. Sie wollten ja weiter studieren, ihr Studium zu Ende bringen, Geld verdienen, Familien gründen. Ja, sie wollten bürgerlich werden, ordentlich leben, deutsch sein!

Norbert brummte schon bald der Schädel. Benno wurde noch stiller. Er dachte sich seinen Teil. Endet so eine Revolution?

Druckfrische Konterbande

Drei Tage und Nächte lang sprachen die Greifswalder mit Freunden, bekannten und unbekannten. Sie trafen in Prag Studenten aus Tübingen, Stuttgart, München, mit denen sie diskutierten. Auch Heidelberger Studenten von den Berliner Treffen hatten sie wiedererkannt. Olaf versuchte vergeblich, ihnen den Alltag des Staatssozialismus verständlicher zu machen. Dessen Theorie beherrschten sie besser als er!

‚Diese enthusiastischen Linken des Westens', schrieb Pawel Kohout zehn Jahre später, ‚sagen sich allzu gern von uns los, weil sie unsere Erfahrungen für Verleumdungen halten', steht in seinem Roman, ‚Wo der Hund begraben wurde'.

Sie setzten sich ins ‚U Fleku'. Norbert trank Schwarzbier und fragte sich, was vom Frühling in Prag zurückbleiben würde. Ein Grundgefühl mochte es sein, ein Vor-Bewusstsein, mit Ernst Bloch gesprochen. Sie hatten Kraft getankt, Zukunftshoffnung. Benno, sein träumender Bruder, der krank war, also sensibel, meinte, die hellen Stunden in Prag seien wohl bald Geschichte. Aber wir waren dabei, dachte Norbert, wir haben gehört und gespürt, wie diese brodelnde Stadt den Boden unter dem Pflaster verlor, als ob die Altstadt vor Scham und Glück in der Moldau versinken würde; das hält keiner lange durch!

Am dritten Tag suchte Norbert nach antiquarischen Büchern, aber in deutscher Sprache, er fand sie! Weststudenten verschenkten Titel der ‚Neuen Frankfurter Schule'. Norbert kannte einige ältere Texte aus der ESG-Bibliothek. Ihm fehlte nur Zeit, sie zu lesen! Wieder bekam er zwei Bücher. Wie aber schaffte er sie nach Hause? Die Einfuhr war verboten!

Übermüdet vom Diskutieren, angefüllt mit Gesprächen und Bier nahmen sie den Nachtzug. Nach drei Tagen in Prag würde ihnen das Land, in das sie zurückkehrten, fremd erscheinen. Im Abteil warnte Olaf im Flüsterton. Also steckte Norbert die neuen Bücher, Walter Benjamin und Theodor W. Adorno in die Plastetüte zurück; keine Westliteratur im Handgepäck! Ihr Studienplatz wäre flöten, das war wohl das Mindeste. Sein antiquarisches Buch würde Norbert jedoch behalten, als Köder sozusagen; Zarathustra war es wohl wert.

Nach der Abfahrt ging Norbert aufs Klo. An der Decke war eine schmale Klappe. Das Päckchen passte hinein, aber man sah es von unten! Die Ersatzrolle Klopapier fiel ihm auf. Er klemmte die Bücher dahinter und ging zurück ins Abteil. Olaf warnte: Ich kenne dich nicht, wenn die Sache auffliegt! Klug gedacht, trotzdem blöd, aber Norbert nickte. Fremde Freunde gab es genug.

Nachtwache mit Zarathustra

Der letzte Halt in der ČSSR war Decin. Danach zog die Diesellok an, zerrte die Wagenschlange hoch in die Böhmische Schweiz, ins Sächsische Elbtal hinüber, ins deutsche Elbsandsteingebirge, rollte in flachen Kurven über der Elbe dahin. Ihr Lokfahrer hoffte, man spürte es fast, endlich Fahrt aufnehmen zu dürfen. Doch er kam nur so schnell voran, wie es den Zöllnern gefiel. Ab Decin wurde jeder Wagen von zwei Seiten in Angriff genommen. Vorn und hinten stiegen sie in die Waggons, graublaue Uniformen, immer dieselben Gesichter. Ein Geheimnis der Diener des Staates war es, wie es ihnen gelang, jeden Reisenden einzeln zu mustern. Sie blieben Herren der Lage. Ihre Kontrolltätigkeit erlaubte dem Zug keinen Halt, keine unkontrollierte Weiterfahrt über Bad Schandau hinaus. Quietschend schob er sich in die Kurve, streckte sich, ein gestopfter Lindwurm, der unter Bauchschmerzen litt. Nur Mutige oder Naive blieben gelassen sitzen. Ihre Fahrkarte war bezahlt, manchmal sogar der Sitzplatz. Wer aber fremde, klassenfeindliche Bücher oder Zeitschriften bei sich trug, nicht alle waren geschenkt, einige hatten Geld gekostet, drei zu eins stand die Krone zur Blechmark, dem konnte die Sache teuer werden.

Sie saßen zu fünft im Abteil. Zöllner durchforschten das Nachbarabteil, dann standen sie in der Tür: Haben sie etwas gekauft, Devisen ausgegeben? Zeigen sie Ware und Quittungen unaufgefordert vor, Handgepäck bitte öffnen!

Norbert entschied sich zur Flucht nach vorn. Er hielt seine Reisetasche dem Zöllner gelassen entgegen. Nietzsche lag obenauf. Mein Gott, wer war denn Nietzsche!

Ist das Ihr eigenes Buch?

Ein antiquarisches Stück, jetzt aber mein Eigentum, klar.

Der Mann hob es auf und blätterte, tat wichtig, verstand wohl nicht viel, als er zufällig las: ‚Der Mensch ist etwas, das überwunden werden muss, und darum sollst du deine Tugenden lieben, denn du wirst an ihnen zugrunde gehen. Also sprach Zarathustra.' Er gab Norbert das Buch zurück, kommentarlos. Nietzsche kam in der Schule nicht vor. Das machte ihn verdächtig. Aber zu Norberts Glück stand er nicht auf der Fahndungsliste. Er war schon zu lange tot, kein Listenplatz für Herrn Nietzsche! Norberts Studienplatz war gerettet.

Nach Bad Schandau, dem stummen Abschied der Passkontrolleure und Zöllner ging er erleichtert aufs Klo. Die Ersatzrolle war noch unberührt, was fehlte, waren die Paperbacks! Norbert erschrak und ärgerte sich. Er hatte sich nun schon sehr auf das Lesen gefreut! Jetzt spottete auch noch Olaf: Walter Benjamin ist ja schon lange tot, und Theodor W. Adorno wird von der Studentenrevolte in Frankfurt soeben überrollt!

Woher weißt du das? Norbert war sauer.

Ich komme aus Prag, da erfährt man sowas. Hier hatte wohl jemand Spaß daran, Walter Benjamins ‚Passagen' durchs Klo passieren zu lassen, und Theodor W. Adornos ‚Negative Dialektik' hinten herum zu lesen; mach dir nichts daraus.

Norbert fluchte: Die Bücher landen im Giftschrank; da kommen nur noch die 150%igen dran. Für so schräge Vögel habe ich nicht geschmuggelt!

Kapitel 22
Vogelwarte. Blutsbrüderschaft

Pfingsten auf Hiddensee

Der Zollteufel hatte die Bücher des Klassenfeindes geholt. Norbert hielt sich also an Friedrich Nietzsche, der ihm geblieben war: Dies ist mein Morgen, mein Tag hebt an, herauf nun, herauf, du großer Mittag! Also sprach Zarathustra und verließ seine Höhle, glühend und stark wie eine Morgensonne.

Das nenne ich einen Weckruf! Norbert machte sich auf den Weg. Himmelfahrt war gekommen. Im Staatssozialismus war der Tag zwar kein Feiertag mehr, aber traditioneller ‚Männertag', an dem süffig gefeiert wurde. Wer konnte, nahm dafür Urlaub. Viele Wiesenstudenten zogen ins Grüne und tranken noch etwas mehr, soweit das möglich war. Der geistige Höhepunkt kam für Norbert aber erst zehn Tage später. Die Studenten der Greifswalder ESG fuhren jährlich zu Pfingsten nach Hiddensee. Sie schliefen in der Reetdachscheune beim alten Pfarrhaus, gegenüber der Inselkirche. Auch Benno lebte auf, flüsterte von Blütenträumen. Norbert genoss die Natur, und siehe, er traf Christina wieder. Am FKK-Strand im Norden der Insel turnte sie mit Theologen herum. Sie spielten mit ihr Volleyball. Wie Böcke sprangen die Gottesstudenten, griffen abwechselnd nach dem Leder und nach Christinas Bällen. Lachend schwang sie die Hüften, als wäre Ulla Vinblad samt Karl Michael Bellman aus dem nahen Schweden erwacht.

Christina machte Figur, war knackig braun, und Norbert wusste woher. Sie sah ihn, winkte ihm zu und schlug nach dem nächsten Ball. Sie würde ihr Pfingstfest feiern, bis sie wusste, für welchen

Pastor in spe sie als Frau und als Katechetin, als Kantorin, Mutter und Schmuck der Gemeinde im Vorpommernland in Frage käme. Für das Greifswalder Konsistorium wäre eine Heirat mit ihr die perfekte Kombination; sie gehörte auf eine Pfarre!

Norbert dachte mit Wehmut an Wampen. Doch er winkte nur, zog sich zurück. Er hatte ihr ein Versprechen gegeben, er würde Erhard behüten!

In Kloster, im Haus am Wieseneck fand Norbert sich später wieder. Er aß einen Dorsch und bestellte mehrere Stralsunder Pils, eine Breitseite gegen die Einsamkeit. Dann rechnete er zusammen: Uta war frisch verheiratet, Christina spekulierte auf einen Theologen, bei Gabi und Elisabeth hatte er kein Glück. Blieben nur Frauen wie Hella oder Lotte für ihn? Norbert bestellte Schnaps, noch einen. Er war fest entschlossen, bis zum Herbst eine willige Freundin zu finden, und sei sie noch so hässlich! Benno widersprach: Norbert, du brauchst Verlässlichkeit! Verlassen bist du genug.

Der Wirt vom Wieseneck tröstete ihn: Auf dieser Insel, kannst du mir glauben, ist Liebeskummer fast obligatorisch. Magst du die Biologen, ich meine, die weibliche Spezies? Auf der Vogelwarte lebt eine Studentin, nicht schön, aber haarig wie Eva.

Norbert fiel wieder Christina ein, seine Furcht, plötzlich Vater zu werden. Dann lachte er bitter und nickte: Sag schon, wie sie heißt! Als Biologin wird sie ja wissen, wie man erfolgreich verhütet.

Auf der Vogelwarte

Sabine hing über der Brüstung, den Hintern halb in der Luft. Norbert sprach sie an: Wartest du auf bestimmte Vögel?

Ihre Stimme flog zwitschernd zu ihm zurück: Du meinst, auf Vögel wie dich? Sie hob den Kopf und blinzelte. Die Abendsonne blendete. Über dem Weststrand pfiff eiskalt der Wind. Sabines Flatterrock flatterte, zeigte behaarte Beine. Norbert wurde nüchtern: Frierst du nicht, oder bist du ein Frosch? Biologen hatte er bisher nie wirklich für voll genommen; diese Unkrautpflücker, Insektensammler, wer kannte sich da aus!

Die Außenstelle der Uni Greifswald war rund um das Jahr besetzt. Vogelzüge beobachten, Tiere fangen, taxieren, zählen, beringen. Auch die seltenen Pflanzen im Dornbuschwald wurden bestimmt und kartiert. Mir ist kalt, knurrte Norbert. Sie lachte und zog ihn ins Haus. Dann holte sie etwas zu trinken, etwas Gesundes, Kräuteressenz mit Alkohol. Bald war Norbert wieder im Rausch.

Sie saßen zu zweit auf der Couch, die quietschte und war verstaubt, was sonst! Vorsichtig fragte Norbert: Niemand sonst hier?

Die saufen im Ort. Ich habe Dienst. Also schlucke ich hier, was da ist. Aber es reicht für uns beide.

Norbert plapperte, ohne viel nachzudenken: Bist du überall so behaart? – Schau doch nach, war die knappe Antwort. Schon streckte Sabine die Beine lang, machte es sich bequem und tat, was der Wirt prophezeite. Norbert schaute verdutzt, hielt still.

Willst du nun, oder kannst du nicht, rief Sabine.

Er beeilte sich, zog sie aus und inspizierte die Frau, von den Wuschelhaaren auf ihrem Kopf über die Achselhöhlen, von den weichen, haarlosen Brüsten zum Bauch und weiter nach unten. Im Schoß hatte sich die Landschaft zum Urwald ausgewachsen. Rötliche Ringellocken bedeckten die Haut an den Beinen.

Mach schon, such weiter! Sabine gefiel die Sache. Norbert gab sich Mühe. Es dauerte ihr zu lange. Also erforschte sie ihn. Sie fand, was sie suchte und war zufrieden. Jetzt übernahm sie die Leitung ihrer Expedition in die Wildnis ... ich merke, du bist nicht vom Fach.

Mein Fach, keuchte Norbert und strengte sich an, seine Apparatur in Einsatz zu bringen, ist die Wasserdampfdestillation; man braucht passgenaue Geräte, gefettet und geschliffen!

Er biss die Zähne zusammen. Warum hatte er so viel Mühe; sie vögelte doch jeden Tag, hatte er gehört. Endlich war ausreichend vorgeheizt. Die Frau begann zu kochen, schrie und biss heftig um sich. So stellte sich Norbert Wildkatzen vor. Er machte Sich steif und ließ Dampf ab, als bei beiden zeitgleich der Kessel explodierte.

Durchatmen, dann entspannen. Die beiden schliefen ein.

Sabine war wieder im Dschungel, auf einer Expedition, lachten die Biologen, die aus der Kneipe kamen. Sie deckten das Pärchen zu.

Blutsbrüderschaft mit Matrosenmesser

Noch auf dem Dampfer, während der Rückfahrt fühlte sich Norbert benommen. Studenten nervten mit Maultrommelspiel, versuchten sich im Gläser zersingen. Ein bierfeuchter Finger umkreiste den Rand, bis das Glas zu schreien begann.

In Greifswald war auch keine Ruhe. Einige Tage nach Pfingsten hatte Karlo schon wieder Landgang. Zum Glück fiel Norbert ein, mit ihm zu Erhard zu gehen. In der Kammer unter dem Dach konnten sie über die Weiber her ziehen. Erhard fragte als erstes nach Norberts Hiddensee-Reise: Hast du Christina getroffen? Norbert zögerte, dann erzählte er doch von den Volleyballspielen am Nordstrand.

Erhard heulte, das war zu erwarten. Um ihn abzulenken, berichtete Norbert auch von Sabine, Haarig von Kopf bis Fuß, und verschlossen wie eine Ananas ...

Karlo knurrte: Wenn ich nach Greifswald komme, dann findest du keine Weiber. Was ist los mit dir, Alter! Er kramte in seinem

Seesack, fand eine Flasche Rum-Verschnitt und sein Matrosenmesser. Messer aufklappen, Flasche öffnen. Dann rief er: Wir verstehen uns, Brüder, also tauschen wir unser Blut!

Erhard hatte den Rum am Hals. Er setzte ab und hustete. Dann kicherte er: Blutsbrüder, wie die Indianer?

Lach nicht so blöd, das ist ernst gemeint!

Karlo krempelte seinen Ärmel auf. Er setzte sich einen Schnitt. Norbert war der nächste, dann Erhards dünner Arm. Karlo griff sich die Unterarme, hielt sie eng und drückte, quetschte Tropfen hervor und mischte sie. Dann nahm er die Rumflasche: Prost Brüder, ex!

Das gefiel ihnen besser. Sie tranken zu dritt den Rumverschnitt leer, der etwas tranig schmeckte.

Bisschen Fusel vom Schiff ist mit drin. Machen wir immer so, Risiko. Wenn wir blind werden, wisst ihr warum!

Erhard lachte blöd, Norbert fluchte. Den Schreck musste er herunterspülen! Sie liefen zu Muttchen Hackbarth. Die Kneipe war gleich um die Ecke. Als Erhard dort am Klavier saß, sich Bier zapfte, reichlich Schnaps soff und Sauflieder sang, war das Schlimmste bereits vorüber.

Norbert war immer noch sauer.

Kannst das ja analysieren, spottete Karlo und hielt dem Chemiker die leere Flasche hin, die letzten Tropfen Schnaps. Norbert kam bald ins fünfte Semester, organische Chemie. Fuselöle und Methanol, mit dem man Trinkalkohol vergällte, ungenießbar machte, fände er schon heraus. War doch nur Spaß, lachte Karlo.

Harzreise im Trabant

Sie meinten es ernst mit der Freundschaft, Kirchenmusiker Erhard, Matrose Karlo und Norbert, Chemiestudent viertes Semester.

Hör zu, wir fahren zu Dritt in den Urlaub; meine Eltern geben mir ihren Trabbi. Erhard kommt mit, wo wir Blutsbrüder sind.

Norbert zögerte. Ihm platzte der Schädel. Das lag vielleicht an Benno, den die Reise sofort begeisterte, oder doch am Fusel?

Benno wollte den Harz kennen lernen! Norbert würde nachgeben müssen. Dazu Karlos Schlag auf die Schulter: Der Harz, Alter, das ist Romantik pur, Hexentanzplatz, Walpurgisnacht, Goethes Faust, Heines Wintermärchen ... wir tanken so viel Kultur, wie du willst!

Erhard war alles recht. Er musste Christina vergessen. Und der Studentensommer? Und die geplante Reise mit Christof? Wir fahren bald, da ist noch kein Sommer! Norbert überlegte; die Laborarbeit konnte noch warten. Sie hatten keinen Plan fürs Präparate kochen; das lag an den Assistenten. Auch die Prüfungen kamen erst später. Blieb der Studentensommer! Benno in seinem Schädel: Lass dich bloß nicht bluffen! Der Staatsplan ist erfüllt, die F 96 längst fertig. Wenn sie von dir etwas Neues wollen, du hast alle Unterschriften! Norbert nickte, Benno war schlau. Schweine-Siggi konnte ihm mal!

Sie fuhren also los. Von Wernigerode bis nach Nordhausen besuchten sie zahllose Kneipen. Sie probierten das Gothaer Helle, die Rhöntropfen, andere Biere, wieder Rhöntropfen, Gothaer Helles. Wenn sie zu dritt durch die Gegend liefen, blieb die Dorfjugend auf Distanz. Man sah Karlo sofort den Matrosen an. In der Uniform hätten sie ihn geärgert, so zeigten sie Respekt. Er bewegte die Muskelpakete. Vom Torpedoschleppen, behauptete er. Erhard kicherte: Wer weiß, was sie euch alles ins Essen mischen. Ihr Grenzer müsst ja stark sein!

Karlo, einen Kopf größer, doppelt so breit wie Erhard knurrte: Wenn du jetzt nicht mein Bruder wärst ... und er hieb ihm leicht auf die Schulter.

In Nordhausen krochen sie in eine Laube und schliefen auf drekkigen Teppichen. Karlo rief morgens: Auf zur Kultur, wir fahren auf den Brocken! Scheiße, das geht ja nicht, kurz davor ist unsere Welt zu Ende. Bleibt uns wieder bloß Fressen und Saufen. Also aufstehen Brüder, ich habe Hunger!

Kochrezepte. Komplexchemie

Norbert war froh, ohne Magenschmerzen vor Ende des vierten Semesters wieder in Greifswald zu sein. Er hatte noch Präparate zu kochen, anderen ging es kaum besser. Im zweiten anorganischen Jahr, nach der qualitativen Analytik kamen quantitative Analysen komplexer Stoffgemische, gefolgt von den Präparaten. Sie lernten solide Grundlagen, um als Chemiker zu bestehen. Ihr Studium genügte der Logik, dass jeder Analyse eine Synthese folgt. Der Chemiker zerlegt die Stoffe zunächst in Moleküle und funktionelle Gruppen, dann in die Elemente. Im zweiten Schritt versucht er, sie neu zusammen zu setzen. Die Darstellung neuer Verbindungen erfordert Methoden der Präparation, chemische Kochrezepte. Ein Chemiker, der nicht kochen kann, ist ein schwarzer Schimmel. Die Labortechnik für die Synthesen beherrschten sie inzwischen. Mit Hilfe von Heizbädern, Kolben, Kühlern, von Thermometern, Fraktionskolonnen und Vorlagen jeder Art wurden die Ausgangssubstanzen stunden- oder tagelang bei definierten Temperaturen im Rundkolben umgesetzt. Sie kochten Substanzen im Vakuum, unter Stickstoff, bei Ausschluss von Sauerstoff. Sie reduzierten in saurer, oxidierten in alkalischer Lösung, destillierten ganz ohne Wasser, in reinen Alkoholen, kühlten Substrate mit Eis, bis sich erste Kristalle zeigten. Sie filtrierten mit Hilfe von Fritten, lösten auf und kristallisierten um, trockneten ihre Substanzen über Silikagel. So erhielten sie einige Gramm der farbenfrohesten Präparate anorganischer Salze, die meist sehr sensibel waren. In der Praxis handelte es sich oft um komplexe Verbindungen. Als Komplexe bezeichnen Chemiker zentralsymmetrisch gebaute Gebilde in Lösungen oder Kristallen. Mit ihrer Hilfe gelingt es, schwer lösliche oder gewichtige Metallionen in Lösung zu halten. Sie befinden sich dabei im Zentrum mehrerer Liganden, ein Basketball im Netz. Das Element im Zentrum, Zentralatom genannt, liegt als geladenes Ion vor und wird auf diese Weise für chemische Reaktionen zur Verfügung gestellt. Ein Beispiel ist das Hämin im Hämoglobin mit einem Eisen-Ion als Zentralatom. Enzyme und Vitamine besitzen Metallkomplexe mit Zink- oder Kobalt-Ionen im Kern. Ein intimes Beispiel, dachte Norbert und war gerührt, ist das Verhältnis von Benno zu mir – er umklammert meine Gedanken wie ein Chelatmolekül. Vielleicht hält er so mein Denken in Lösung, lässt es fließen wie Wasser, und das tut gut. Jedenfalls ist es besser für mich, als meine Gedanken nach Feierabend nur noch in Bier zu ertränken: Ick seh di im Glase, und so. Die Pommern sind harte Trinker.

Kapitel 23
Polenreise. Flüchtlingsgespräche

Zuviel Parfum. Gesalzene Flundern

Für den Sommer 1968 hatten Norbert und Christof die zweite, noch längere Tramptour geplant, quer durch Polen bis in die Slowakei, weiter durch Mähren bis Prag. Sie freuten sich auf Prag. Den Frühling in dieser Stadt hatte Norbert in bester Erinnerung. Von Prag besaßen sie Rückfahrkarten. Heute fuhren sie nur bis zur Ostseeküste, nach Danzig.

In Posen stiegen sie aus dem D-Zug und besuchten die Poznaner Technische Messe. Die Messe sei wichtig, behauptete Christof, Maschinenbau, fünftes Semester.

Am Bahnhof roch es streng, nach Parfüm! Sie besahen sich grell geschminkte Frauen, die ihnen entgegen kamen. Die Polinnen, sagten sie sich, waren immer schon modischer, exklusiver als die Frauen im Osten Deutschlands, soviel hatten sie begriffen.

Gegen Abend erreichten sie Danzig. Im Stadtteil Wrzeszcz, früher Langfuhr, wo deutsche Kasernen gestanden hatten, lebten Verwandte von Christof. Bei ihnen würden sie wohnen. Zum Abendbrot gab es gebratene, marinierte Flundern, ein kulinarischer Höhepunkt. Sie ahnten nichts von der Nachbarschaft zur deutschen Literatur. Blechtrommel-Oskar war nahe, frech, aber klein geblieben, nie erwachsen geworden. Würden sie's besser treffen, oder blieben sie wie der Matzerat zwischen zwei Buchdeckeln eingesperrt, auf denen die Namen Marx-Enges-Lenin in Goldschnitt auf Leder prangten?

Sie lebten in einer begrenzten, scheinbar sicheren Gegend der Welt, so lange es die Großmächte schafften, ihr Gleichgewicht des Schreckens aufrecht zu erhalten. Würden sie später, als Spezialisten noch merken, wie eng ihre Weltsicht war; hatten sie eine Chance, die Enge zu überwinden?

Sie konnten beide nichts anderes tun, als sich umsehen, Fragen zu stellen nach der Geschichte, die eine deutsch-polnische Stadt wie Danzig bis heute geprägt hat. Zunächst genügte es ihnen, was sie sahen zu fotografieren, die zerschossene Polnische Post auf der Westerplatte zum Beispiel, mit einem t geschrieben, und das ungewöhnlich abstrakte Denkmal für die Verteidiger dieser Post. Christof hielt alles in Farbdias fest, das beste Material, das ORWO Wolfen ihm bieten konnte.

Kloster Oliwa. Danziger Werft

Von den Danziger Freunden erfuhren sie, als der Kreuzer Schleswig-Holstein die Westerplatte angriff, den zweiten Weltkrieg einschoss, läuteten in der Stadt alle Glocken; Aus Furcht vor dem Krieg, oder als Gebet für einen schnellen Sieg?

Eine versöhnliche Antwort folgte: Es sei anfangs fast ritterlich zugegangen, die Deutsche Admiralität ‚ehrte' die Überlebenden ihrer Schiffsgranaten-Attacke und deren verzweifelten Widerstand. Man ließ die Verteidiger jener Post, die am Leben gebliebenen Kämpfer frei!

Wie nennt man ein solches Verhalten, ein ehrenvolles Verbrechen? Sie erwiderten nichts, sondern hielten sich an die Flundern, die vor Fischfett trieften. Christof hoffte auf scharfe Fotos. Vielleicht würde einmal jemand das Grauen auf ihnen entdecken. Sie leckten die Finger fettfrei und besichtigten Danzigs Altstadt.

Sie durchwanderten die Marienkirche, größte Hallenkirche Europas, eine im Grunde sehr friedliche Architektur. Auch hier wurde lange Deutsch gesprochen und keinesfalls versäumt, während des Dritten Reichs für den ‚Führer' zu beten. Norbert wollte das Kloster Oliwa sehen. Er mochte die Zisterzienser. Auch dieser nordische Backsteinbau ging wie das Kloster bei Greifswald auf das Mutterkloster in Esrom zurück. Er war sogar noch zehn Jahre älter, als die Ruine in Eldena.

Für Polen war es wichtiger, dass 1660 in diesen Mauern der Nordische Krieg beendet wurde, mit Friedensvertrag zwischen Schweden und Russland.

Sie saßen im Dom zu Oliwa und lauschten der riesigen Orgel; dröhnende Klangkaskaden stürzten auf ihre klassisch geschulten Ohren. Mangels Gewöhnung wirkte das musikalische Chaos fast revolutionär.

Bei den Polen, flüsterte Norbert, weißt du nie, wann sie den Aufstand proben; woher nehmen sie nur diese Kraft?

Ich glaube, sie glauben daran, dass ihr Glaube Berge versetzt, nahm Benno den Faden auf. Im Stabreim war er perfekt. Was er nicht wissen konnte, dass knapp zwei Jahre später hier der Elektriker Lech Walesa die Arbeiter aus der Lenin-Werft zum Streik auf die Straße führte. Einige wurden erschossen, auf Befehl des Staatspräsidenten Gierek, andere streikten weiter. Viele polnische Städte schlossen sich an, bis General Jaruzelski 1981 das Kriegsrecht für Polen ausrief.

Sie passierten das rostige Werfttor. Es war mit roten Parolen bemalt. Sie konnten kein Polnisch, doch diese Sprüche erkannten sie sofort wieder: Im sozialistischen Wettbewerb nach der Stachanow-Methode bauen wir Fischfangschiffe, für die ‚Waffenbrüder' im Osten, im ‚Oblast Kaliningrad', auf Königsberger Gebiet, hinter der Danziger Bucht. Diese Stadt, ein Vorposten der Sowjetunion, blieb für sie damals unerreichbar hinter der nächsten Grenze verschwunden.

In die Masuren. Der fremde Freund

Als Norbert und Christof Danzig verließen, hielten sie jeder ein Heft mit aufgedrucktem Stoppschild hoch, an der Fernverkehrsstraße nach Osten. Es gelang ihnen, per Autostopp, der in Polen gut organisiert war, mit LKWs schnell voranzukommen. Sie verteilten Kupons und waren versichert. Die Fernfahrer nahmen später an einer Tombola teil.

Sie kamen am Konzentrationslager Danzig-Stutthof vorüber. Sie waren unentschlossen. Zwei KZs hatten sie in Deutschland als Schüler schon besucht. Und woher sollten sie wissen, dass der Wald von Stutthof hinter den Wiesen, keine Baracke stand mehr, dass der sumpfige Wald, der zur See hinab führte, mit Schuhen übersät war, nur flach im Boden versteckt. Kleine und große Schuhe, Frauen-, Männer- und Kinderschuhe; wem gehörten sie, woher kamen sie, wie fanden sie ihren Weg, und wer hatte sie dort verscharrt?

Niemanden interessierte es. Norbert und Christof wussten es auch nicht. Sie rollten weiter nach Dierschau, über eine erstaunlich lange, historische Weichselbrücke, an Elbing vorbei zur Marienburg, größte erhaltene Kreuzritterburg in ganz Osteuropa, viel Backstein auf einem Haufen!

Es ging in den Osten des riesigen Landes. Christofs wollte den Freund seines Freundes treffen, ein Pole, der Briefe auf Deutsch schrieb, seit Jahren. Der Freund sollte sie durch Masuren führen, über die Seen, durch Wasser und Wald.

Schon jetzt war die Gegend einsam. In der weiten Hügellandschaft, die einmal Westpreußen hieß, sahen sie neben der Straße die Autobahn, die vor Jahrzehnten von Stettin nach Königsberg führte. Sie war mit Gras und Birken bestanden, lag friedlich unter der Sonne. Sie verband keine Orte mehr, keine Menschen, sie endete im Nirgendwo.

Stunde um Stunde rollten sie ostwärts. In fünf bis sechs ratternden LKWs näherten sie sich Masuren. Sie ließen Tannenberg, Stätte des Sieges deutscher Ritter über den polnischen Adel, später Vorhof der Hindenburg-Schlacht aus dem ersten Weltkrieg, ließen die Wolfsschanze, Görings Bunker und Hitlers Befehlsstand rechts liegen. So entging ihnen auch der tragische Ort des Stauffenberg-Attentats. Ohne Aufenthalt rollten sie weiter, an der deutschen Geschichte entlang. Sie war historisch belastet, doch nicht vergangen, vergessen, vorüber; das wäre ungesund, krank machend, tödlich!

In Allenstein machten sie Halt, eine gemütliche Fachwerk-Kleinstadt. Nach einer erholsamen Nacht, einer langen Busfahrt bis Szczytno erreichten sie das ersehnte Dorf. Es lag malerisch zwischen Seen und Feldern, großen Pferdeherden und Wäldern, ostpreußisch wie im Bilderbuch.

Sie fragten nach dem fremden Freund. Sein Haus aber war verwaist. Die Familie, hieß es, sei ausgereist. Wohin? Nach NRF, in das für Christof und Norbert durch die Mauer verschlossene Land, die Bundesrepublik Deutschland! Die Freunde sahen sich an. Die Landschaft erschien ihnen plötzlich viel fremder, der Weg nach Warschau war weit. Keine Chance, von hier aus zu trampen!

Sie fanden zum Glück einen Linienbus und erreichten am Abend die polnische Hauptstadt. Als sie mit ihren in Prag gekauften Internationalen Studentenausweisen im Warschauer Studentenhotel ein Doppelzimmer buchten, kam ihnen jener Inder entgegen, Sohn eines Maharadschas, den sie ein Jahr zuvor in Brünn getroffen hatten. Er überlegte inzwischen, ob er nicht besser nach

London ginge. Hier studierte er Kulturistik, das osteuropäische Wort für American Bodybuilding.

So etwas kann man studieren? Gibt es dafür ein Diplom? Was wussten sie schon von der Welt!

Märzunruhen im August

Norbert entdeckte als erstes die Nutten. Sie lächelten die beiden schüchternen deutschen Studenten an. Lust auf Frauen? Du wohl eher nicht, meinte Norbert. Ganz sicher nicht, meinte Christof; Norberts Freund lebte sehr solide. Norbert selbst war noch nicht fertig damit. Ob unser indischer Freund mich mitnimmt? Christof Stimme klang plötzlich hart: Wir bleiben zusammen, hörst du!

In Magdeburg praktizierte Christof sein ‚Christsein im Sozialismus'; erst das Studium, dann die Familie! Eine Freundin hatte er nicht. Und Norbert? Auch er war eng mit der Studentengemeinde verflochten. Aber wenn er ähnlich enthaltsam lebte, dann nur aus Mangel an willigen Mädchen.

Sie erkundeten einen Tag lang die riesige polnische Hauptstadt, die Reste des jüdischen Ghettos, das barocke Sommerschloss Wilanów. Abends starrten sie beinahe wütend auf den weithin sichtbaren Stalin-Protzbau, das ‚Haus der Kultur und Wissenschaften', ein Geschenk der Sowjetunion. Der Bau, hieß es, sei ein Ersatz dafür, dass die Rote Armee damals jenseits der Weichsel so lange gewartet hatte, bis die Deutschen beim Rückzug die polnische Hauptstadt in Grund und Boden sprengten.

Sie setzten sich ans Weichselufer, genauer, ‚Unter die Tauben', eine der ersten Kneipen in der wiederentstehenden Altstadt. In allen polnischen Westgebieten, nahe der deutschen Grenze wurden Backsteinhäuser geschleift. So bekam man das Material zur

Auferstehung der Häuserkulisse in der Nähe des Warschauer Königsschlosses; auch das wurde renoviert.

Vom Nachbartisch mischte sich jemand ein. Er sprach sehr verständlich Deutsch: Wir Polen lassen uns viel von fremden Mächten gefallen, von den Russen, den Preußen, den Schweden; die Frage ist immer, wie lange noch?

Der Germanistikstudent erzählte von den Märzunruhen in Warschau; jetzt hatten sie August. Ende Januar hatte ihre Regierung die ‚Totenfeier' abgesetzt, ein Theaterstück von Adam Mickiewicz, nicht eben Russenfreundlich; man bekam kaum Karten dafür: Wir Studenten begannen zu fordern, man solle es weiter spielen, und der Ärger nahm zu. Im März ging es richtig zur Sache; Auf unseren Plakaten stand jetzt, ‚Unabhängigkeit ohne Zensur'!

Norbert wurde eifrig: Wir sind von der Ostseeküste in den Prager Frühling gereist; erstaunlich, was auch bei den Tschechen auf einmal möglich wird! Was in Westdeutschland abläuft, weißt du ja wohl; ihr hört sicher die Deutsche Welle.

Im Westen, knurrte der Pole, können die Studenten machen, was sie wollen. Bei uns schlägt die Miliz zu; es gab Verhaftungen und Verurteilungen. Aber glaubt mir, die Sache geht weiter!

Christof und Norbert nickten. In Polen waren die Leute irgendwie mutiger drauf; besser als in der DDR ging es ihnen aber noch lange nicht. Das war auch kein Wunder. Der erste Weltkrieg bescherte den Polen die zweite Republik, endlich ein eigenes Land! Das war vor fünfzig Jahren! Gut zwanzig Jahre später hatte der deutsche Überfall die Republik am Boden zerstört. Nach den Deutschen hatten die Russen Polens Landesgrenzen verschoben. Später, beim Sieg über Hitlerdeutschland blieb das weite Land im Osten amputiert. Dafür rutschten die polnischen Grenzen ein großes Stück nach Westen.

Norberts heiße Träume

Sie zahlten, gingen davon, mit Handschlag.

Auf beiden Seiten der neuen, der ‚Oder-Neiße-Friedensgrenze', hatte ihnen der polnische Germanist noch hinterhergerufen, und sie hörten die Ironie, leben wir unter derselben Fuchtel, vom Sowjetstaat ferngesteuert!

In diesem Punkt war man sich einig. Sie liefen ins Studentenhotel, billig wie alles in Polen.

Aus Schlesien kam meine Mutter, murmelte Norbert halblaut.

Meine Leute stammen aus Ostpreußen, meinte Christof, aber was soll das!

Sie können wenigstens abhauen, ausreisen, haben wir ja erlebt.

Wenn aber alle gehen, was wird dann aus dem Land?

Wer konnte das heute schon wissen!

In der Nacht, im Studentenhotel, als Christof lange schon schlief, lag Norbert noch immer wach, getrieben von heißen Wünschen. Benno riet seinem Bruder: Erfüll dir die Träume; die Mädchen sind sicher billig.

Norbert seufzte, mit meiner Reisekasse wird das trotzdem nichts. Ja, wenn ich Chemiker bin, kann ich Dienstreisen machen, bestimmt auch nach Polen. Viel Auswahl an Ländern blieben ihm nicht. Er war kein Genosse, wurde ganz sicher kein Reisekader für das ‚nichtsozialistische Ausland! Im Halbschlaf knurrte er vor sich hin: Sie teilen die Welt für uns auf, wie sie es gerade brauchen! Wieder sah er die Frauen lächeln. Sie täuschten ihn nur kurz. Was bekam er für Geld schon an Liebe?

Norbert erwachte mit trockenem Mund. Von irgendeiner Kirche hörte er sieben Glockenschläge. Er stand auf, weckte Christof, er hatte es eilig. Christof protestierte, dann gab er Norbert Recht. Am besten, sie reisten weiter.

Kapitel 24
Krakauer Sommer. Warschauer Herbst

Auf dem Wawel. Das Meeresauge

Zwei Stunden später fuhren die beiden schon wieder im LKW, und sie hatten Glück. Mit einem der dröhnenden Trucks rollten sie durch bis Kraków! Am Nachmittag hatten sie schon die Tuchhallen, die Marienkirche und den Altar von Veit Stoß bewundert, das Wahrzeichen aus einer Zeit, als Krakau vielstimmig sprach, Deutsch, Polnisch, Jiddisch, Ruthenisch. Sie hatten noch eine Woche Zeit, um die in Berlin gekauften Rückfahrkarten in Prag einem Schaffner zu geben, dann ab nach Hause, Dresden, Berlin. Auf einer frischen Zeitung entzifferte Norbert das Datum, der 21. August 1968. Morgen würden sie weiter ziehen, Zakopane und Hohe Tatra, hinüber zur Slowakei. Von Poprad bis Zilina würden sie wandern, auf der Magistrala. Per Autostopp ab Zilina würden sie so schnell wie möglich das plötzlich so lebendige, ersehnte Prag erreichen.

Am Nebentisch saß ein Hochschullehrer aus Leipzig mit seinen Polonistikstudenten. Er rief zu ihnen herüber: In die Slowakei könnt ihr nicht mehr fahren, die Grenze ist abgeriegelt, der Warschauer Pakt marschiert!

Und als sie nicht begriffen: Panzer rollen nach Prag, darin sitzen die Sowjets, aber die Polen auch. Nur die NVA steht noch in Reserve, auf dem Erzgebirgskamm.

Sie nickten und tauschten, so schnell sie konnten, ihre tschechischen Kronen in Zloty um. Sie fuhren nach Zakopane. Dort nahmen sie sich ein Zimmer und wanderten steil bergauf. Sie kamen zum Morskie Oko, ein Bergsee, ein Meeresauge. Von den Gipfeln ringsum verdunkelt, blickte es schweigsam zum Himmel hinauf. Im Hintergrund ragte der höchste Berg der Hohen Tatra, Pik Lenin auf. Osteuropa gehörte den Sowjets, durch die Schuld der Deutschen! Die Freunde schwiegen und starrten ins dunkle, bleigraue Wasser …

Flucht vor der Wirklichkeit

Stunden später blickten sie auf Zakopanes Straßen in verstörte Gesichter. Hinter zerschlagenen Autoscheiben flüchteten ostdeutsche Urlauber vor der Wut der slowakischen Bauern. Durch die Kleinstadt rollten Kolonnen verbeulter Blechkarossen, zerkratzter Papplimousinen, mit roter Farbe beschmiert. Es war die Farbe der Arbeiterfahne, die allen Klassengenossen solidarische Treue versprach; von wegen! Dieses Rot schrie vor Hass und Verzweiflung; war es nicht so, auch die Deutschen hatten schon wieder die Hände an den verfluchten MPs! Noch standen sie nur an der Grenze. Was, wenn der ‚große Bruder' sie rief?

Norbert und Christof fuhren zurück. Ihr Urlaub war zu Ende. Sie kamen zum Krakower Hauptbahnhof, ein bleibendes Monument der K&K-Monarchie. Sie lauschten; erstmals, seitdem sie nach Polen fuhren, konnten sie öffentlich, aus den Lautsprechern deutsche Stimmen hören: Erste Hilfe, Getränke, Verpflegung.

Das polnische Rote Kreuz war bemüht, die Reisenden ruhig zu stellen, sie mit dem Nötigsten zu versorgen. Helfer mit Armbinden waren dabei, Essen und Trinken an Urlauber zu verteilen, die von Ungarn oder Bulgarien her kommend, über Moldawien und die Ukraine Tage lang kostenlos reisen durften. Das über Nacht okkupierte, in Festungshaft genommene Bruderland ČSSR wurde befehlsgemäß weit umfahren. Ohne Visum hatten die ostdeutschen Bürger, die ihren Urlaub abbrechen mussten, neue Bruderlande kennen gelernt, allerdings aus dem Zug; aussteigen streng verboten! Es gab in Moldawien, Bessarabien und Galizien aber auch wenig zu sehen; die Gebiete gehörten zur Sowjetunion. Nun waren die Urlaubsvertriebenen endlich in Kraków gelandet, und sie wollten nur noch nach Hause!

Zwölf Stunden Fahrt bis Berlin. Viel zu wenige Züge fuhren. Urlauber und Studenten verstopften Abteile und Gänge. Die Leute standen, lagen am Boden, sprachen kaum, waren viel zu erschöpft. Aber Norbert und Christof lauschten. Sie sahen und hörten genug. Spätestens hier und heute begann die Flucht vor der Wirklichkeit der Geschichte im Bannkreis der sowjetunion, die seit Ende des zweiten Weltkriegs ‚sozialistisch' genannt worden war, aber mit welchem Recht? Sie rollten dahin und fürchteten sich. Änderten sich die Zeiten, kam das Mittelalter zurück? Gab es nicht zu jeder Zeit eine Art Inquisition? Der Hass aufeinander saß tief. Konnte es nicht geschehen, dass wieder die Scheiterhaufen brannten?

Die Namen der Märtyrer

Im Nachtzug nach Berlin ahnten Norbert und Christof noch nichts davon, dass in Prag die Menschen mit bloßen Händen die russischen Panzer angreifen würden, um bei ihren Protesten zu sterben. Ihr Zug fuhr langsam durch Oberschlesien, vor Jahrhunderten Österreich-Ungarnland, später preußisch-polnisches Zweisprachenland. Nach dem zweiten Weltkrieg gehörte die Landschaft zu Polen, damals wie heute schwarz von der Kohle und stumm von der nahen Grenze.

Als sie spätnachts ohne Halt oder Hinweis an Auschwitz vorüber kamen, verdrängten sie die Todesbaracken, Gaskammern, Krematorien. Sie reisten durch ein trauriges Land; die Leute schwiegen inzwischen. Es wurde immer fraglicher, in welchem Jahr sie lebten, in welchen Krieg sie fuhren! Nichts Gelerntes wollte zusammenpassen. Was konnten der zweite Weltkrieg, der dreckige Vietnam-Krieg und der ‚notwendig Friedenserhaltende Einmarsch' der Truppen des Warschauer Pakts in die ČSSR gemeinsam haben? Es gab keine logische Antwort!

Sie hatten es so nicht gelernt!

Diese nächtliche Bahnfahrt ersetzte den beiden Jahre grauester Theorie. Alle Kriege waren banal und böse. Menschen töteten, wurden getötet. Es gab wenig zu lachen dabei, dennoch wurde gelacht. Noch etwas war deutlich geworden, als sie morgens den Zug verließen, im Krieg reist man unbequem.

Sie trennten sich in Berlin, wie üblich. Doch sie wussten, in ihren Köpfen hatten neue Gedanken begonnen zu wurzeln, sich auszubreiten. Auch die Ahnungen jener Nacht, die sie auf der Fahrt nach Berlin erlebten, sollten sich realisieren. Drei Wochen nach dem Einmarsch in Prag, am achten September 1968 würde als erster Ryszard Siwiec sich im Warschauer Sportstadion öffentlich verbrennen, aus Protest gegen diesen Mord an der Zukunft! Tausende sahen zu! Dennoch ielt man die Sache geheim, bei Androhung strenger Strafen, damals ging das noch.

Die nächste schreckliche Tat folgte am 16. Januar 1969; ein verzweifelter Akt des Widerstands: Der Student Palach legte auf dem Prager Wenzelsplatz Mantel und Aktentasche an einem Brunnen ab; darin steckte sein Vermächtnis. Jan übergoss sich sodann mit Benzin, entzündete ein Streichholz, stand in Flammen und rannte hinaus auf den Platz. Ein großes Geschrei erhob sich!

Doch der Märtyrer wurde nicht einfach begraben und Friedhofsruhe verordnet. Wie bei vielen Opfern des Prager Frühlings, sorgte die Tschechische Stasi durch Desinformationen dafür, dass dem Sarg nicht zu viele folgten. Später gab man dem Schriftsteller Pawel Kohout die Schuld am grausamen Tod des Studenten; Kohout hätte ihm eingeredet, die Flamme wäre kalt, Verbrennungen nicht zu befürchten! Ein makabrer Vorwurf, den Kohout vor Gericht jedoch abwehren konnte. Bald danach wurde Jan Pallachs Sarg in sein Heimatdorf übergeführt, da auf dem Grab in Prag an jedem neuen Morgen frische Blumen lagen.

Kapitel 25
Organische Chemie.
Verse zum Chemikerball

Beyers Buch. Einfache Moleküle

Die im Herbstsemester folgenden Pflichtvorlesungen zum Marxismus-Leninismus, man quälte sie bis zum Diplom damit, waren voll von Widersprüchen, zeigten die Verlegenheit der ML-Dozenten, zwischen ‚vorherbestimmter, gesetzmäßiger Entwicklung zur klassenlosen Gesellschaft' und der erlebten Geschichte eine Brücke zu schlagen.

Was nicht passte, wurde passend geredet, eine erbärmliche Sache. Klar war, in die ČSSR und nach Polen würden sie nicht wieder reisen.

Wie wäre es mit Bulgarien, fragte Christof im nächsten Brief. Ein Kommilitone von mir stammt aus Plovdiv!

Und in Prag stehen russische Panzer, schrieb Norbert wütend zurück: Der Prager Frühling ist tot! Wir haben den Krakówer Sommer erlebt. Und was bringt der nächste Winter?

Er hatte keine Lust, über weitere Reisen zu reden. Norbert schwitzte über der Pflichtlektüre ihres Professors Hans Beyer, ‚Organische Chemie'. Der Herbst war schon wieder kalt und vernebelt. Norbert starrte in den verregneten Morgen. Aber Benno diktierte ihm in die Hand ein paar lakonische Verse:

Morgen
grau wie das Betttuch der langen Nächte
Die letzte schon fröstelnd schläft noch darin
Bekenntnisse säuselnd
Windworte über den Weg
Hier bin ich gestern gegangen
da war noch Sommer

Norbert träumte sich also zurück in den Sommer. der fing hoffnungsvoll an, mit der Tramptour durch Polen, wurde dann allerdings abgelöst von den Schrecken in Kraków, der Wahnsinnstat, dem Überfall auf den Prager Frühling! Die vielen zerschlagenen Hoffnungen auf einen menschlichen Sozialismus ... Jemand meinte, es sei ein Leichtsinn gewesen, die Revolutionen von 1905, 1917, 1918 und 1968 nach den Jahreszeiten zu nennen. Wie schnell das Wetter umschlug, hatten sie selbst erlebt!

Norbert versuchte, dem Lehrbuch zu folgen. Organische Moleküle sind im Grunde einfach gebaut: Ketten oder Ringe, verzweigte Ketten, verknüpfte Ringe, Kombinationen aus Ringen und Ketten. Die meisten Moleküle bestehen aus wenigen Elementen, aber diese in großen Zahlen: Kohlenstoff, Wasserstoff, Sauerstoff, Stickstoff, Schwefel, Phosphor und wenige andere. Ab und zu trägt das Molekül im Zentrum Metallionen. Aus solchen Kombinationen bilden sich die umfangreichsten, phantastischsten Formationen, bis zu den Bausteinen lebender Zellen, Eiweißen, Fetten, Kohlenhydraten, den Riesenmolekülen. Über Naturstoffchemie las die ‚Lady'. Norbert dachte zurück an das fünfte Semester, es hatte harmlos begonnen.

Im Ätherdunst

Zunächst kam die Grundvorlesung ihres verehrten Professors im großen Organik-Hörsaal. Hans Beyer war beliebt, wegen des Freibiers zu seinem Geburtstag und wegen der jovialen Art, aus seinem ‚Boch' zu lesen. Er war einer der wenigen Wissenschaftler in der DDR mit unbegrenzter Reisefreiheit. An der Uni erzählte er gern, was ihm auf Reisen begegnet war. Er betrat das Katheder, man trommelte heftig, er bedankte sich für die Aufmerksamkeit. Dann seine erste Frage: Haben sie meinen Schlips schon gesehen? Aus Japan, rohe Seide. Und er beschrieb, was ein Professor in Japan so alles erlebte. Die Vorlesezeit war bald um. Beyer federte vom Katheder und bat die Kommilitonen, sie mögen den Lehrstoff in seinem ‚Boch' nachlesen, und: Wer Fragen hat, kommt zu mir! Sein Büro befand sich im Institut. Dort verkaufte er auch sein Buch. Das tiefrot gebundene Lehrbuch hielt lange, was es versprach. Es alterte so wenig, wie der Professor selbst. Er hatte die Sechzig erreicht, überschritten, die Auflagen seines Standardwerks standen dem kaum nach.

Norbert stand auf, ihm schwirrte der Kopf. Er freute sich auf das Labor, die präparative Organische. Die Analytik kam später. Sie wussten bereits von Robert, nichts sei diffiziler, als organische Analysen, methodisch, im Experiment – denn das Vorhandensein jener Stoffe, die du glaubst, gefunden zu haben, muss erst bewiesen werden, auf indirekten Wegen. Als Beweis kochst du Derivate, Variationen der Grundsubstanz. Benimmt sich dein Derivat, wie es beschrieben wurde, exakter Schmelzpunkt, richtige Farbe, erwartete Kristallstruktur, Löslichkeit in verschiedenen Stoffen, gilt dies zwar nur als indirekter, doch deutlicher Beweis: Die Substanz, die du vor dir hast, ist die erwünschte.

Dieser beinahe schon alchemistische Trick, die Anwesenheit des erahnten Stoffes mehr zu deuten, als zu erkennen, bestand also darin, es zu verändern, seine Variationen als Beweis für es selbst zu nehmen!

Das erinnert mich, dachte Norbert, an Theodor W. Adornos ‚negative Dialektik'. Man hatte ihm auf der Rückfahrt von Prag zwar das Buch entwendet, aber er fand es in der ESG-Bibliothek und versuchte, es zu verstehen. Adorno nannte sein Hauptwerk ‚Philosophische Kritik des ‚identifizierenden Denkens'. Er selbst war bei Hegel, Marx und Freud in die Lehre gegangen, benannte eine Prämisse des Philosophierens in heutiger Zeit: Wenn man nicht hinter Kant oder Hegel zurückfallen wolle, so müsse Philosophie Kritik sein, Sprachkritik, Kunstkritik, Gesellschaftskritik; auch müsse die Übertreibung als Erkenntnismethode erlaubt sein! Warum galt diese Logik nicht auch für ihre, in Sprüchen und Widersprüchen erstarrende Gesellschaft? Dazu sagte Chemiker Robert nichts; das war nicht sein Fach.

Blutige Kristalle

Als Norbert an diesem Nachmittag das Labor betrat, gab es einen Knall. Die Stichflamme ging ins Leere, die Räume waren hoch. Ein Student griff entschlossen den Pulverlöscher, dann war der Spuk vorbei. Nur ein Rußfleck zierte die Decke. Er hatte wie üblich mit Äther ein Stoffgemisch getrennt, im Schütteltrichter mit Rundschliff, Glasstopfen, Auslasshahn. Nach dem Ausschütteln solcher Gemische ließ man Wasser und Äther getrennt am unteren Ende des Kolbens ab. Die gesuchte Substanz konzentrierte sich meist in der Ätherphase. Nach Verdampfen des Äthers erhielt man also den gewünschten Stoff. Manche Chemiker mochten es gern, ab und zu etwas Äther zu schnüffeln. Wenn man die Flasche nicht gleich verschloss, kroch der flüchtige Stoff über den Labortisch.

Dann genügte die glimmende Zigarette, Rauchen streng verboten, und rumms, hoch lebe die Chemie!

Norbert und Dandy verzogen sich eilig. Zur Herstellung von Hämin benötigten sie noch heute fünf Liter Rinderblut. Dandy stellte in einen Eimer eine Pulverflasche. Dann nahmen beide den Linienbus, der Richtung Eldena fuhr. Der Schlachthof im Ostseeviertel war ein verrottetes Backsteingebäude. Sie betraten es an der Stelle, wo die Tiere hereingeführt wurden. In kurzen Abständen krachte ein Bolzenschussgerät. Jedes Tier wurde noch im Fallen mit Ketten angeschlagen, per Flaschenzug hochgezogen. Eine Reihe getöteter Rinder hing an den Hinterläufen, rollte langsam zur großen Halle.

Hinein mit euch, wenn ihr Blut haben wollt!

Kettensägen lärmten, stressten ihnen die Ohren. Sie liefen an reglos hängenden, langsam bewegten Kadavern entlang. Eine Schubkarre kam auf sie zu. Dandy rollte sie auf einen Wink unter den vordersten Rinderkopf, der ihn kopfüber ansah. Ein Messer blitzte auf, stach in den Hals des Tieres. Dandy sprang zur Seite, aber es war zu spät. Rinderblut schoss im armdicken Strahl in die Schubkarre, spritzte heraus.

Ihr müsst rühren, sonst habt ihr nur Klumpen! Sie krempelten die Ärmel hoch und steckten die Unterarme bis zum Ellbogen in das schwarzrote Blut; es waberte und dampfte. Norbert würgte, besann sich, holte tief Luft. Sie waren Chemiker, sie hielten aus; also rührten sie, bis der Blutsee ein wenig abgekühlt war. Jemand winkte, sie rollten die Karre zur Seite. Dort füllten sie das Blut mit einer Kelle und einem Trichter in ihre Fünf-Liter-Flasche, die stand im Wassereimer. Sie dankten, nickten, gingen davon. Beim Vorbeigehen starrte Norbert ein Rinderkopf entgegen, sah ihn vom Hauklotz her an. Ein Lehrling war dabei, ihm die Zunge herauszuschneiden. Er setzte erneut das Messer an und holte mit einer Drehung die Augen aus ihrer Höhle. Er sammelte beides getrennt. Die großen Augäpfel waren für die Kosmetikindustrie.

Im Labor beeilten sie sich, das Blut mit viel Kochsalz bei wenig Wärme zu rühren, das ausgeflockte Eiweiß sauber abzufiltrieren. Aus dem Filtrat wurde freies Hämin mit Eisessig ausgefällt. Im eisgekühlten Becherglas kristallisierten sie diese Fällung später mehrmals um, bis sie grünschwarz glänzende Nadeln erhielten. Es waren Häminkristalle mit der Kernsubstanz Porphyrin. Sie hatten das Grundgerüst vor sich, mit dem ihr Blut den Sauerstoff transportierte …

Das Schweigen der Partei

Die ML-Vorlesung im Hauptgebäude war wie immer blutleer. Dandy, Norbert und Olaf verkniffen sich kluge Fragen. Im Herbst 1968 verstand man keine Studentenspäße. Dafür erfuhren sie auch nichts davon, dass in den letzten Tagen Tausende treuer Genossen ihren Klassenstandpunkt gewechselt hatten: Als der Warschauer Pakt marschierte, gaben sie ihr Parteibuch zurück, gegen manchen persönlichen Nachteil. Ihr ML-Dozent im Hörsaal sprach über Klassenkämpfe und ideologische Siege; es sei höchste Zeit gewesen, der Konterrevolution die Stirn zu bieten! Ebenso dringend wäre es, den faschistischen Ungeist in Westberlin laut beim Namen zu nennen. Die Demo gegen den Schah-Besuch im Juni letzten Jahres sei lobenswert gewesen, auch wenn Benno Ohnesorg dabei erschossen wurde. Diese feige Tat verstärke die revolutionäre Stimmung. Fast jedes Mittel sei eben recht, die Frontstadtjugend gegen den Klassenfeind aufzuhetzen; dessen Schwäche erweise sich stets als Stärke des Sozialismus! Die Westdeutschen Unis würden schon sehen, wie weit sie mit ihrer APO kämen, wenn Leute wie Rudi

Dutschke erst die Macht übernähmen, die Hörsäle besetzten, den Professoren das Wort verböten; unserer Partei sei das Recht! Verdammt sicher fühlst du dich, knurrte Olaf, ich würde gern hören, was die Macht der Partei betriff, davon erzählst du nichts!

Er regte sich umsonst auf. In Greifswalds ML-Hörsaal wurde noch nie etwas Kritisches zur Partei gesagt. Selbst die Massenmorde von Väterchen Stalin, vor mehr als einem Jahrzehnt von Chruschtschow in Moskau enthüllt, spielten im Osten Deutschlands öffentlich keine Rolle. Zwar gab es im Politbüro und auf unteren Ebenen Vorkommnisse, von denen ihr Dozent selbst nur parteiintern hörte, die Linie aber blieb klar: Anstatt die verbrecherischen Verfehlungen des Stalinismus zu beichten, erkläre man den Studenten immer und immer wieder, wofür und zu welchem Zweck sie hier studieren durften, zur Steigerung der Errungenschaften in Wissenschaft, Wirtschaft, Landwirtschaft, zur besseren Befriedigung der Bedürfnisse unserer Werktätigen! Was haben sie also zu tun? Statt sich zu vergnügen, mit unmarxistischen Albernheiten gegen Partei und Staat, sollte das Studium des Marxismus-Leninismus für sie im Mittelpunkt stehen; es gibt genügend Parteibeschlüsse, die zu studieren sich lohnt!

Quatsch mit Soße, hatte Olaf gemurmelt. Jetzt fuhr er bereits mit dem Motorrad im D-Zug-Tempo nach Hause. Heute wurde es nichts mit Doppelkopf oder Bierlachs. Norbert ging mit Dandy allein zu Zabback. Er zögerte allerdings, von Politik zu sprechen. Würde der Genosse, das Parteibuch in seiner Hosentasche, bei aller Toleranz über solche Gespräche schweigen, durfte er das überhaupt? Das Bier schmeckte schal. Sie schwiegen sich an und träumten sich durch den Abend. Norberts Kopf steckte nach der ML-Beschallung noch lange voller Frust. Doch es gab nichts zu diskutieren. die stalinistischen Bürokraten waren todernste Ideologen. Sie kannten nur eine Sorge, die Sorge um die Macht.

Verse für den Chemikerball

Sie waren im dritten Studienjahr, Organische Chemie. Nun planten sie also selbst das Programm für den Chemikerball; er fand im Spätherbst statt. Uwe wünschte sich gute Texte, auch von Norbert alias Benno. Alles musste vor die Zensoren. Zwar fehlten noch sechzehn Jahre bis zum Orwell-Jahr 1984, dem literarisch vorhergesagten Triumph der einen Partei, doch diese versuchte längst, ihr Denken zu kontrollieren, Zwiedenken zu verlangen! Schamlos beriefen sie sich auf die historische Rolle der siegreichen Arbeiterklasse und deren Diktatur, verwalteten erfolgreich die unübersehbaren Mängel materieller und geistiger Art. Manche Parteigenossen und FDJ-Funktionäre suchten ihren Vorteil, waren wie üblich korrupt. Aber niemand wagte es, davon laut zu reden. Nur die Mitglieder jenes Zirkels, der sich Studententheater nannte, griffen von der Bühne herab die allseits herrschende Clique mit Spott und Satire an.

Auch Benno bemühte sich um das Programm. Und er fand ein Thema, das den Fortschritt besang, den Siegeszug der EDV. Leider gelang es ihm nicht, seine Verse so positiv zu formulieren, um den Zensor damit zu täuschen. Uwe freute sich trotzdem über den Text, doch er behielt ihn zunächst für sich, wie andere Texte auch. Er ging den leichteren Weg des geringsten Widerstandes und legte der FDJ nur schwache Verse vor. Sollten sie sich daran abarbeiten! Am Abend im Ballsaal hörten sie dann von der Bühne herab die echten Pointen. Diese Taktik ging jahrelang gut. Es kam allerdings auf das Wetter an, auf die herrschende Großwetterlage und die Laune der Ortsfunktionäre. Bennos Thema bewegte alle.

Greifswalds Uni würde in Kürze einen Großrechner installieren, einen Odra 1013 aus Wroclaw. Also dachte Benno darüber nach, was rechnende Maschinen in Zukunft anrichten könnten.

Ihr Einsatz in Werkstätten und Büros bot viele Möglichkeiten der Manipulation; viel Gutes fiel Benno nicht ein. Er setzte sich hin und schrieb, wie es wäre, wenn die Numerologen kämen ...

Wenn wir den Weisen glauben, die uns sagen
es hat sich alles anders zugetragen
als es in euren Märchenbüchern steht
sie kämen mit der Weisheit doch zu spät

Und könnten wir die Zukunft selbst ergründen
was nützt es uns, es wird sich jemand finden
nach vielen Jahren, sicher, der uns sagt
ihr habt euch wieder mal umsonst geplagt

Computer sind es, die uns heute lenken
ihr Vorteil, dass sie rechnen und nicht denken
ihr Nachteil ist, sie werden programmiert
und welcher Weise weiß, wohin das führt!

Kapitel 26
Miriam

Strahlender Herbst auf Usedom

Ende Oktober kam Hansjürgen Schulz mit Norbert zurück aus Berlin, von einem der Partnertreffen ihrer Studentengemeinde. Sie fuhren durch den leuchtenden Herbst nach Zinnowitz auf Usedom. Dort hatte die ESG eine Wochenendtagung. Als V-Student musste Norbert dabei sein, der Pfarrer sowieso. Norbert trug ein zünftiges Fleischerhemd, die bunte Gegengabe der Heidelberger Studenten. Ein Mädchen fühlte sich angezogen, von Norbert, oder von seinem Hemd? Er zog es ihr über den Kopf. Sie lachten, sie balgten herum …

Miriam war nicht gerade das, was man eine Entdeckung nannte. Rotblond, stupsnasig, sommersprossig, mit kurzen struppigen Haaren blickte sie aus grünlichen Augen; sie zählten zu ihren Reizen. Neutral betrachtet, wirkten sie stechend, konnten kaum jemand verlocken. Norbert jedoch nahm das Mädchen, ihr Interesse ernst. Alles Weibliche, wenn seine Zeit kam, strahlte Charme aus, begann zu suchen. Miriam hatte Norbert gefunden. Im Grunde aber war er es, der schon zu lange suchte und endlich finden wollte! Schon begann eine Kette von Demütigungen. Er lief Miriam nach wie der Hund einer Hündin, der geistige Gewinn ihrer Wochenendtagung entging ihm. Und bevor er überhaupt merkte, dass er einem anderen die Freundin ausspannte, war es bereits passiert. Später dachte er sich, Sebastian sei froh darüber gewesen, die Zecke los zu sein.

Im Dörfchen Neuenkirchen liefen bereits die Vorbereitungen für den Chemikerball des Studienjahres; sie organisierten die

Fete. Benno war am Programm beteiligt, war stolz auf Uwes Lob. Von einem Tag auf den anderen aber erschien ihm die Bühne, sein Auftritt dort gar nicht mehr so wichtig ...

Miriam beschäftigte ihn. Sie war klein, blieb meist unbeachtet, verschwand hinter jedem Rücken und sagte selten ein Wort. Es dauerte, bis es Norbert begriff, sie wollte nicht entdeckt sein! Miriam hörte zu, das war ihre Stärke, und sie hörte genau zu. Sie hielt Norbert mit Recht für harmlos. Er stammte aus einem verschlafenen Nest, und er benahm sich auch so. Nur eines hatte er ihr voraus; Miriam war neu in Greifswald. Ihr Chemie Studium hatte erst kürzlich begonnen. Also stellte sie viele Fragen, und nicht nur über Chemie. Aber auf einmal machte sie Fehler. Gegen alle Vorsicht und alle Vernunft zeigte Miriam Sympathie. In ihrem Verhalten brach etwas hervor, das ihr selber neu war. Trotz innerer Widerstände erzählte sie Norbert von ihrem Auftrag, nicht konkret, wortwörtlich, aber genug, um sein verliebtes Verhalten ein wenig abzukühlen ...

Kleine rote Hexe

In Greifswald kam Norbert bisher bei einigen schüchternen Mädels übers Petting nicht weit hinaus; er wusste zu wenig von Frauen. Nun hatte er endlich ein Mädchen gefunden, dass ihm jene Nähe gestattete, an der er bisher gescheitert war. Eben dieses Mädchen hatte den Auftrag bekommen, die Montagabende der ESG im Jakobiturm zu belauschen. Am Montag lief Miriam also mit Norbert von nun an in den Turm. Später fiel es ihm schwer, auf den üblich gewordenen Kneipengang zu verzichten. Bald aber lief er doch mit Miriam zurück in die Wiese, die natürlichste Sache der Welt. Auf dem Heimweg gaben sie sich erwachsen, sprachen von Leidenschaften, die sie nur dem Namen nach kannten. Aber jeder für sich registrierte seine gewachsene Lust.

Bald trafen sie sich an jedem Abend, nach Labortag und Seminaren in der Wiese, zwischen den Pappbaracken, wo sie ihre Zimmer hatten, leider nicht allein. An ihrem Stichtag aber, wie Miriam zynisch meinte, Anfang November war es, als Norberts Zimmer Abends endlich einmal frei war! in drei Tagen begann im Neuenkirchen der ersehnte Chemikerball. Heute jedoch, das entscheidende Datum, löste sich für Miriam endlich das Rätsel von Mann und Frau. Und Norbert? Beim zähen Geschlechterkampf erwachte seine Lust; eine Jungfrau war etwas anderes, als die Kellnerin aus dem Dorf. So wenig erfahren er war, so ungeschickt er sich anstellen mochte, kam er doch an sein Ziel.

Miriam kannte sich selbst nicht mehr wieder. Leider hielt dieser Zustand nicht an. Tage später war beiden klar, dass Norbert das Mädchen, die Frau neben sich in einiger Hinsicht enttäuschte. Eifrig schob er sein Brot in den Ofen, aber er hatte schlecht vorgeheizt. Was konnte Lotte dafür! Die Kellnerin aus der Mühle hatte sich stets um Norbert bemüht, doch sie machte es ihm zu leicht.

Miriam wurde spitz. Beide lagen frustriert beieinander. Nach jedem nächsten, wenig gelungenen Koitus Interruptus machte Miriam ihre Bemerkungen. In Norbert wuchsen die Zweifel. Aus der Entfremdung, ihrer verpfuschten, unerfüllten Liebschaft sprudelte Misstrauen, wuchs der Hass. Was suchte Miriam überhaupt in der ESG? Gläubig war sie jedenfalls nicht, soviel war Norbert klar. Er versuchte, zwischen zwei halb ernst gemeinten Liebkosungen Miriam auszufragen. Das Mädchen kniff die Augen zusammen, drehte sich unter ihm weg. Sie setzte sich auf und schrie Norbert an: Du hast doch keine Ahnung! Meinst du wirklich, es geht um dich? Ich komme mit in die ESG, um zu melden, was ihr dort redet! Dafür lassen sie meinen Vater in Ruhe. Er hat in Bitterfeld Mist gebaut, im Elektrochemiekombinat. Es traf ein paar Bausoldaten, die schuften müssen, wo keiner hin will. Sie haben dabei ein bisschen Quecksilber in die Lungen gekriegt. Damit erpressen sie ihn. Mein Vater musste den Schuldigen spielen. Er sollte über die Klinge springen, fahrlässige Tötung, Zuchthaus und so. Seitdem erpressen sie ihn. Er hat mir alles verraten. Ich bin seine Tochter, die einzige, die ihm helfen kann. Du begreifst das ja doch nicht, Norbert!

Norbert saß kerzengerade im Bett. Er begriff tatsächlich nur langsam. Doch er wusste, dass Miriam die ESG nach den Regeln der Kunst bespitzelte, und das war des Pudels Kern! Von wegen Mann und Frau! Er hatte ihr Tür und Tor geöffnet, für die internsten Gespräche, und davon gab es viele. Die Stasi, die Herren in Rostock, Harry Tisch konnte mit Norbert zufrieden sein.

Das verwirrte Mädchen

Norbert war ein Idiot! Er sprang aus dem Bett in die Hosen. Mit einem Gefühl aus Ohnmacht und Wut, dazu kam seine Scham, lief Norbert direkt zum Popen...

Trotz allem empfand er Befriedigung, er hatte das Mädchen besessen, als erster. Als er dem Pfarrer verlegen von Miriams Rolle berichtete, wusste der Bescheid: Mach dir keine Sorgen. Ich bin mit der Stasi auf du und du. Das ist die beste Methode, nicht überrascht zu werden. Von Miriam haben wir nichts zu befürchten. Sie ist als Spitzel nicht haltbar, sie kann also weiter kommen. Vielleicht bekehrst du sie noch! Dabei grinste Schulz ein bisschen zu sehr, Norbert nahm ihn besser nicht ernst. Hans Jürgen bestätigte ihm: Das Mädchen wird nur aus Mitleid geführt. Sie tut es für ihren Vater. Wenn du sie aber nicht mehr magst, lass sie laufen.

Sie kann uns kaum noch schaden, dir auch nicht. Aber tu ihr nicht weh und mach sie nicht wütend.

Leichter gesagt als getan …

Die Sache zwischen Norbert und Miriam war noch nicht zu Ende. Er traf sie fast ständig, unfreiwillig. Sie teilte ihm schadenfroh mit, sie hätte jemand gefunden, der es ihr besser besorgte! Dann lachte sie ihn aus und ließ ihn einfach stehen. Norbert biss die Zähne zusammen. Es wurde höchste Zeit, eine stabile Beziehung zu finden. Ihm grauste schon jetzt davor, in zwei Jahren völlig allein nach Kalkdorf zurück zu kehren, in ein leeres Haus! Niemand wartete dort auf ihn. In letzter Zeit war er nicht einmal sicher, ob Bruder Benno zurückkehren würde, von Uta gar nicht zu reden; diese Chance war vertan. Benno war ihm gedanklich zwar immer noch nahe, wo er jetzt aber lebte, sagte ihm niemand. Die Ärzte der Klinik behaupteten nur, man hätte ihn auf eigenen Wunsch vor Monaten entlassen. Ob sein Bruder denn wieder sehen könne? Das sei ein Arztgeheimnis. Norbert lachte bitter. Vielleicht existierte Benno nur noch in seinen Gedanken! Blieb ihm etwas anderes übrig, als eine Frau mit nach Hause zu bringen?

Eines war jedenfalls klar, Miriam würde es nicht sein. Wenn er sie jetzt zufällig traf, trumpfte sie auf, doch sie tat ihm leid: Ich kämpfe jetzt unter der Gürtellinie, wenn du verstehst, was ich meine.

Später gab sie sich wieder mädchenhaft, wie zu Beginn ihrer kurzen Beziehung: Dir verrate ich es, ich kriege ein Kind!

Norbert erschrak und schwieg. Wütend bespuckte sie ihn: Von dir ist es ganz bestimmt nicht!

Von wem dann? Er wollte es wissen; hatte er nicht ein Recht darauf? Aber Miriam wusste es nicht. Sie war wütend: Eure Maria weiß auch nicht, wer Jesus' Vater war! Du gehörst doch zu denen, die an ihn glauben. Ihre Stimme verhöhnte ihn: Ich weiß, dass es auch in Greifswald einen Jesus gibt, aber glaube mir, nicht mehr lange!

Norbert erschrak: Woher kennst du ihn?

Ich weiß vieles von dem, was passiert; dafür werde ich schließlich bezahlt! Sie spottete: Ihr wartet vergeblich, euer Messias kommt nicht, doch wir finden heraus, wer es ist! Sei froh, dass du beim Chemikerball nicht auf der Bühne gewesen bist, sondern bei mir im Bett. Jetzt hätten sie dich am Kragen! Sie triumphierte und ging.

Was im Laufe der Zeit aus Miriam wurde, stimmte Norbert trotz allem traurig. Nachdem sie ihr Kind geboren hatte, wechselte sie immer öfter die Männer. Doch die Vielzahl der Kohabitationen machten Miriam nicht hübscher, auch änderten sie nichts an ihrem verbissenen Wesen.

Widerstand und Ergebung

Norbert wusste, dass Bennos ‚Numerologen' zu jenen Texten gehörten, die Uwe trotz FDJ-Verbot auf der Bühne gelesen hatte. Uwe sammelte Minuspunkte, seine Bilanz schwoll an. Die meisten Kommilitonen, gestandene Altsemester dachten inzwischen vor allem an ihr nicht mehr fernes Diplom, dem nach Greifswalder Spruch auf die Dauer niemand entging. Von wegen! Während in der BRD die Studentenbewegung erwachte, soviel Wind machte, dass der Mief unter manchen Talaren verschwand, planten die Kader im Osten die Dritte Hochschulreform. Wieder sorgte sich das Studententheater des Greifswalder Uni-Clubs um jede kritische Zeile. Die Selbstzensur funktionierte. Sie befürchteten Kettenreaktionen und Autokatalyse, die ihre bissige Verse beim Publikum auslösen würden. Konnten sie ihren Spott auf die FDJ, ihr Lachen über die Staatspartei von der Bühne herab beherrschen, oder musste es Explosionen geben, eine geistige Ätherverpuffung, die man ihnen als Rebellion, als Zersetzung der Disziplin an der Uni vorwerfen würde? Ihren Wortführern drohten Konsequenzen, zum Beispiel der Ausschluss von Prüfungen, die sie bestehen mussten, um zur Diplomarbeit zugelassen zu werden. Ohne Abschlussprüfungen aber gab es auch kein Diplom, keinen akademischen Grad! Fünf Jahre wären umsonst gewesen. Sie hätten keine Aussicht auf einen gehobenen, besser bezahlten Arbeitsplatz!

Während sie die Konsequenzen ihrer kritischen Sicht diskutierten, spülten die die bittersten Gegenargumente mit reichlich Bier hinunter. Sie baten immer wieder, malt den Teufel nicht an die Wand! Doch der Teufel war längst aktiv. Er bespitzelte und zersetzte ihre Kumpanei. Noch hielten sie zusammen, glaubten an ihre Sache, probten gemeinsam den Widerstand. Wenn es auch wenig nützte, es erforderte einigen Mut. Sie lernten, aufrecht zu leben. Später machten sich viele klein, besetzten ihre Nische und retteten ihren Lebensstandard. Kommilitonen wie Uwe blieben konsequent. Sie sprachen aus, was sie meinten und waren von Jahr zu Jahr stärker vom eigenen Scheitern bedroht.

Kapitel 27
Schlesischer Winter

Im Riesengebirge

Weihnachten kam näher. Wieder war Norbert allein, ohne Freundin. Auch 1968 würde er einen Tag lang zum Greifswalder Popen gehen, um den Duft der Familie zu atmen; nicht seiner Familie, er hatte keine. Auch Benno ließ ihn im Stich; warum meldete er sich nicht mehr? Sein Vater lebte ein eigenes Leben, das war Norbert gewöhnt. Vaters Freundinnen waren ihm völlig egal, und Mutter war tot, seit acht Jahren.

Martha stammte aus Niederschlesien. Vielleicht sollte er dort einmal hinfahren? Es war ja nicht so weit. Nur die Grenze störte, die polnische Sprache. Dazu kam, dass ihr letzter Urlaub als Katastrophe geendet hatte! Norbert schrieb trotzdem an Harald. Sein Schulfreund studierte in Kraków die Silikatchemie, eine Wissenschaft, die ihn befähigen sollte, Baustoffe wie Zement und Gips weiter zu entwickeln. Damit fand er in jedem Zementwerk, jeder Gipshütte, aber vor allem in den neuen Plattenwerken gut bezahlte Arbeit. Nachdem Harald ein Jahr lang in Kraków intensiv Polnisch lernte und nun hoffentlich flüssig sprach, war er für Norbert auf jeden Fall der richtige Reisebegleiter. Sie beide hatten sich gut auf der Oberschule verstanden. Es gab etwas, das sie gemeinsam hatten. Auf ihrer ersten Reise, im Sommer nach der elften Klasse luden sie ihre Fahrräder voll, Satteltaschen mit Proviant; einen Schlafsack besaßen sie nicht. Sie fuhren zur Müritz, ins Mecklenburger und Rheinsberger Seengebiet. Zehn Tage hielten sie aus, schliefen in Scheunen, Pfarrhäusern oder der Sakristei einer Kirche, wie es sich ergab. Sie lernten die Landschaft lieben, jeden mühsamen Kilometer, von Oranienburg bis Himmelpfort, über Röbel hinauf nach Waren, wieder zurück Richtung Rheinsberg, Neuglobsow, an den sagenhaften Stechlinsee. Der Deutschlehrer hatte ihnen die Sage vom roten Hahn erzählt, der aus dem See in die Luft sprang, wenn irgendwo in der Welt etwas Unerhörtes geschah.

Harald fragte, als Norberts Brief ihn erreichte: Hast du noch nicht genug vom Flüchtlingsdrama im Kraków? Norbert schrieb zurück: Meine Mutter stammt aus dem Bobertal, ich komme allein nicht klar!

Nach Weihnachten fuhren sie los, von Berlin bis Hirschberg im D-Zug der polnischen Eisenbahn. Sie liefen mit einer Wanderkarte ins Tal hinab, nach Boberröhrsdorf. Marthas Geburtsort lag malerisch da. Zum Glück war nicht allzu viel Schnee gefallen. Sie bekamen Quartier in der Turmsteinbaude, eine Märchenburg neben dem Stausee, der Talsperre, die man ‚Weltende' nannte. Norbert kannte beides aus Bennos vergilbter Klappfotoserie: Riesengebirge, zwölf Bilder, schwarz-weiß, eine Reichsmark zwanzig. Er wusste auch die Geschichte dazu: Emilie, Marthas älteste Schwester hatte den Erbauer geliebt. Dieser tschechische Ingenieur wurde der Vater von Norbert, Tante Milchens Sohn. Norbert blieb nach dem Krieg verschollen, ebenso Milchens Bruder Oskar. So gab die Tante die Namen zur Taufe an ihren Neffen weiter. Nun stand Norbert dort, wo die Namensvetter, kaum geboren, bereits in den Krieg ziehen mussten. Er sah mit Harald vom Dach der Baude auf das rostige Stauwehr des Flusses. Sein Eis war grün von Entengrütze, die Tannen der Berge voll Schnee. Hier, dachte Norbert, ist meine Mutter als Kind in die Felsen geklettert, um mit ihren Schwestern Pilze und Beeren zu suchen.

Harald war hinunter gestiegen. Norbert blieb in Gedanken stehen. Mehr denn je fehlte ihm Benno. Das Erinnern löste Gefühlsströme aus; es knackte, als bräche das Eis auf dem Fluss, und endlich erwachte der Bruder! Norberts zweites Ich gab ihm das Gefühl, nicht ganz fremd in der Fremde zu sein.

Am nächsten Tag lief Harald mit Norbert den Bober hinunter nach Siedlęcin, wie Boberröhrsdorf auf Polnisch hieß. Durch die Lagebeschreibungen seiner Tanten fand er das Großelternhaus am Steilhang, links der Stall, rechts die große Küche, darüber winzige Kammern für die Eltern, ein Dutzend Geschwister. Das Haus stand zwar noch, doch die polnischen Siedler, die nach den Großeltern einziehen durften, hatten es gleichfalls verlassen. Norbert schoss mit seiner Kamera eine Reihe von Fotos. Den Film würde er, samt der Vergangenheit, die er in sich trug, reproduzieren lassen. Grau, wie das Dorf im Winter, im schmutzigen Schnee vor ihm lag, passte es bequem auf sechs mal neun Zentimeter.

Schwarzweiße Fotos. Silvester in der Baude

Am nächsten Tag überquerten sie die stählerne Boberbrücke, folgten der Straße zur Schule hinauf. In der Hausmeisterwohnung wartete die unbekannte Cousine. Viele der deutschen Siedler, Handwerker, Kleinbauern, Händler hatten die erste Zeit nach dem Krieg im Dorf noch selbst erlebt, erlitten und ausgehalten. 1946 wurden sie vertrieben. Man steckte sie in Viehwaggons, die Richtung Westen rollten. Norberts Cousine durfte bleiben. Sie war verheiratet mit einem Polen. Heute führte sie Norbert und Harald durch Dorf, zeigte Haus für Haus, die bis Ende des Krieges Norberts großer Familie gehörten. Er fotografierte weiter, nur sollte er keinesfalls auf eines der Grundstücke gehen. Bald füllte ein Dutzend Bauernhäuser, aus Stein oder Fachwerk, mit Lehm gebaut, füllten Zäune und Gärten voll Schnee Norberts Rollfilm der Filmfabrik AGFA WOLFEN. Er schickte die fertigen Fotos als Gegenwert für viele Päckchen aus Westdeutschland und Westberlin seinen vielen Verwandten. Als er ihre Antworten las, war er doch enttäuscht: Lass uns unsere Erinnerungen, die Wirklichkeit ist zu trist! Was du gesehen hast, ist für uns vergangen, vergessen, vorüber.

Norbert besprach sich mit Benno: Für uns beide gilt das nicht! Von hier kam unsere Mutter, von hier kommen also auch wir. Unser Erinnern beginnt erst wieder!

Als Silvester näher kam, versank auch die Turmsteinbaude über Nacht im Schneesturm. Harald und Norbert liefen durchs Dorf, die ‚halbe Meile' hinauf, fuhren im Bus in die Stadt. In Hirschberg, wo jede Straße nach Braunkohlefeuerung roch, bat sie ein polnischer Kunststudent zu seiner Silvesterparty. Also feierten sie schon am Nachmittag mit Tom und seinen Hirschberger Freunden. Der Student signierte für Norbert seine einzige Armstrong-Platte: For Benno from Tom.

Norbert war gerührt; woher kannte er Bennos Namen? Der drängte zum Aufbruch. Er wollte den Jahreswechsel in Boberröhrsdorf erleben!

Sie nahmen die Abkürzung durch den Wald, rutschten den vereisten Steilhang zum Bober-Ufer hinab. Sie liefen am Fluss entlang weiter, Harald hinter Norbert. Im Schnee, im Mondschein die Turmsteinbaude. Es war still wie im Traum. Sie standen wie verzaubert und lauschten; war nicht doch noch etwas zu hören? Irgendwo hier, in der Landschaft gab es ein Erinnern an Martha, die dreiunddreißig Jahre zuvor von Boberröhrsdorf aus aufbrach, um ihrer Schwester Hedwig nach Berlin, dem Maurergesellen Kurt jedoch in die Kalkdorfer Siedlung zu folgen. Dort traf, zwei Jahre nach Ende des Krieges endlich der Stammhalter ein, hieß Norbert und bekam als Erbe zwei verschollene Namen.

Die Silvesternacht wurde eiskalt. Die Turmsteinbaude, die Perła Zachodu schimmerte unter den Sternen. Im Haus war Silvesterparty. Sie tanzten mit fremden Frauen. Harald lachte viel und trank wenig. Norbert schluckte Wodka und küsste wild, ohne etwas von dem zu verstehen, was ihm alles geflüstert wurde. Norbert fühlte sich beinahe glücklich. Benno war in der Nähe. Sein Bruder im Geiste, vor allem Harald hielten ihn zurück, bevor er aus Glückshoffnung und Verzweiflung doch noch Unsinn machte ...

Krummhübel. Deutscher Gottesdienst

Am Neujahrsmorgen zwang Benno den Bruder, vom zinnenbewehrten Turm auf das Dorf zu schauen, in dem ihre Mutter Kind war. Norbert blickte die Bober flussaufwärts. Schäumend staute der Fluss sich am Wehr. Die Papierfabrik boberaufwärts spuckte ihre Abwässer aus; war nicht Ernst, der älteste Bruder der Mutter schon in den 1930er Jahren dorthin zur Arbeit gegangen?

Harald holte den Freund herunter, vom Turm und aus seinen Erinnerungen. Sie fuhren mit der Cousine, von der Silvesterparty verkatert, ins nahe Riesengebirge, nach Krummhübel, dem Wintersportort, der an die Schneekoppe grenzt. Viele Tannen, durch Braunkohlenmief geschwächt, waren in Stürmen zerbrochen. Selbst das Farnkraut litt unter den Schwermetallen aus den Großkraftwerken.

Sie besuchten einen der wenigen evangelischen Gottesdienste, bei dem Deutsch gesprochen wurde. Die Besucherinnen, alt und gebrechlich, freuten sich über Norbert und Harald, zwei junge Heimatfreunde. Ihnen erklärte man leise, wie schwer es sei, hier zu wohnen, wie wenig die Polen selbst sich in Schlesien wohl fühlen würden! Auch sie hatten ihre Heimat verloren, waren vom Russen vertrieben worden. Ihre Häuser lagen jenseits des Bug, heute Weißrussland oder Ukraine. Als Hitler in Polen einmarschierte, setzte Stalin sofort den Geheimpakt um, besetzte das Baltikum und Ostpolen. Die gefangenen polnischen Offiziere hat man gleich bei Katyn erschossen. Die Bauern konnten noch nützen, also schickte man sie nach Schlesien. Als es später die Lage erlaubte, trieb man die letzten Deutschen, die Schlesier zur Flucht …

Norbert lauschte und staunte, begriff nur mühsam. Seine Cousine Ursula beklagte sich bei ihm: Wir haben uns arrangiert, um in der Heimat zu bleiben. Wir durften sogar heiraten. Polenfreunde und Heimatverräter nennt man uns dafür im Westen. Unsere Kinder lernten Polnisch. Deutsch gesprochen wird erst im Gymnasium, im Fremdsprachenunterricht. Wir treffen uns hier monatlich, um einmal Deutsch zu beten, unsere Kirche hat andere Gebete, als die Katholiken. Und wir wissen, dass wir noch da sind. Aber auch wir werden älter!

Sie traten auf die Straße. Weihrauchduft lag in der Luft. Ringsum feierte das katholische Polen ein neues, ein sozialistisches Jahr. Die unsichtbare Kirche, im Siedlungshaus verborgen, war wieder ausgestorben, der Pfarrer weitergefahren.

Norberts Cousine fuhr sie zurück. Er setzte sich in die Turmsteinbaude und notierte einige neue, schwer verstandliche Verse von Benno. Er nannte sie Schlesischer Winter; der schien im Frost zu erstarren:

Im kargen Haus schreit allein die Tür
der Bauer mit Frau und Kindern zog aus
nur die Angst blieb hier

Sie hielt die Klinke dem Nächsten offen
der kam aus dem Osten ohne zu hoffen

er übernahm die tägliche Pflicht
das, was er suchte, fand er nicht

Nur Kinder und Frau, und Maria, und all der Jammer
und all die Not schrie hungernd im Stall
Herr Jesus, es war, es war einmal

Die Jungen verstehn nichts, die Alten sind taub
und über die Gräber aller Christen
verwehen zweisprachig sämtliche Flüche
weht gleichgütig gleich welkes Laub

Der Schnee aus den Bergen
das ist ein Frieden
wie er diesem und jenem nur selten beschieden
und in der Bober zerbricht das Eis

Unter den Frösten krampft jedes Herz
nur alte Geschichten machen noch heiß
nur Rübezahl steigt auf den Winterberg

Dort trifft der Pan den Herrgott
wer weiß schon, wer weiß ...

Kapitel 28
Künstlerkarrieren. Enttäuschte Brüder

Musik und Mädels

Als Jan Palachs blumengeschmückter Sarg die Stalinisten in Prag über die Maßen erschreckte, lag auch Greifswald im tiefen Schnee. Karlo kam trotzdem zu Norbert, in Zivil, was noch immer verboten war. Wegen der Mädels riskierte er es. An die scheiß Uniformen hängen sich immer die falschen Frauen! Er packte die Gitarre aus, nahm die Bluesharp, stellte sich mitten ins Zimmer und spielte gekonnt Barré. Mit Joan Baez begann er, und die Jungs fielen mit ein: We shall overcome ... der Refrain erfüllte den Flur in Heim III.

Durch die Fenster war Karlos Sound bis auf die Wiese zu hören. Bob Dylan kam Over the Road durch den Schnee. Bald füllte sich ihr Zimmer mit zwanzig, dreißig Leuten, darunter Mädels, die Karlo gefielen. Norbert, Dandy und Olaf machten sich also abends davon. Zu Brathering, Sülze und Bratkartoffeln liefen sie in die Bahnhofsmitropa: Später sind wir bei Zabback, zum Doppelkopf, lass dir also Zeit!

Karlo überzeugte die Mädels auf Norberts Bett davon, dass Matrosen richtige Kerle sind. Als die Jungs kamen, blieb er allerdings liegen. Die Mädels waren Spitze. Er drehte sich um und schnarchte.

Norbert schmerzte am Morgen der Rücken. Die Matratze, die er für solche Fälle unter dem Bett verbarg, war ein hartes Modell. Karlos Katzenjammer begann beim Frühstück. Er trank Kräutertee, hielt sich den Bauch: Kann nichts essen, Bruder, mein Magen ist kaputt. Vier volle Jahre Marine werd ich nicht überstehen, ich bin jetzt schon fertig. Ich schmeiße die Fledden hin! Sie müssen mich gehen lassen.

Olaf lästerte: Ohne Parteibuch wird das nichts mit der weiten Welt!

Das wussten die Schweine genau, als sie mich bequatschten!

Norbert widersprach: Du hast dich doch selbst gemeldet, große Pläne gemacht.

Du Arsch! Karlo schrie: Ich gehe meinen Weg. Ich zeichne, male, mache Musik. Ich fotografiere und schreibe, Alter; kann dir die Kunstmappe zeigen! Jetzt suchen wir erst mal Erhard.

Sie gingen. Dandy sah zu Olaf: Norbert hat seltsame Freunde.

Dabei wussten sie beide nichts von Norberts Bruder Benno; es war auch besser so.

Kellner Erhard

Viel Nassschnee war gefallen. Norbert lief mit Karlo über den Wall zum Marktplatz. Er erzählte ihm dabei begeistert von der Reise mit Harald nach Hirschberg.

Ich fahre im Sommer in die Beskiden, zu den Goralen, erklärte Karlo, mein Vater stammt aus der Gegend. Dort kann ich in Ruhe malen.

Sie stapften in die Hütte und suchten dort nach Erhard. Ihr Blutsbruder war in der Küche: Zutritt streng verboten!

Was kocht ihr denn, das keiner sehen darf? Erhard spinnt doch, wozu kellnert er hier?

Weil er Geld braucht und hier noch kostenlos säuft.

Bringt die Kirchenmusik nichts ein?

Er könnte sonntags orgeln, doch dann müsste er pünktlich beim Gottesdienst sein, kriegt er nicht mehr hin. Er spielt phantastisch, aber er zittert. Weiß nicht, ob ihn als Kantor später noch jemand in Dienst nimmt.

Erhard hatte fünf Tische, drei waren besetzt. Sie saßen an Tisch Vier. Norbert meinte, gekellnert habe ich auch schon. In den Dörfern, für die Bauernburschen schleppst du Biertrommeln durch den Saal; kommst du an, sind sie schon leer. Nach dem zehnten Bier überlegen die Pommern, was sie eigentlich trinken wollen. Dann geht's erst los mit den Schnäpsen: Ick seh di im Glase, und so. Und an Ende tricksen sie mit dem Geld, kann ich inzwischen auch. Irgendwie muss man ja leben. Mein Stipendium reicht eine Woche, dann bleiben die Mensamarken.

Erhard trug keinen Frack mehr, sondern den dunklen Anzug, den Kirchenmusiker brauchen. Den Schweißgeruch, Kellner schwitzen immer, verdeckte er mit Parfüm. Die Lockenhatte er pomadisiert. Seine Blutsbrüder küsste er auf den Mund. Dann lief er zur Höchstform auf. Er machte als erstes den Kratzfuß und spitzte seine barocken Lippen. Jetzt kam ein Spruch, den Greifswalder Kellner nie vorher von sich gaben: Was wünschen Sie, eine Kunstpause folgte, dass ich Ihnen bringe? Erhard wartete, wie die Herrschaften reagieren würden. Auf diese Weise durchschaute er sie und benahm sich danach. Keiner konnte ihm widerstehen, bis auf Freund Karlo, der knurrte: Heiße Luft und Angeberei!

Die pommerschen Gäste waren begeistert: Was für ein Charme; dazu die brillante Zunge! Reichlich Trinkgeld war Erhard sicher.

Nach einigen Stunden Arbeit jedoch war er stockbetrunken. Mit seinem Parfüm verflog auch sein Charme. Oft vergaß er, dass er der Kellner ist und provozierte die Leute. Aber der Wirt, der ihn kannte, rief von hinten dem einzigen Kellner zu: Feierabend für heute! So geschah es und Erhard gehorchte. Er starrte seine

Blutsbrüder an, etwas kläglich, ging hin und vergaß zu kassieren. Sie winkten ihm und verschwanden.

Tristesse. Saufen und singen

Der Rückweg zur Wiese fiel schwer. Karlo und Norbert schafften es nur bis ins Deutsche Haus. Sie bestellten zur Abwechslung Glühwein. Am Nebentisch sangen wie üblich die Medizinstudenten: ‚wütend wälzt sich einst im Bette Kurfürst Friedrich von der Pfalz, gegen alle Etikette brüllte er aus vollem Hals: Wie kam gestern ich ins Bett? Bin scheint's wieder voll gewest'!

Zwischen die lärmenden Mediziner stellte Hänschen zwanziger Trommeln Bier, wie auf den pommerschen Dörfern, bei den Bauernburschen. Überall kroch in den Wochen, die andernorts Karneval hießen, ranzige Fröhlichkeit durch das Land, ohne Witz, doch mit launischen Kommentaren auf das alltägliche Grau. Im Schneematsch und im flackernden Trübsinn der Straßenlaternen versanken die Sprüche, die jeder auswendig wusste: Frühling, Sommer, Herbst und Winter, die vier Feinde des Sozialismus waren unermüdlich am Werk. Aber sie lebten nun einmal hier, hinter bedrohlich bewachten Grenzen, ohne Aussicht auf Wandel. Karlo hasste das Leben an Bord. Norbert dagegen, er gab es zu, hatte sich eingerichtet, und er genoss die Studentenzeit ...

Der Kurfürst, die nächste Strophe: ‚Habt ein wenig schief geladen, grinst darauf der Kammermohr, selbst von Mainz, des Bischofs Gnaden kamen mir benebelt vor: war halt doch ein schönes Fest, alles wieder voll gewest'.

Karlo trank, wurde melancholisch: Noch eine Runde Glühwein!

Leider bestand keine Aussicht auf eine der wenigen Frauen, Studentinnen der Medizinerrunde. Deren Hüftschwung hatten die Kommilitonen anatomisch korrekt im Griff. Norbert akzeptierte die Konkurrenz und die Schlauheit höherer Semester. Karlo schwärmte von herben Schönheiten, stadtbekannte Stralsunder Frauen. Sie übertrumpften sich gegenseitig mit Glühwein und Argumenten, und sie priesen die selten gestillte Sehnsucht nach der Verdoppelung aller Erkenntnis zwischen zwei sanften Brüsten.

Karlo träumte von großen Reisen. Norbert schwärmte von langen Kneipentouren mit Kartenspiel, Schafskopf und Bierlachs, von früheren Ernteeinsätzen mit den Mädchen und Greifswalds Traktorlied. Der Nachbartisch intonierte: Nieder mit der Mauer, nieder mit der Mauer um den Hühnerstall! Denn sie kommt schon, sie kommt schon, die Revolution!

Auch hierbei sangen sie mit. Die Enge des Landes bedrückte sie. Dennoch war Norbert bereit, dieser altehrwürdigen Stadt seine Lebensträume anzuvertrauen. Hatte er eine Alternative?

Karlo fluchte und philosophierte streng logisch: Die ganze Welt ist die Alternative; wir kommen nur nicht hinein!

Zwei ungleiche Brüder

Norbert sah Karlo an, als sähe er ihn nach langer Zeit wieder zum ersten Mal. Karlo war ein Bär. Er war ein Fels in der Brandung. Vielleicht stand er sich selbst im Weg.

Hör zu, Karlo, ich akzeptiere die Stadt und die Fleischerwiese, nur nicht das System. Als ich hier einzog, ins Internat, war ich zur Hälfte noch Oberschüler, zur anderen Hälfte Student, naiv, vertrauensvoll, mittellos. Heute kann ich manches verzeihen. Hier haben meine härtesten, auch die schönsten, wildesten Jahre begonnen. Wo findest du das noch in diesem Staat? Unser Reden und Handeln muss überall der Einsicht in die Notwendigkeit untergeordnet werden!

Karlo schwieg. Wie sollte er einem Studenten die täglichen Qualen, Befehl und Gehorsam auf einem Torpedoschnellboot erklären! Norbert merkte nichts von der Verstimmung. Er fühlte sich überlegen, dozierte: Auch im Studentenalltag muss jede Freizügigkeit erstritten, jeder Übermut von uns verteidigt werden. Aber dabei entsteht der seltene Zustand, den wir Freiheit nennen, nicht als Möglichkeit, sondern als Realität!

Karlo trank weiter. Er sprach nicht mehr viel. Vielleicht war er auch nur neidisch: Ich weiß nicht, ob ich wiederkomme. Erhard ist Säufer geworden, du besäufst dich mit Theorien und phantasierst von Freiheit, die du gar nicht kennst! Ich kann so nicht leben, Alter!

Norbert nickte. Sie zahlten und standen auf. Was hatten sie noch gemeinsam?

Karlo schob Norbert grob aus der Tür: Falls es dich interessiert, ich muss weg von der Volksmarine. Ich bewerbe mich bei der Filmregie, oder ich male nur noch. Wenn ich nur raus käme aus dem scheiß Land!

Wolltest du nicht zum Bahnhof? Das ist die falsche Richtung!

Der Weg führte sie zum Eckhaus des Seifensieders und Lichtziehers Friedrich, Gustav Adolf, Vater des Malers. Beide erinnerten sich auf einmal an etwas Gemeinsames, ihre Liebe zur Malerei! Und hier, in einem Bürgerhaus, das allerdings nicht mehr stand, wurde 1774 Caspar David geboren! Frau Paetz hatte ihnen im Kunstunterricht die Romantik wie folgt erklärt: Die Dichtung entstand in Thüringen, die Musik im Rheinland, die romantische Malerei jedoch verdankt ihren Anfang dem einzigartigen Maler, der in Greifswald geboren wurde!

Caspar David

Die Winternacht war dunkel. Die Nikolaistraße führte zum Dom. Am Greifswalder Dom herrschte Schweigen. Karlo begann zu schwärmen. Benno ergänzte eifrig: Caspar David Friedrich und Philipp Otto Runge aus Wolgast, dazu Carl Gustav Carus, der Dresdner Arzt. Sie reisten gemeinsam nach Rügen, um zu wandern, zu zeichnen, am liebsten im Schnee, kahle Eichen und kahle Steine, den dunklen, wissenden Mönch am Meer, später Eldenas gotischen Bogen. Im Riesengebirge zeichnete Friedrich das Kreuz im Gebirge, im Nebel. Dieser Maler, Norbert war stolz darauf, heißt wie meine Mutter! Benno hielt dagegen: Friedrich wollte nur malen, was er im Dunkeln sah, das schwarze Licht, die romantische Sonne.

Karlo lebte auf: Ich werde auch wieder malen, im Sommer, in Polen, in den Beskiden. Bloß weg von dieser Truppe! Sie drückten sich an der finsteren Masse des riesigen Doms entlang, liefen über den Wall zum Bahnhof. Karlo musste im Morgengrauen an Bord sein: Nicht mehr lange, Alter, wirst sehen!

Auch Caspar David verließ die Stadt. Er studierte in Kopenhagen, lebte danach in Dresden, von wo er mehrmals nach Rügen reiste. In Greifswald kannten ihn wenige. Doch Prinz Friedrich Wilhelm von Preußen bewunderte seine Gemälde. Er verschaffte dem Maler 1810 die erste Ausstellung seines Lebens, im Schloss Charlottenburg. Auch Zar Nikolaus war begeistert, kaufte Bilder, milderte Friedrichs Not. Goethe kam erst zu Besuch, als der Mann einen Namen hatte. 1827 entdeckte Friedrich Eldenas Klosterruine, ein lohnendes Sujet. Doch als sein Freund und Kronprinz 1840 endlich König wurde, hatte der so genannte ‚Romantiker auf dem Thron' den romantischen Maler vergessen. Auch war es zu spät für die Reue. An diesem Tag war Caspar David bereits vier Wochen tot.

Karlos Zug pfiff bereits in der Ferne. Norbert trottete frierend nach Hause. Er sollte sich mehr und besser um Blutsbruder Erhard kümmern. Christina hatte ihn vor ihrem Fortgang dringend darum gebeten. Nach Hause traut er sich nicht ohne Abschluss. Sonst hat er keinen Menschen, wenn ich aus Greifswald weg bin! Ich auch nicht, dachte Norbert. In trunkenen Nächten wie dieser vermisste er Benno noch mehr. Seine unauslotbare Lebenssehnsucht hatte an Tiefe gewonnen, doch auch die Einsamkeit wuchs. Das sechste Semester war bald zu Ende, die Bachwoche stand vor der Tür. Erhard probte für seine Prüfungen oder kellnerte, soff sich frei. Was, wenn er wieder durchfiel? Wer sich in diesem Land in Genusssucht verlor, wer als Künstler oder als Spieler sein Leben aus der Hand gab, musste es verlieren, es gab keine Alternative. Professor Schwarz zeigte seinen Patienten immer wieder die Instrumente: Wer frei über sich bestimmen wollte, stieß an ideologische und sehr reale Grenzen. In diesem Land am Leben zu scheitern, wo ‚der Mensch im Mittelpunkt' stand, beleidigte das System! Das galt auch und ganz besonders für Greifswalds freie Studentenschaft. Die Uni bot ihnen Vieles, in Pappbaracken und Instituten, in Vorlesungen und Seminaren, Partnerschaften, feste Bindungen, Sicherheiten fürs Leben zählten nicht dazu. Es gab zwar einige Paare, die zusammen lebten. Aber eine Familie zu gründen, blieb den wenigsten vorbehalten. Daran war gar nicht zu denken!

Kapitel 29
Greifswalder Bachwoche. Balkanurlaub

Die Schweden kommen

Hans Pflugbeil gelang es 1969, die Capella Laudensis aus Lund in Schweden zur 23. Greifswalder Bachwoche einzuladen. Die Schwedenfähre, die jährlich Beyers Baumkuchen über die Ostsee brachte, hatte Musiker, Sänger und Sängerinnen über die Wellen geschaukelt. Jeder Greifswalder, der mit der Kirche vertraut war, durfte gastfreundlich sein. Hübsche Schwedinnen auszuführen, machte auch Erhard Freude. Wenn er dabei zu scheitern drohte, lag es nicht an den Frauen, auch nicht an seinen Talenten, sondern am Alkohol.

In den dicken und schlanken Kirchen der Stadt saßen auch schwedische Männer. Die reizenden, klugen Schülerinnen der Greifswalder Kirchenmusik wurden noch offenherziger und sensibler als sonst. Jedermann hörte gern zu, wenn sie musizierten, mit schlanken Fingern und schneller Zunge Instrumente und Stimmungen dirigierten, bald auch die Zuhörer selbst. Einen Schweden durch Klang und Fülle der Kirchenmusik zu verführen, diese Kunst lohnte sich immer. Jeder nette schwedische Mann war geeignet, eine Frau aus dem Land zu führen. Eine Heirat wäre die Chance fürs Leben, ab ging es in die Freiheit!

Chemiestudent Norbert hörte nur zu, aber auch er genoss die barocke Sprache Johann Sebastian Bachs, sein ‚Wohltemperiertes Klavier', das Solo-Clavicordspiel von Anneliese Pflugbeil. Am

5. Juni abends in der Jakobikirche begann es. Nach Bach folgten Eisler und Haydn. Norbert blätterte im Programmheft und fand Einleitungsworte von Ernst Moritz Arndt! Die Streitschrift des Dichters und Theologen, 250 Jahre alt, die Hans Pflugbeil vorangestellt hatte, bot für den, der sie las und verstand, immer noch Wahrheiten feil: ‚Weil sie die Herrlichkeit, welche in dem Natürlichen und Einfachen wohnt, nicht schauen und tragen können, tändeln und spielen sie mit den bunten und schillernden Kindern des Wahns und der Lüge und suchen in der Ferne ihr Heil [...] Einfalt und Kraft waren dahin. Sie verstanden weder die Tugend, noch die Sprache ihrer Väter, sie fühlten wenig mehr von der unmittelbaren Gewalt des Wortes, von der gläubigen und treuen Kindersprache, die in unseren alten Liedern spricht und klingt. Sie meinten, es besser zu machen und machten es arg'.

Es war ein Vorwort, das man, wie Luthers Thesen im Anhaltinischen Wittenberg, dem Rektor und dem Senat an die Tür nageln sollte!

Und die Stasi? Begriff davon gar nichts.

Musika contra Schwedenpunsch

Freitagabend, nach den Konzerten für Violine und Cembalo erklang im Dom die Bachkantate 208: ‚Was mir behagt, ist nur die muntre Jagd'. Sachsenfürst Christian wurde gelobt, der damals die Musiker gut bezahlte. Ein Hirtengott sang spöttische Verse: ‚Ich, der ich sonst ein Gott in diesen Feldern bin, ich lege meinen Schäferstab vor Christians Regierungs-Zepter hin! Weil der durchlauchte Pan das Land so glücklich machet, dass Wald und Feld und alles lebt und lachet!' Wer zwischen den Zeilen zu hören verstand, sah statt Sachsens Christian den frisch gekürten ‚Landesfürst Erich H.' und seinen Vasallen und Jäger Erich M. über die Bühne pirschen. So konnten sie über die Bach'sche Musik aus vollem Herzen lachen. Der Domchor Uppsala sang die Kantate, die Capella Laudensis spielte. Eifrige Studenten wie Norbert hätten Messen und Oratorien am Ende mitsingen können. Allerdings lenkten die Musikerinnen und die Chormädchen jeden ab, der selbst einmal Pan sein wollte. Norbert lernte in diesen träumerischen, unwiederholbaren Jahren nicht nur die Barockmusik lieben, auch die musikalischen Mädchen und die besondere Musik, die aus ihnen sprach. Doch am Ende des sechsten Semesters forderte auch das Labor sein Recht. Norberts Gruppe erzeugte inzwischen exotische Präparate, Salze der Nebengruppenmetalle mit niedriger Oxidationszahl. Sie dienten der Darstellung neuer metallorganischer Moleküle, als Ausgangsmaterial für Katalysatoren. Wenn dem Professor und den Assistenten dabei ein Treffer gelang, vermehrte sich der Ruhm ihres Instituts, konnten sie vielleicht ihr Bankkonto anschwellen sehen.

Als Norbert eines Abends nach dem Domkonzert und einigen Bieren einer Schwedin bei Muttchen Hackbarth erklärte, dass er vielleicht bald reich sein würde, hatte er Sprachschwierigkeiten. Gabi und Elisabeth vermehrten seine Verklemmtheit: Hast du sie etwa nach dem Rezept für Schwedenpunsch gefragt? Die Jauche trinkt alleine! Ihr haltet mich wohl für blöd! Ich erkläre der Frau soeben, dass man als Chemiker sauber arbeiten muss, um Verbindungen herzustellen. Per analys' bedeutet, reine Ausgangsstoffe!

Jungfräulich meinst du wohl, grinste Gabi, und gab der Schwedin ein Zeichen, das eindeutig war. Beide lachten, Elisabeth schloss sich an. Die Frauen begannen zu singen, eine passende Strophe des Steiger-Liedes: ‚Wir Jungfrauen sein kreuzbrave Leut, denn wir haben straffe Brüste und vermehren die Gelüste, und saufen's auch'.

Wieder Gabi: Jetzt musst du uns aber spendieren, Norbert! Und Norbert lief eilig zum Tresen.

Weinen, Jauchzen, Lieben

Erhard stand vor ihm: Ich trinke mit, die Mädels waren nur schneller. Wir haben heute ewig geprobt. Du weißt ja, meine Prüfung! Warst du zum Festgottesdienst, hast du die Bach-Kantate gehört: ‚Ich hatte viel Bekümmernis', Nr. 21?

Erhard setzte sich ans Klavier, schon sang er: Was betrübst du dich, meine Seele, und bist so unruhig in mir? Harre auf Gott. Denn ich werde ihm noch danken, dass er meines Angesichtes Hilfe und mein Gott ist.

Muttchen Hackbarth hob ihren Kopf, als Erhard zu singen begann. Heute klang es besonders traurig. Manche Studenten lachten. Kirchenmusiker hörte man hier fast jeden Abend trällern. Dieser Erhard nervte besonders. Der Wolgaster, ein Meter achtundsiebzig, spielte gekonnt mit der Stimme, aber oft zu laut. Er hob seine Knochenmannwangen und blickte aus dunkeln Augen umher. Er sang wie Wolf Reinhold, Tenor, Bachs innige Musik:

> Komm, mein Jesus und erquicke und errett'
> mit deinem Blicke
> diese Seele, die soll sterben
> und nicht leben
> und in ihrer Unglückshöhle ganz verderben.

Erhard verlängerte die Kadenz, hob den Kopf, ein Kokon voll versponnener Gedanken, und erklärte den Mädels: Jetzt singt Jesus, danach der Chor, und ihr beide macht mit! Er schlug in die Tasten, als hätte er eine Orgel vor sich, und brüllte in den Saal:

> Ja, ich komme und erquicke dich mit meinem Gnadenblicke!

Deine Seele, die soll leben und nicht sterben!
Hier, aus dieser Wundenhöhle sollst du erben ...
Heil, sangen die Mädchen, und weiter: Durch diesen Saft der Reben.
Nein, ach nein, du bist erkoren! Ja, ach ja, ich liebe dich!
Entweichet, ihr Sorgen, vergehn wirst du, Schmerze!
Ja, ich komme und erquicke dich mit meinem Gnadenblicke.

Wieder eine Kadenz. Sie rauschte durch Norberts Ohren. Er sah die Hütte vor sich, wo Erhard die Mädels mit Spinnenfingern im Schleppnetz gefangen nahm. Die Schwedin winkte ihn näher heran, stellte sich dicht neben ihn.

Erhard öffnete seinen Mund, und sie sangen:

Was helfen uns die schweren Sorgen, was hilft uns unser Weh und Ach,
was hilft es, dass wir alle Morgen beseufzen unser Ungemach?
Wir machen unser Kreuz und Leid nur größer durch die Traurigkeit [...]
Erfreue dich, Seele, erfreue dich, Herze,
entweiche nun Kummer, verschwinde, du Schmerze!
Verwandle dich, Weinen, in lauteren Wein,
es wird nun mein Ächzen ein Jauchzen nur sein!

Die Augen der Frauen glänzten, ihre Brüste hüpften. Ihre Zungen schnellten hervor und verschlangen den drahtigen Kerl mit seinen blonden Haaren. Sie schmiegten sich auch an Norbert. Er lernte in dieser Nacht mehrmals die kühle und heiße, die schwedische Art zu lieben.

Budapest. Pannonia-Express

Endlich Semesterferien, diesmal ohne Studentensommer. Norbert und Christof waren nun schon zum dritten Mal unterwegs. Sie quetschten sich in Berlin in den Nachtzug, ins Abteil einer Großfamilie, ungarisch, kinderreich, temperamentvoll. Zwischen zwei Schrankkoffern eingekeilt, saßen die beiden acht Stunden lang ohne umzufallen. Früh am Morgen erreichten sie Budapest, saßen am Hauptbahnhof ohne Anschluss. Es war Hochsommer, ihnen fehlte der Schlaf und Platzkarten für den Pannonia-Express in Richtung Sofia. Auf der schattigen Margareteninsel schliefen sie fast bis zum Abend. Aber sie wollten weiter, wenigstens bis Bulgarien. Dort war ihre Welt zu Ende. Bis nach Griechenland, in die Türkei reichten ihre Papiere nicht aus. Kein Pass, also keine Passage.

Selbst eine Fahrt im Pannonia-Express ohne Platzkarten war kaum möglich; es gab aber keine mehr! Sie trösteten sich mit Budapest: Fischer-Bastei, Elisabeth-Brücke, hoch oben, über der Donau der Mönch. Sie genossen die quirlige Stadt, doch sie sehnten sich in die Ferne! Noch war es nicht zu spät. Sie hatten sich entschlossen, ihren Express zu besteigen. Es gab dort genügend Platz. Sie teilten sich ein Abteil mit zwei anderen deutschen Studenten. Platzkarten hatte keiner. Der Zug fuhr in den Abend. Durch die Puszta ging es nach Szeged. Ihr Blick aus dem Fenster verlor sich bald in Monotonie. Die Bahnstrecke über Belgrad nach Sofia wäre kürzer gewesen, für Ostdeutsche aber gesperrt. Präsident Tito war unzuverlässig, Jugoslawien hatte die Westgrenzen offen. Nur auf Rumänien war Verlass. Erich Honeckers Freund, Nicolae Ceausescu sorgte für Disziplin.

Nach Szeged erst kam der Schaffner. Ihre Fahrkarten fand er in Ordnung. Platzkarten fand er nicht. Er begriff die Situation. Die

Fahrkarten nahm er mit, seine Drohungen kamen später, kurz vor der rumänischen Grenze: Aussteigen, alle Vier! Die Geste war unmissverständlich. Sie verhandelten: Nur noch bis Braşov! Der Schaffner schob die Billetts in die Tasche, und er war verschwunden. Ungarn lag hinter ihnen. Wusste jemand, wie weit es noch war?

Rumänien ist groß. Erst kam Siebenbürgen mit Braşov. Um Bukarest zu erreichen, mussten sie über die Waldkarpaten. Später ging es über die Brücke der Freundschaft nach Russe in Bulgarien. Dann fehlten bis Sofia immer noch 300 Kilometer!

Kaum passierten sie die rumänische Grenze, passierte Unglaubhaftes: Als seien sie allein im Zug, kam sofort der rumänische Schaffner und wollte die Fahrkarten sehen. Die aber hatte der Ungar, sein Kollege bereits kassiert! Als ob der Mann das nicht wüsste. Sein Spiel war leicht durchschaubar, aber das änderte nichts.

Vier messerscharfe Billetts

Keine Fahrkarten, keine Platzkarten? Ich hole die Polizei! Der Rumäne verzog das Gesicht und kratzte sich mürrisch die Stoppeln am Kinn. Auch die Studenten kratzten sich, zwei Bartträger, zwei Rasierte. Ruhig Jungs, keine Panik! Der nächste Halt ist erst in Braşov, wir haben noch Stunden Zeit! Ihre Lage war dennoch schwierig. Selbst wenn sie bis Braşov kamen, mussten sie sich dort neue Fahrkarten kaufen! Erst einmal wurde es Nacht. Sie rollten sechshundert Kilometer, ein kostbarer Streckengewinn. Nachts hielten sie in Braşov. Niemand kam, sie hinauszuwerfen. Gegen Morgen stiegen die Berge höher und ihr Problem wuchs stündlich. Der Schaffner kam wieder, war unrasiert und sah sie mürrisch an. Er redete lange und unverständlich, Informationsgehalt Null. Norbert murmelte Christof ins Ohr: Das ist eine jener Begegnungen der balkanesischen Art! Aber als sie aufhörten hinzuhören, begannen sie zu verstehen: der Alte kratzt sich ständig am Kinn!

Einer der vier holte seine Kulturtasche aus dem Rucksack, so etwas gab es damals, und fand ein Päckchen Klingen, Marke ERFA, made in GDR. Der Blick des Schaffners blieb unvergesslich. Er sah die Klingen und faltete das Gesicht zur Grimasse, litt Schmerzen und lief hinaus, als sei er auf der Flucht: Diese Gauner wollen mich töten!

Die Landschaft nahm sie gefangen, die hohen, verwilderten Waldkarpaten. Vom Morgen bis zum Abend überquerte der Zug das Gebirge, verlor sich in wuchtigen Tannenwäldern, kurvte durch schroffe Felsen. Die Donauebene war noch fern, nur der geifernde Schaffner blieb nahe. Zwei Stationen vor Bukarest kam er noch einmal zurück, schrie wieder nach Polizei! Einen Trumpf hatten sie noch. Es fiel nicht leicht, ihn auszuspielen. Endlich kramte Norbert vier WILKINSON-Klingen aus den Tiefen des Rucksacks hervor. Sie lagen auf seiner Hand. Er zählte bis vier, dann zeigte er auf seine Kommilitonen und sich. Es wurde hell im Abteil. Nur die Morgensonne leuchtete stärker, als das strahlende Auge des Schaffners. Er griff entschlossen zu. Kein weiteres böses Wort fiel. Jeder bekam einen Handschlag zum Abschied. Wieder hatten sie etwas gelernt: Auf dem Balkan gilt jede Währung, die den ständigen Mangel bekämpft. Christof spekulierte: Wenn achthundert Bahnkilometer eine WILKINSON-Klinge kosten, vielleicht bringt uns mein Elektrorasierer, Marke BROWN-SIXTANT doch noch bis Istanbul! Die Stadt am Bosporus war ihre Sehnsucht. Sie würde es lange bleiben.

Erst einmal Bukarest, Zwangsaufenthalt. Fahrkarten kaufen, Hotel bezahlen. In Norberts Tagebuch kam der Satz: Kein Fleisch, aber viele Plakate.

Kapitel 30
Ein Sommersemester Bulgarien

Russe, Sofia, Rila-Kloster

Tags darauf überquerte ihr Zug den mächtigen Donaustrom. Sie stiegen in Russe aus und wurden bereits erwartet. Eine Kommilitonin von Christof erklärte ihnen die Industriestadt. Kein Wort davon, dass in Russe Elias Canetti geboren wurde. Seine Familie, aus Spanien geflüchtet, hatte hier Heimat gefunden. Er selbst zog bald mit der Mutter nach Wien. Dort und in Berlin studierte er später Chemie. Canetti ist nicht bekannt? Kein sozialistischer Dichter. Die Bulgarin studierte Maschinenbau; was scherte sie die Literatur! Sie winkten ihren Dank aus dem Zug. Bald passierten sie eines der Sehnsuchtsziele deutscher Bulgarien-Touristen, das Rosental im Balkangebirge. Zwei Exportartikel des Landes waren Rosenöl und Kadarka. Das Öl ließ Norbert gelten. Den Wein würde er, anderthalb Jahre später zur Feier eines Tages trinken, von dem er noch nicht einmal träumte. Zwanzig Jahre später jedoch würde er den Kadarka nur Zuckerwasser nennen, in einem anderen Land, zu einer anderen Zeit.

In Sofia, Hauptstadt der Volksrepublik, fanden sie eine billige, wie sich zeigte, verwanzte Pension. Die Tiere fielen im Dunkeln über die Betten her. Die beiden waren chancenlos.

Kein Grund, knurrte Christof später, die heimischen Wanzen von jetzt an für harmlos zu halten. Norbert zählte die Bisse, dann schlug er vor, den einzigen Tag in Sofia der Orthodoxie zu widmen; länger würden sie hier nicht bleiben.

Sie betraten den halbdunklen Hauptraum einer weithin sichtbaren Kirche. In den Nischen knieten einige Frauen, sie schienen innig zu beten. Andere spendeten ihrem Heiligen, seinem goldenen Bild eine Kerze.

Die Glocken der gewaltigen Wassili-Kathedrale begannen klangvoll zu dröhnen. Christof und Norbert verhielten und lauschten, als der Gottesdienst in dieser, zu Ehren der Sowjetunion errichteten Kirche begann; ein seltsames Geschenk an den kommunistischen Staat, in dem die Religionsausübung gesetzlich verboten war! Fast drei Stunden lang lauschten sie den Gesängen und bewunderten mit den Gläubigen die prächtige Ikonostase. Umfallen konnten sie nicht. Sie wurden gewiegt und getragen vom Singsang der eifrig schwitzenden und nach Schafskäse duftenden Menge.

Das mühsamste an der Orthodoxie, meinte Christof, als sie die Kirche verließen, dass einem die Füße schmerzen. Jeden Sonntag drei Stunden stehen, dazu die Fastentage!

So kommt die Religion der Mangelwirtschaft entgegen, gab Norbert erschöpft zu bedenken. Hast du die Armut bemerkt?

Sie fuhren per Autostopp weiter, hinauf ins Pirin-Gebirge, bis zum Rila-Kloster. Hier lebten, so schien es den beiden, die allerletzten Mönche im Lager des Sozialismus. Sie bekamen Schlafplätze in einem Zelt und wanderten in der Sonne mit dem Rila-Bach wieder talwärts. Später ging es talaufwärts zurück, bis ein donnernder Baumstamm, den niemand sah, vor ihnen den Steilhang herab fuhr. Norbert, der voranging, wäre fast von ihm erschlagen worden. Er griff entschlossen die Ausweispapiere, die er um den Hals trug, streckte sie über den Kopf und brachte sich dadurch in Sicherheit, dass er den eisigen Rila-Bach auf wackligen Steinen durchquerte. Christof weigerte sich, ihm zu folgen. Er blieb am Ufer und schimpfte: Wenn du die Papiere ersaufen lässt, sind wir aufgeschmissen!

Sie trafen sich erst auf dem Zeltplatz wieder. Im Weinzelt saß Christof gemütlich mit zwei Belgiern und trank. Der Rotwein floss literweise. Sein Preis war für Westtouristen wirklich nicht ernst zu nehmen. Norbert setzte sich stumm dazu. Ein Flame und ein Wallone erklärten den beiden den Sprachenstreit, auf Deutsch, dann wechselweise in den zwei Landessprachen. Sie brauchten nichts zu zahlen, dafür sollten sie trinken und trinken. Bald spielten die drei Zigeuner, der Alte mit dem Bass, der Junge mit der Fiedel, das Mädchen mit dem Tamburin nur noch für die vier.

Plovdiv. Die Einsamkeit der Rhodopen

Norbert und Christof versöhnten sich bei der Katzenwäsche im eiskalten Bach. Es folgte die Schaukelfahrt mit dem Linienbus, ins Tal hinab, zu den Römern. Bevor Christof vom Rotwein schlecht werden konnte, verließen sie den Bus. Sie trampten weiter nach Plovdiv und waren im sonnigen Süden. In den Gassen hingen die Reben. Pfirsiche, Aprikosen waren reif und billig. Sie kletterten durch die Ausgrabungen römischer Tempelanlagen; eine Stadt wie in der Toskana, nur konnten sie das nicht wissen. Wo würden sie heute schlafen? Christof lachte und winkte ab. Auch im alten Plovdiv lebten Studienfreunde von ihm. Sie frugen, die Karte der Gegend und einen Zettel in ihrer Hand, sich zur Adresse durch. Ein bulgarischer Millowitsch strahlte sie an und lud sie ein zu bleiben. Dann bekochte er sie drei Tage lang mit Paprika, Trauben in Honig und Peperonisalat. Die winzigen weißen Körner in Öl ätzten den Jungs den Rachen rot, doch Tomaten über Tomaten milderten den Schmerz.

Sie begeisterten sich an der Urvernunft des Gemüsezüchters: Im Trockenklo wurde Papier in einem Drahtkorb gesammelt, nur den reinen Dünger schöpfte er in die Rillen der üppigen Stauden. Und die Tomaten schmeckten!

Später zog es sie in die Rhodopen. Sie wollten Griechenland schauen! Diesmal trampten sie mit einem LKW, der Ziegelsteine zum Staudammbau ins Gebirge fuhr. Er zog einen schweren Hänger. Der Vierzig-Tonner quälte sich über Passstraßen ohne Randbegrenzung, es gab nur wenige Ausweichstellen. Norbert hockte über der Kurbelwelle, aber Christof saß an der Tür. Er wurde bleich und flüsterte: Ich sehe die Straße nicht mehr! Sein Blick fiel senkrecht hinab ins Nichts! Tief unten blitzte Wasser. Sie sahen sich an, sie beteten, schwiegen …

Die Romantik des Balkan war lebensgefährlich. Ob die Zigeuner von Smoljan, sie trafen sie weiter unten, mit Melonen auf ihrem Eselskarren, ein Gefühl dafür hatten, wie schön es hier war? Sie sind bettelarm, doch für sie ist die Lebensgefahr alltäglich, die Schönheit ein Luxusgefühl.

Vergebliche Blicke nach Griechenland

In zweitausend Meter Höhe wanderten Norbert und Christof am Nachmittag über Blumenwiesen, trafen auf Schafherden, Riesenlorbeer, geduckte Pinienhaine. Die Adler kreisten beruhigend langsam über dem Grenzgebirge. Hinter dem Goljam Perelik, dem höchsten Berg auf dem Kamm, musste Griechenland liegen! Sie fanden eine Klamm und sahen gebannt nach Süden. Lose Felsengruppen fielen in flachen Wellen weit hinunter zur Thrakischen Ebene. Alles Wasser, das dort herabfloss, mündete in die Ägäis!

Christof knurrte: Alles nur Geografie!

Sie saßen im Gras, hatten Brot und Käse, dazu Wasser aus einer Quelle. Norbert träumte: Dort oben geht's weiter nach Süden …

Christof sprang auf: Natürlich geht's weiter. Es geht weiter und weiter, die Welt ist rund, wir vergessen das ab und zu!

Norbert stand ebenfalls auf. Er schrie, sang und wartete auf das Echo. Hier oben gab es kein Echo. Hier oben gab es nur Grenzsoldaten, die schießen würden, wenn man der Grenze zu nahe kam; Schleichwege kannten sie nicht.

Sie setzten sich wieder, beruhigten sich. Norbert schloss die Augen und hörte Benno reden; in ihm kreisten Sehnsuchtstexte. Er dachte an Caspar David, die Einsamkeit des Malers beim Anblick der Natur. Er hatte ähnlich empfunden: ‚Ich muss allein bleiben und wissen, dass ich allein bin, um die Natur zu schauen und zu fühlen'.

In Norberts Tagebuch fanden sich später weitere Zeilen des Malers: ‚Ich muss mich dem hingeben, was mich umgibt, mich vereinigen mit meinen Wolken und Felsen, um das zu sein, was ich bin'.

Varna und Nessebar. Fluchttraum

Langsam traten die beiden den Rückweg an. Spürst du den Fallwind? Bald kommt ein Gewitter. Da waren sie schon im Tal. Sie fuhren per Bus bis Varna. Das Schwarze Meer war das blaueste, das sie jemals gesehen hatten. Sie kamen ins Dörfchen Albena. Von hier stammte, wie sie begriffen, der Name ihrer Sonnencreme. Sonst war nicht viel los. Das sollte sich erst in zehn Jahren ändern, als auch im sozialistischen Lager der Massentourismus begann. Noch wohnten sie preiswert im Holzbungalow, zwanzig Meter nur bis zum Strand. Sie lagen am Meer und naschten von den Weinstöcken neben ihnen, pflückten die blauesten Trauben, die sie jemals sahen. Sie gingen baden und Christof trug über seiner Nase eine weiße Plastikkappe gegen den Sonnenbrand. Sie waren einsam, am Ende der Welt. Norbert summte das Lied vom Traktor. Es halb nicht gegen die Ohnmacht, sich beim Anblick der offenen See eingesperrt zu fühlen. Doch sie fuhren mit der Raketa, dem Tragflächenboot die Küste entlang bis Alt Nessebar, zur Pirateninsel. Dort bot man den wenigen Ost-, lieber den zahlreichen Westtouristen teure Nippes an. Norbert kaufte sich eine fadendünne Kette aus Muschelperlen: Eines Tages treffe ich ein Mädchen, dem sie gefallen wird! Und jetzt – fahren wir weiter bis Sosopol!

Sinnloser Dialog

Christof genügte es nicht, dicht vor der türkischen Grenze freiwillig Schluss zu machen: Wir nehmen das Schiff, das über Nacht bis Istanbul fährt. Ein Ticket kostet nur achtundsechzig Deutschmark, die sammeln wir am Strand ein! Er blickte Norbert fast flehend an: Wollen wir es versuchen?

Norbert bekam plötzlich Angst: Die schnappen uns doch mit den Ostausweisen! Christof gab nicht auf: Wenn es klappt, sind wir Morgen in der Türkei! Wir gehen zur deutschen Botschaft, lassen uns Geld geben, fliegen los. In Hannover wohnt meine Tante!

Lieber nach Westberlin. Das ist zu dicht an zu Hause. Meine Mutter hält das nicht aus.

Das Problem habe ich nicht. Meine Tante wohnt in Reinickendorf, meine Cousine auch.

Deinen Vater lässt du im Osten sitzen?

Das geht dir doch genau so!

Diese verfluchte Grenze!

Verdammter Kommunismus!

Sei lieber bisschen leiser! Christof wurde nervös. Sie suchten sich in Nessebar irgendeine Bar. Sie tranken Bier, es war viel zu heiß.

Abends lagen sie in ihrem Holzverschlag und taten sich selber leid: Höchstens noch zwei Tage, dann fahren wir nach Hause; Adieus, wilder Balkan, wir pfeifen auf die Freiheit!

Ernüchternde Schlussnotiz

Sie fuhren dieselbe Strecke zurück. In Budapest ließ sich Norbert auf der Straße fast einen Ring andrehen. Das Gold war natürlich falsch, doch Christof passte auf. Christof war ein Freund. Es war ihre letzte gemeinsame Reise. Sie trennten sich wie immer am Zielbahnhof in Berlin, jeder reiste in seine Provinz.

Die Welt aber hatte sich weiter gedreht. Während die Studentenbewegung in Westeuropa noch immer dabei war, die selbstzufriedene Gesellschaft bedenklich ins Wanken zu bringen und die Proteste gegen den Vietnamkrieg tausende auf die Straßen brachten, hatte in den USA die Hippiezeit begonnen. In Greifswald rauchte man bestenfalls Gras. Norbert bekam auch davon nichts mit. Als Chemiker lernte er, dass viele Stoffe viel zu giftig sind, um sie sich einzuverleiben. Im Grunde jedoch hatte er sich längst auf ein Leben mit Alkohol eingerichtet; Chemiker trinken Bier und destillieren Schnaps!

Auch das war nicht die ganze Wahrheit. Bennos Tagebuch, das Bruder Norbert in Greifswald weiterführte, steckte voll Kneipen- und Liebesgeschichten. Es erzählte von Feten im Studienhaus in der Lutherstraße, den Matratzenfeiern der Theologen und weiteren Heimlichkeiten, die meisten völlig harmlos. Nur ein Zehntel davon passt in dieses Buch. Vieles davon musste draußen bleiben, aus Nachsicht, Selbstschutz, Fairness. Und wer sich wider Erwarten doch darin wiedererkennen sollte, der zahlt die nächste Runde!

Kapitel 31
Dritte Hochschulreform. Überraschungsbesuch

Der Herbst riecht nach Erdöl

Norbert studierte im siebenten Semester. Sie vertieften die Spektroskopie, lernten Elektrochemie, später Feststoffchemie und Thermodynamik, Schrödingers magische Gleichungen. Chemie und Physik griffen ineinander, die Messgeräte, die Mathematik wurden noch komplizierter.

Schlimmer als die Anforderungen an ihr Studium traf sie das ‚Gesetz über die 3. Hochschulreform zum wissenschaftlichen Aufbau und Ausbau des Sozialismus', das 1969 von der Volkskammer einstimmig beschlossen und eilig umgesetzt wurde. Seitdem gab es für jede Uni im Land einen industriellen Partner; zudem erfand man ‚Großforschungszentren', stampfte sie aus dem Boden, setzte sie auf die grüne Wiese und hoffte auf wissenschaftlichen Fortschritt im Raketentempo. Greifswalds Uni wurde so ungefragt mit dem PCK Schwedt liiert, aus geographischen Gründen. Große Auswahl gab es im Ostseeraum nicht. Die Herren Professoren würden sich schon an das schwefelreiche Erdöl aus der Sowjetunion gewöhnen. Das Zeug sei preiswert, hieß es, ein Freundschaftspreis, wenn man die Arbeitskräfte und das Material für die Sozialistische Hilfe' beim Bau der Erdölleitung ‚Freundschaft' nicht in Rechnung stellte. Schon 1973 jedoch, nach der Ölkrise war das vorbei, das Bruderland forderte plötzlich Devisen. Denn die Tausende von Kilometern nahtloser Leitungsrohre produzierte nur der Mannesman-Konzern.

Erst einmal floss das Öl reichlich, und es war aromatenreich, was den Duft des ‚Russenbenzins' erklärte, sein hoher Gehalt an Benzol, ein giftiges, wertvolles Ausgangsprodukt für chemische Synthesen. Mehr wussten die Professoren auch nicht. Jahrzehntelang hatten sie sich mit Heterozyklenchemie befasst, wissenschaftlich erfolgreich. Nun dachte man wenig begeistert über Erdöl nach, ein dreckiges, stinkendes Stoffgemisch, unwürdig eines Greifswalder Chemikers. In Beyers Lehrbuch standen zum Erdöl ein paar magere Zeilen. Erdöl, das war Proletenchemie! Professoren und ältere Studenten waren sich darin einig. Die Partei aber band die Greifswalder Uni an das Petrolchemische Kombinat im nahen Schwedt an der Oder, eine Zwangsheirat, eine Affenschande! Und das war erst der Anfang der wissenschaftlich-politischen Revolution in der DDR; diese Schande ging noch viel tiefer …

Die altehrwürdigen Institute der Universitas Gryphiswaldensis wurden aufgelöst und nach sowjetischem Vorbild in ‚Sektionen' organisiert. Man besetzte die Lehrstühle neu, mit hörigen Professoren. Sektionschef in der Chemie wurde Professor Haberland aus Leuna-Merseburg. Dieses Chemiedreieck war der größte und seit langem anrüchigste, aber historisch gewachsene Chemiestandort des Ostens. Die älteren Semester, sie hielten auf Traditionen, gingen ganz bewusst in das stinkende und verdreckte, heruntergekommene Kombinat.

Norberts Studienjahr aber wurde als erstes dazu bestimmt, im achten Semester, im kommenden Frühjahr nach Schwedt an der Oder zu reisen, zum Praktikum in der modernen petrolchemischen Industrie!

Wozu ein Industriepraktikum, fragte sich nicht nur Norbert. Das Chemiewerk, in dem er arbeiten würde, sein Vorvertrag lag auf dem Tisch, stellte für technische Weiterentwicklungen Chemieingenieure ein!

Olaf war Realist: Du sollst dich selbst bewähren, in der Chemieindustrie; dort kommen wir fast alle hin. Oder schaffst du es noch zur Akademie, in die Forschung? Der Zug ist abgefahren. Und deine Fabrik wird kaum sauberer sein als Leuna-Merseburg.

Es war, wie Olaf sagte. Norbert dachte ungern daran, dass sie ihn in der Akademie, bei einem Vorgespräch fragten, welche gesellschaftliche Arbeit er am liebsten täte. Norbert hatte sich später in Erkner, bei der Polymerenforschung erst gar nicht wieder gemeldet. Lieber ging er in Kalkdorfs Chemiewerk!

Soweit war die Sache noch nicht. Noch paukten sie am Anfang des siebenten Semesters für ein wenig geliebtes Fach. Professor Pyhl betreute in Greifswald die technische Chemie. Das Modellieren der Apparate, die Umsetzung der Reaktionsabläufe vom Labormaßstab in die industrielle Praxis, das Berechnen der Dimensionierung lernte Norbert bald hassen. Doch er liebte, es war ein kurzer Flirt, die Tochter des Professors. Dieses sanfte, etwas zu lange Mädchen, scheu wie Norbert, hatte ihn fasziniert. Doch nach den ersten Zärtlichkeiten und Küssen unter der Haustür vergaß er sie über den Büchern! Das war ihm noch nie passiert! Vielleicht wartete er auf jemand, der am Greifswalder Horizont noch gar nicht erschienen war ...

Melancholie und Berechnung

Norbert blickte hinaus, stellte fest, die rotbunten Birkenblätter im feuchten pommerschen Herbst erzeugten bereits Oktoberstimmung, bittersüß, melancholisch. Er geriet ins Träumen ...

Im letzten Jahr ging es ihm schlecht. Miriam, gab er zu, war daran nicht schuld! Aber durch sie verpasste er die einmalige Chance, beim Chemikerball, auf der Bühne zu glänzen. Dieses peinliche Doppelversagen, bei Miriam und auf dem Ball, hätte er zu gern der FDJ angelastet. Aber das war Blödsinn. Er selbst war an allem schuld, und er schwor sich, wenigstens sein Studium sauber zu Ende zu bringen. In einem Jahr folgten die Abschlussprüfungen; dann fehlte die Diplomarbeit. Wer es ins vierte Studienjahr schaffte, der nahm auch diese Hürde. Nur Forschungsstudenten blieben noch länger. Sie drückten sich als Assistenten im Institut herum, bis zu ihrer Dissertation. Doch das betraf nur die Beststudenten, gesellschaftlich engagierte Kader, auf die Verlass sein würde. In Heim III. Zimmer 23 gehörte niemand dazu. Olaf fehlte einfach die Lust, Dandy fühlte sich überfordert und Norbert kam nicht in Frage. Sie würden also zu dritt noch zweimal diesen Herbst und zwei nasse Winter erleben. Hinzu kamen zwei Chemikerbälle, gefolgt von zweimal Frühling, wenn möglich bitte mit dazu passenden Gefühlen!

Im Sommer 1971 würden sie ihr Diplom erhalten, hatten gute berufliche Chancen und mit großer Wahrscheinlichkeit, für sozialistische Arbeitsverhältnisse auch ein gutes Gehalt.

Norbert sah noch immer hinaus. In Gedanken erblickte er vor sich schon die Massen von Jungstudenten, die ihnen folgen würden. Mit dem kommenden Erstsemester würde die kleinste Uni des Landes fast vor Studenten bersten. Doch das Politbüro war entschlossen, die nächste Generation der Erbauer des Sozialismus mindestens zu einem Drittel zu Hochschulkadern zu machen. So konnte man nicht nur junge, erfolgreiche Wissenschaftler für den ökonomischen Klassenkampf in genügender Zahl produzieren, man hatte die Intelligenz des Landes, deren Widerspruchsgeist nie verstummte, auch viel länger im Griff, besonders beim bewährten Studium des Marxismus-Leninismus, ein Pflichtfach für alle Studenten.

Es würden sehr viele sein. Sie taten Norbert leid. Wer im Herbst 1969 oder später sein Studium begann, sollte bereits nach acht Semestern sein Diplom erhalten; es war ein Turbodiplom! Norbert, Olaf und Dandy gratulierten sich gegenseitig, als sie davon hörten und soffen Abende lang bei Zabback. Sie hatten noch Zeit gehabt zu studieren, sie durften immerhin ganze fünf Jahre bleiben!

Ullas Besuch

Norbert setzte sich wieder und griff nach dem Buch. So einfach war das auch nicht! Sie lernten in den fünf Jahren unheimlich viele Stoffschweinereien, wie sie es gern nannten. Heute paukten die drei zum Beispiel ohne viel Lust die Entwicklungsgeschichte der deutschen Kunststoffchemie.

Die ersten Chemieprodukte waren Polykondensate aus Phenolen und Formaldehyd, also Kohlenstoffringe, zu Ketten verbunden, amorph und zäh wie Honig. Mit Ziegelmehl oder Ruß gehärtet, kamen sie als ‚Bakelit' schon Anfang des 20. Jahrhunderts in Deutschland auf den Markt. Es folgten Erläuterungen, die Dandy ihnen laut vorlas: ‚Zur Präparation des Endprodukts müssen alle Stufen bekannt sein, die Prozessbedingungen stimmen. Im Kochbuch jedes Chemikers stehen Grundstoffe, Konzentrationen, die benötigten Temperaturen, der einzustellende Säuregrad, die geforderte Reaktionszeit. Jede Synthese muss berechenbar, jeder Schritt wiederholbar sein. Dennoch folgt die Fülle der Einflussfaktoren auf den Prozess allein der Statistik'!

Olaf rülpste: Wo bleibt die Partei und ihre führende Rolle?

Dandy las lachend weiter: ‚der Wissenschaftler bemühe sich, Randbedingungen zu kontrollieren, Unsicherheitsfaktoren so gering wie möglich zu halten. Nur so werden Qualität und Produktausbeute dauerhaft garantiert'. Er schloss das Buch und fühlte sich reif für ‚Heim Null'.

Norbert fiel etwas Besseres ein: Zeit für Zabback, Leute, wir gehen!

Plötzlich klopfte es und die Tür ging auf. Ein Mädchen blickte sich selbstbewusst um. Ulla, mit blondem Pferdeschwanz, stand da und inspizierte das Zimmer, blieb aber an der Tür stehen. Sie fragte nach einem Buch. Zwei Studenten sahen entschlossen weg. Norbert drehte sich zu ihr um. Also fragte sie diesmal ihn: Lindner, Atomphysik, hast du das Buch?

Ihr Pferdeschwanz wippte, sie stellte sich vor: Ich bin Ulla aus Potsdam, Krankenschwester. Ich will Chemie studieren und brauche dieses Physikbuch über die strahlenden Jungs unter den Elementen. Hast du es oder nicht? Ich will es mir nur borgen!

Norbert nickte und lächelte über die ‚strahlenden Jungs unter den Elementen'; das Mädchen besaß Phantasie. Jeder Chemiestudent brauchte den Lindner für sein Grundstudium in Physik. Kaum genutzt, bekam es der nächste. Viele tauschten es gegen Bier. Norbert hatte den Lindner noch nicht versetzt, Atomphysik interessierte ihn. Wäre die Mathematik dafür nicht so schwierig gewesen, hätte er lieber Physik studiert, Benno hatte anders entschieden.

Norbert griff also ins Bücherregal und beeilte sich, Ulla zufrieden zu stellen. Die Atomphysik und ein schmales Lächeln wechselten zu ihr hinüber. Instinktiv fragte Norbert: Wo wohnst du?

Sie nannte Heim I. und die Zimmernummer. Wie erwartet, bewohnte das erste Semester eines der Viernannzimmer, in diesem Fall vier Frauen. Sie schliefen in Doppelstockbetten, würden sich alles erzählen und sich Mut machen, wenn es früh ins Labor, nachmittags zum Kolloquium ging. Norbert gab also sein Buch her und lächelte, soweit man beim Intensivstudium der chemischen Apparate das Lachen nicht verlernt hat. Ulla dankte und ging davon. Neugierig blickten die drei ihrem Besuch hinterher. Ullas dünner Pferdeschwanz wippte. Sie hatte noch alles vor sich. Ihr Studienjahr zählte hundert Studenten, fünfmal so viel wie bei Norbert, nach drei erfolgreichen Jahren. Würde Ulla es soweit schaffen oder, wie viele andere, nach einigen Semestern resignieren, das Handtuch werfen? Olaf war überzeugt: Die nicht! Ulla wirkte entschlossen, und sie hatte Glück. Dank der Atomphysik kannte sie von Anfang an ein paar Altsemester.

Greifswalds Uni war überfordert. Die Hansestadt probte das Chaos. Dutzende Jungstudenten besaßen nicht einmal ein Bett. Sie mussten in Turnhallen schlafen und wuschen sich unter der Pumpe.

Erhards Seelenqualen

Spät abends, sie waren zurück von Zabback, öffnete sich noch einmal die Tür. Es war Erhard. Er hob seine zitternden Hände, kroch herein und schmiegte sich an sie, küsste Norbert, Olaf und Dandy. Er winselte wie ein Hund: Kann ich auf eurer Matratze schlafen? Ich traue mich nicht nach Hause!

Deine Abschlussprüfung?

Versaut! Ich bleibe noch ein Jahr, wenn sie mich nicht feuern. Ich fürchte allerdings, ich werde der Kirche zu teuer!

Erhard wieherte los. Offenbar war er voll. Er begann, irre zu plappern, Wörter und Silben zu speien, Wortgewürm, Hundsschlangen, Höllenträume sprangen aus ihm hervor. Sein Kopf vibrierte von Ahnungen, die Zunge spuckte sie aus. Er überschrie seine Ängste. Aber Norbert wusste Bescheid: Diesem Knaben fehlte Christina, um ihn aus dem Sumpf zu ziehen. Plötzlich lachte er: Hört mal, wir proben Brahms, für die nächste Saison. Kennt ihr den Psalm Neununddreißig?

Ein dunkles Timbre belegte Erhards hellen Tenor: ‚Herr lehre mich, dass es mit mir ein Ende haben und mein Leben ein Ziel hat'. Er unterbrach sich schluchzend, verstummte und fragte dann: Was mache ich, wenn ich die Prüfung das dritte Mal versaue? Er fing an zu würgen, sang aber mühsam weiter. Doch weil sich sein Magen umkrempeln wollte, stoppte er immer wieder: ‚Ich hatte viel Bekümmernis in meinem Herzen, aber deine Tröstungen erquicken meine Seele'.

Dandy und Olaf schauten sich seltsam an. Norbert erkannte die Bachkantate zum Festgottesdienst im Dom, zur Bachwoche im letzten Juni. Erhards Stimme fistelte jetzt: ‚Seufzer, Tränen, Kummer, Not, ängstlich Sehnen, Furcht und Tod nagen mein beklemmtes Herz, ich empfinde Jammer, Schmerz.'

Geht mir genauso, knurrte Dandy, du gehst mir auf den Keks!

Norbert nahm ihn mit vor die Tür: Wenn du hier bei uns schlafen willst, dann halte jetzt die Klappe!

Erhard war kaum zu beruhigen: Falls ich die Nachprüfung auch nicht schaffe, nehme ich mir einen Strick!

Komm schlafen! Norbert schob ihn ins Zimmer, zog seine Matratze hervor und deckte ihn sogar zu. Erhard schniefte, doch bald war Ruhe. Morgen früh mussten sie alle drei pünktlich beim Praktikum sein, erstmals Physikochemie, neue Techniken, alte Geräte. Keiner kannte sich damit aus ...

Norbert begann zu träumen: Erhard, Karlo und eher auf der Reise quer durch den Harz, ihre Geschichten von Musen, Musik und Mädchen, vom Bier, vom brennenden Schnaps ...

Armer Kerl, dachte Norbert am Morgen, weckte Erhard und schob ihn hinaus: Heute gibt es kein Frühstück, wir müssen los! Und Olaf brummte verächtlich: sieh zu, dass du Land gewinnst; geh zu Willi in die MITROPA!

Kapitel 32
Ulla kommt zurück

Spektroskopie mit Caspar David

Sie saßen zu Dritt im Keller des Physikochemischen Instituts. Gestern hatten sie ihre Tabletten gepresst, heute setzte Olaf die erste in den Probenhalter. Dandy startete die UV-Lichtlampe. Es ging um neue lichtstarke Stoffe für das Leuchtröhrenwerk in Bad Liebenstein.

Dozent Dr. Buhrow hatte ihnen im Seminar das Leuchtprinzip erklärt: Wir präparieren Zentren-Leuchtstoffe aus Calcium-Magnesium-Orthophosphat mit Kupfer als Aktivator. Seit Jahren versuchen wir nun, die Leuchtdichte zu erhöhen, sonst kauft dem Thüringer Werk die Röhren keiner mehr ab. Dann taugen sie nur noch fürs Inland, aber wir brauchen Devisen!

Norbert begann mit dem Protokoll. Erstens die Theorie, die Lichterzeugung der Röhre: An der Kathode werden Elektronen freigesetzt und in der praktisch luftleeren Röhre durch die hohe Spannung zwischen den Polen beschleunigt. Ihr zufälliger Zusammenstoß mit den wenigen Neon-Gasmolekülen erzeugt unsichtbares UV-Licht. Der Leuchtstoff, mit dem die Wand der schmalen Röhre belegt ist, verwandelt dieses Licht durch Fotolumineszenz seiner Moleküle in sichtbares Licht der entsprechenden Farbe. Der Leuchtstoff an der Innenwand sorgt also, je nach Zusammensetzung, für Licht bestimmter Färbung.

Die Chemie der Tablette, die sie untersuchten, ergab stets sanftes, grünblaues Licht. Sie hatten den Kupferanteil in den Proben leicht variiert, um die Lichtausbeute zu steigern. Nun vermaßen sie die Strahlungsausbeute in Abhängigkeit vom Kupferanteil. Ihr Leuchtstoff strahlte Türkis. Norbert gefiel die Farbe. Sie erinnerte ihn an Bilder von Caspar David Friedrich.

Dandy maß mit dem Spiegelgalvanometer die emittierte Menge an Licht. Er nickte, die Messung begann. Das Messgerät war zwei Meter entfernt und schwierig abzulesen. Er kniff die Augen zusammen, entzifferte den Wert und sagte ihn Norbert an. Der ergänzte das Protokoll. Olaf drehte an einem Knopf, wodurch ein Prisma aus Quarzglas sich drehte und die Messwellenlänge einige Mikrometer verschob.

Sie maßen also die Intensität in Abhängigkeit von der Frequenz des abgestrahlten Lichts. Grafisch ergaben sich Glockenkurven, die typische spektrale Verteilung einer gewöhnlichen Strahlenquelle.

Die nächste Messung begann. Bei 365 Nanometer emittierte der Leuchtstoff am stärksten. Sie wiederholten die Serie, tasteten sich durch das blaue Spektrum, bis Norberts Tabelle voll war. Dann kam die nächste Tablette. Bei ihr hatten sie die Ausgangssubstanzen ein wenig anders gemischt. Wieder las Dandy die Werte ab, er hatte die besten Augen. Doch das Messen so vieler Proben bei verschiedenen Wellenlängen dauerte, strengte an. Endlich setzte Olaf die letzte Tablette für heute in den Probenhalter. Sie schleppten sich ausnahmsweise zum Abendbrot in die Mensa. Abends zeichnete jeder von ihnen eine Glockenkurve für jeden Stoff, trug die Leuchtstärke gegen die vermessene Frequenz auf. Der PIK saß, wie zu erwarten, bei 365 Nanometer, aber er war zu flach, die Lichtausbeute gering.

Man brauchte, dachte sich Norbert, einen zweiten, einen Ko-Aktivator, der mehr UV-Licht schluckte und mehr sichtbares Licht produzierte. Vielleicht kann ich das später einmal, bei meiner Diplomarbeit untersuchen. Mit Dozent Dr. Buhrow kam er gut klar, und diese Arbeit gefiel ihm.

Ullas zweiter Besuch

Norbert zeichnete Glockenkurven, dachte dabei an ganz andere Kurven und an Caspar Davids Talente. Wenn er zeichnen könnte wie dieser, hätte er sich jeden Tag sein neues Mädchen gezeichnet, in den verliebtesten Posen. Erst einmal fuhr er am Wochenende mit Olaf nach Usedom. Ein Urlaub von Greifswald würde ihm gut tun. Doch der Pommer mochte ihn nicht zu lange bei sich zu Hause haben. Noch nannten ihn seine Eltern einen braven Sohn, und dabei sollte es bleiben. Er zeigte Norbert das Bootshaus seiner Familie am Achterwasser. Auf dem Tisch lagen gelbweiße Klumpen. Ich experimentiere ein bisschen.

Das Labor genügt dir wohl nicht. Was ist das überhaupt?

Weißer Phosphor vom Strand. Genauer gesagt, Reste der Brandbomben auf Peenemünde, auf Wernher von Brauns Raketen und so … und auf ein paar Köpfe.

Das Zeug ist ziemlich giftig!

Ich nehme es nur für die Wasserratten.

Norbert ließ sich wie immer verblüffen. Dann lachte er irritiert: Du bist richtig in der Chemieindustrie. Kannst ja in Schwedt gleich weiter machen, Blausäure produzieren!

Die neue ACN Anlage! Sie zahlen da sehr gut, nur bei Gasausbruch musst du rennen können!

Kaum war Norbert wieder in Greifswald, stand Karlo vor der Tür: Hab's geschafft, Alter, ich bin frei! Norbert war verblüfft. Er schwieg.

Sie mussten mich gehen lassen, mein kaputter Magen! Ich hab Blut gespuckt und dem Käpt'n das Parteibuch gleich auf den Tisch gelegt! Haben sie akzeptiert, kaum zu glauben!

Und was machst du nun?

Ich studiere Filmregie! Die Kunstmappe ist schon angenommen. Alter, jetzt habe ich Brand, und Appetit auf Mädels. Ich hoffe, dieses

Problem hast du endlich im Griff! Sie waren vier Jungs, sie brauchten vier Mädels. Norbert wirkte sehr souverän, als er mit Karlo Heim I. besuchte, Ullas Eckzimmer mit dem Blick auf die Kühe. Am Abend brannte und blakte ihre rote Laterne im Zimmer, eine Baustellen-Spirituslampe. Es gab Greifen-Pils aus der Flasche. Von Dandys Stereo-Tonbandgerät dröhnten die neuesten Beatles-Songs, die vom ‚weißen Album'. Er erklärte den Mädels stolz, 1966, als wir anfingen hier, spielten wir die Beatles im FDJ-Studienjahr! Die Arbeiterjungs aus Liverpool und ihr Klassenkampf, das kam gut.

Die Mädchen kicherten, tranken. Und wo hattet ihr die Musik her?

Von geborgten Platten geschnitten.

Das Ziel des Abends kam näher. Im Rotlicht, bei Beatles und Bier war Norbert wie schon am ersten Tag von Ulla fasziniert. Ihr Gespräch glitt schnell ins Absurde. Sie sprachen über den Nutzen gepflegter Chemikerkittel für nächtliche Dienste im Krankenhaus, wo Norbert bei Sitzwachen regelmäßig sein Taschengeld verbesserte: Als Chemiker hast du nur eine Chance, wenn der Laborkittel falsch herum sitzt, die Knopfleiste verdeckt ist und kein Säureloch sichtbar wird …

Norbert zog Ulla in eine Ecke und erzählte begeistert weiter: Ich bewerbe mich telefonisch, gehe erst kurz vor dem Nachtdienst hin. Sicher auftreten, wenig fragen, sich ans Patientenbett setzen und der Stationsschwester jeden Wunsch von den Augen ablesen. Und nicht zucken, wenn Leichen zu tragen sind, vom Sterbezimmer zum Leichenkeller.

Und den Zettel mit ihrem Namen am großen Zeh nicht vergessen! Ulla lachte und erzählte nun selbst auf so lebendige Art, dass Norbert sich bald wünschte, sie täte es jeden Tag. Sie sahen sich an, sie vertrauten sich. Dich werde ich heiraten, sagte Norbert. Ulla konnte darüber nur lachen.

Das Eis schmilzt. Bipolare Bindung

An den nächsten Abenden wanderten Ulla und Norbert durch Greifswald. Der Wall, das Klinikviertel, die Altstadt waren immer schon schlecht beleuchtet. Ulla drückte sich ängstlich an ihn. Auch das Hafenviertel befand sich in bedrohlich windschiefer Lage. Lehm bröselte aus den Fachwerkwänden, oft rieselte der Kalk, faulte das Schnitzwerk der Türen. Die Gassen rochen schlecht. Sie achteten nicht darauf. Sie vertrauten sich neue Geheimnisse an. Vor der Falle warnte sie Norbert vor dem Nagel am Tresen. In Kopfhöhe hängt er. Im Halbdunkel trifft ihn fast jeder einmal, dann wird eine Saalrunde fällig.

Sie betraten die Dämmerkneipe, umrundeten den Nagel, setzten sich in einen Winkel, tranken, schwiegen sich an. Wovon jetzt noch reden! Norbert schob seine Hand über Ullas Hand. Sie sagte nichts dazu. Jeder schluckte zwei Pfützen Pils, dann liefen sie nach Hause, kamen über die Brücke zur Wiese. Im Schatten der herbstbunten Hecken suchte Norbert nach Ullas Lippen. Es wurde ein Tasten, kein richtiger Kuss. Ulla verschwand im Heim I.

Weihnachten kam. Ulla fuhr nach Hause, Olaf und Dandy auch. Die Wiese war verwaist. Die Bahnhofsmensa schloss. Zum Essen ging Norbert zur Kapaunstraße, in die Medizinermensa. Abends lief er zur Falle und trank. An den Feiertagen ging er zum Zweck der Geldvermehrung nachts zur Sitzwache in die Klinik. Er verdiente gut. Kurz nach Weihnachten aber kam Ulla überraschend zurück: Ich habe gesagt, ich muss lernen, für meine Kolloquien, eins pro Woche.

Norbert strahlte, ein strahlender Junge unter den Studenten: Das Periodensystem besitzt genug Elemente, da gibt es viel zu lernen!

Ulla war noch nicht fertig: Jetzt studiere ich erst einmal dich. Kommst du mit zu mir?

Sie zogen ins Heim I. Das Zimmer gehörte ihnen. Norbert war leichter berechenbar, als jede chemische Formel. Ulla hatte ein schweres Paket mit leckeren Sachen geschleppt. Sie besaßen genügend Bücher und eine Menge Zeit. Sie lernten also gemeinsam ...

Einige Tage nach Weihnachten wurden die Kohlen knapp in der Wiese, und die Dusche im Badehaus blieb so kalt, wie der Winter nun einmal war. Zwischen Norbert und Ulla kam spätestens jetzt, schon aus praktischen Gründen, eine engere Bindung zustande, bipolar, energiereich und salzig. Den beschleunigten Reaktionsablauf verdankten sie ihrer natürlichen Neugier und dem beißenden Greifswalder Wetter, das jeden längeren Aufenthalt in der eisigen Boddenlandschaft aus Gesundheitsgründen verbot. Und weil das Eckzimmer der Baracke, trotz des glühenden eisernen Öfchens nach wenigen Stunden ausgekühlt war, stiegen sie in den oberen Teil eines schwankenden Doppelstockbetts. Sein Knarren versprach jene Wärme, nach der sich beide sehnten.

Schmuggelware. Liebe für zwei

Als Ulla und Norbert am Morgen erwachten, lag auf dem Kopfkissen Eis, ein kühler, schweigender Wächter über ihren gemeinsamen Schlaf. Wie es aussah, war ihr Atem gefroren, als beide nach getaner Tat tief und traumfest schliefen. Nein, es war noch anders: Der Schnee auf dem Bett kam von außen! Ulla stand auf und schimpfte auf die verflixte Baracke mit ihrem undichten Dach.

Norbert bedachte die vielen Studenten, die in diesem Zimmer gewohnt, studiert und geliebt haben mochten: Was meinst du Ulla, von ihren Stimmen, dem durch sie empfundenen Glück müsste doch etwas geblieben sein?

Ganz einfach, ihr Bild, ihre Sprache, ihre Musik, ihre spielenden, tanzenden Körper, das durch sie empfundene Glück wird mit uns weiterleben!

Ulla war sich ganz sicher. Und in den nächsten Tagen entdeckten beide einige jener Geheimnisse, die ihre schäbige Fleischerwiese zu dem machten, was sie immer noch war.

Morgens kletterte Norbert als erster aus dem Bett in die eisige Wirklichkeit, heizte den Ofen und stellte den Wassertopf auf die Platte. Ulla brühte grusinischen Tee aus der grünen Schachtel. Bevor sie frühstücken konnten, musste Norbert bei Schummel-Elli frische Brötchen holen. Dann saßen beide am Tisch und Ulla begann zu erzählen. Norbert lauschte, trank Tee und lachte über ihre skurrilen Geschichten. Ulla sprach von den Ausflügen mit der Familie in Brandenburgs Kiefernwäldern. Die standen voll reifer Heidelbeeren und im Herbst voller Pilze. Die Eltern Martin und Erika, Ulla und Bruder Peter tauchten im Dickicht bei den Kasernen der ruhmreichen Sowjetarmee in einen Märchenwald ein. Das Moos versteckte die Pilze, die Bruder und Schwester zu finden lernten. Es war ein spannendes Spiel. Jeden Moment konnten diese Zwerge ihre tiefbraunen Köpfe zeigen.

Das sind Maronen, rief Erika, denn sie hieß wie das Kraut, in dem die Steinpilze wuchsen.

Ulla redete immer noch, wie aufgezogen: Wenn wir nachmittags mit vollen Körben den nächsten Bahnhof erreichten, gab es als Höhepunkt in der MITROPA ein Bauernfrühstück und heißen Tee. An Markttagen fuhren wir mit den Pilzen bis zum S-Bahnhof Wannsee. Dort bekamen wir richtiges Westgeld und keine Alu-Chips! Am liebsten hätte ich jedem Zöllner, der in Griebnitzsee einstieg erklärt, dass wir zum Wochenmarkt fahren. Als ob er das nicht wüsste! Ulla erzählte auf eine Weise, die mühelos die Wirklichkeit Ende der 1950er Jahre beschrieb. Ihre Sprache war einfach und klar, kein geschraubter Stil, kein Bildungsdeutsch, kaum ein Wort Zuviel. Ulla redete, Norbert stellte sich vor, wie sie im Wald umherlief, wie ihr Flatterrock zwischen den Bäumen wehte, wenn sie rannte und jauchzte, weil sie als erste die Pilze im Moos entdeckte, knallgelbe Pfifferlinge, dicke Steinpilze und Maronen ...

Ulla kam in Hitze. Wie sie damals den Eltern entgegen sprang, sprang sie begeistert den Norbert an, in ihrem Greifswalder Zimmer, das fröhliche Mädchen Ulla. Und zum ersten Mal ahnte Norbert, mit welcher Kraft sie zu leben verstand. Alle Grauzonen dieser Erde wären mit ihr überwindbar!

Norbert kam fast in Verlegenheit. Er wärmte sich die Hände am Tee, bevor er es wagte, sie zu berühren, ihren Pferdeschwanz, ihren plappernden Mund. Dabei sah er sie ungläubig an, die ihm, wie war es nur möglich, zur Frau geworden war, es wieder werden würde, jede eisige Nacht etwas mehr, jeden frostigen Tag intensiver.

Ulla redete immer noch weiter: Wir kauften in Wannsee Schokolade, nahtlose Strumpfhosen für die Mutter, Zigarren für Vater und Cognac für beide. Ich konnte die Klappe nicht halten. Auf der Rückfahrt erzählte ich in der S-Bahn, was wir alles für unsere Pilze in Wannsee eingekauft hatten. Der Zöllner bemühte sich sehr, mein Geplapper zu überhören. Vater verkündete später grimmig: Ulla darf nichts mehr erfahren, sie bringt uns um Kopf und Kragen.

Norbert lachte: Dein Vater hat Recht! Dieses kostbare, lachende Mädchen redete und redete, bis Norbert sie in den Arm nahm und den sprudelnden Mund verschloss. Eine Quelle voll so viel Lebenskraft war nicht mit Gold aufzuwiegen!

Auch Benno war fasziniert. Aber Ulla hatte für Norbert und ihn, für beide genug an Liebe.

Kapitel 33
Verlobung und Industriepraktikum

Ostseeeis. Erzhammer. Auferstehung

Anfang Februar, in den Semesterferien fuhren Ulla und Norbert nach Usedom, ihre erste gemeinsame Reise. In Zinnowitz liefen beide auf die gefrorene Ostsee hinaus, ohne auch nur daran zu denken, übers Eis in den Westen zu fliehen, ein Gedanke, der in der Luft lag. Wohin sollten sie gehen, was sollten sie suchen? Sie hatten sich gefunden! Lachend stiegen sie auf das Bruchscholleneis, ein meterhohes Gewirr schräger Flächen. Sie rutschten Glasberge auf und nieder, fielen auf die Nase, hielten sich fest und lachten.

Der ‚Erzhammer' in Zinnowitz diente der Erholung der Bergleute jener ‚Wismut AG' in erzgebirgischen Aue, die das heiß begehrte Uran, einen der strahlenden Jungs unter den Elementen, für die Kernwaffenproduktion der Sowjetunion aus den Felsen grub. Das Thema Atomphysik brachte sie schon zum zweiten Mal eng zusammen. Doch sie spürten, selbst auf dieser idyllischen Insel, in welcher bedrohlichen Zeit sie lebten. Norbert glühte auch wie vor dem Super Gau, als er an der Rezeption ein Doppelzimmer für sie erbat. Ohne Heiratsnachweis? Unmöglich! Geschäftstüchtig lächelnd zog man die beiden Studenten über den Tisch. Der Geschäftsführer hinter dem Tresen verkaufte ihnen eiskalt zwei Zimmer nebeneinander, darin standen drei kalte Betten. Ein einziges hätte genügt!

Als Ulla und Norbert am nächsten Abend glücklich Greifswald wieder erreichten, hatte sich die Luft in der Stadt am Bodden verändert. Vom Atlantik her näherte sich ein Tiefdruckgebiet, das

Tauwetter brachte. Sie spürten auf einmal den nahen Frühling und sahen den Mond überm Schnee plötzlich mit glänzenden Augen. Um sie her, Benno spürte es stärker als Norbert, herrschte etwas wie Osterstimmung. Ins Tagebuch würde Norbert schreiben:

Glanz deiner Nächte
der kalte Schnee
unterm Wind treiben Lichter
hinaus auf die Ebene
dorthin
aus Backsteinguß, rötlich
gleitest du morgens
die Dämmerung grüßend, östlich vom Haff
als strömtest du aus mit den Klängen der Türme
funkelnd im schwellenden Ton deiner Orgeln
fängt sich das Licht
Unmerklich, grün
mit leiser Wärme
von Tag zu Tag mehr in den Gassen
das Wort Auferstehung

Otto von Suchodoletz

Einige Wochen später nahm Norbert Ulla stolz zum Theologenball mit. Er kannte Dieter Münch und andere Theologiestudenten von der ESG. So kam er an die Karten. Man feierte im Foyer des Greifswalder Stadttheaters. Phantasievoll gekleidete Pärchen, welchen Geschlechts auch immer, tanzten auf dem Parkett zwischen den Pfeilern umher. Sie spiegelten sich Dutzendfach, da die tragenden Säulen komplett mit Spiegeln verkleidet waren. So gefiel es in jenen Jahren dem nach Glamour süchtigen Kleinbürgertum, das hier vor allem aus Angestellten der Intelligenz bestand, Genossen oder nicht. Diese Mode gefiel auch Ulla. Anders als auf den robusten Chemikerbällen in Neuenkirchen, herrschte beim Theologenball gediegene Bürgerlichkeit. Viele nährten sich von dem Glauben an ihre Bestimmung zu Pommernpastoren. Auf einem der Plakate stand der sophistische Satz: Nur was wir glauben, wissen wir gewiss! Ob das die geladenen Genossen begriffen? Es herrschte so etwas wie Narrenfreiheit. Karneval war nicht lange vorbei. Sobald der Alkoholpegel stieg, spielten sich zwischen den knutschenden Paarungen jeden Alters und jeder Couleur die Charakterlosesten Szenen ab. Man war schließlich im Theater!

Ulla wurde schlecht. Sie gingen. Wie sich jedoch auf dem Heimweg zeigte, war es nicht nur die überhitzte, schwüler werdende Atmosphäre, ihre Ursache lag viel tiefer, im besten Sinne des Wortes! Also gingen sie Tage später fast denselben Weg, in die ihnen empfohlene Praxis des Otto von Suchodoletz. Der bekannteste Greifswalder Frauenarzt zapfte Norbert väterlich Blut ab, nachdem er Ulla gesehen, untersucht und gesprochen hatte. Während der Behandlung erläuterte er seinen Kindern in der Küche die Biologie, half ihnen bei den Schularbeiten. Mit ähnlich gutem Ratschlag ließ er Ulla und Norbert ziehen. Sie waren nicht das erste Paar, das mit einer Schwangerschaft kam; so etwas passierte ständig. Doch Ulla gehörte zu jenen, es gab nicht viele davon, die ihr Kind behalten, aber weiter studieren wollten! Ulla, willkommen im Klub! Mit einem Kind vor dem Studienabschluss provozierst du jede Art Widerstand der FDJ-Hochschulleitung: Wer im Staat DDR studieren darf, der hat keine Familie zu gründen!

Ein Jahr später, im Frühjahr 1970 marschierten in Leipzig Studentinnen mit Kinderwagen zur Uni. Diese Mütter hatten in diesem, durchaus abtreibungsfreundlichen Staat beschlossen: Ich will mein Kind behalten! Die staatstreue Antwort kam aus dem Westen, von studentenbewegten Frauen, die auf ihren Demos skandierten: Mein Bauch gehört mir allein!

Zum Industriepraktikum

Der Radfahrer, so nannten sie ihn, weil er als einziger ihres Semesters ein Profi-Rennrad fuhr, Micha, der Radfahrer war der erste, der wie und woher auch immer ein richtiges Auto besaß, Greifswald, DDR, 1970. In stoischer Gelassenheit fuhr er in der Fleischerwiese mit einem Ford Cabriolet vor. Er nickte kurz und Norbert verstaute seinen Koffer. Bewundernd setzte er sich auf den harten Beifahrersitz.

Micha machte nicht viele Worte, er nahm ihn mit nach Schwedt. Sie wohnten seit kurzem zusammen, jedenfalls offiziell. Dandy und Olaf waren der Meinung, wenn Norbert zu Ulla zöge, sie würden ja wohl bald heiraten, könne Norbert ihr Dreimannzimmer auch räumen. Sie wollten es endlich für sich! Im Zweimannzimmer bei Micha wäre schon lange ein Bett frei! Also zog er ins obere Doppelstockbett zum Fordfahrer Micha, ein Bett, das er nie benutzte, denn Micha hatte nicht selten ein frisches Mädel bei sich.

Der Radfahrer gab jetzt behutsam Gas, und während sie die Fleischerwiese über Bahnhofstraße, Gützkower Straße, auf der F109 Richtung Züssow, Pasewalk, Prenzlau verließen, verglich er, renitent wie er gern zu reden pflegte, wenn er überhaupt etwas sagte, den Wechsel von der Heterozyklen- auf die Erdölchemie mit einem Autowechsel vom Ford auf den Trabant.

Hauptsache weg von Greifswald! Beide waren froh, für die nächsten Wochen aus der Stadt fortzukommen. Seitdem die Studentenmassen die Mensa unsicher machten, war es mit der Gemütlichkeit in der Altstadt vorbei.

Sie sahen die ersten Tabakfelder, näherten sich dem Ziel. Hielt der Ford bis dahin noch durch? Der Vergaser vergaste sprunghaft, aber sie kamen voran. Was für ein Gefühl, in einem Ford durch das Pommernland, immer noch abgebrannt, immer noch trist, in die Uckermark überzuwechseln, die noch flacher, noch trister vorbeizog. Endlich kam Schwedt, eine Reißbrettstadt, großzügig, was den Beton, die Straßenbreiten betrifft, aber genauso flach und plattgestreckt wie die meisten Landschaften an der Oder.

Man brachte die Studenten in einem Arbeiterwohnheim unter, auf halbem Weg zur Papierfabrik. Im Gegensatz zur Fleischerwiese, hohe Häuser und sehr viel Raum, im Gegensatz zu Greifswald keine brauchbare Kneipe. Sie tranken ihr Bier am ersten Abend aus Flaschen und Kästen in einem tresenlosen, ungemütlichen Ausschank .Die einzige Unterhaltung waren die Geschichten einiger Totengräber. Die Männer tranken den Schnaps ebenfalls aus Flaschen. Dabei erklärten sie den Studenten, wie sie die halb verwesten Leichen, einen Friedhof voll davon, Sack für Sack wochenlang umbetten mussten. Die Stadtplanung nahm keine Rücksicht auf die Totenruhe; wer kannte das Wort überhaupt?

Schwedt sollte wachsen! Dort, wo noch Teile des alten Friedhofs lagen, würde man eine großstadtgerechte Kreuzung in die Landschaft bauen!

Keine Frage, die Stadt würde wachsen, ein Symbol der Kraft und des Siegeswillens der sozialistischen Arbeiterklasse im Bündnis mit der Intelligenz und ihrer führenden Partei! Wer so sprach? Irgendein Funktionär, der ihnen mit vielen Worten das PCK erklärte.

An den kommenden tristen Abenden, die Norbert dort verbrachte, schrieb er seine ersten und einzigen Briefe an Ulla nach Greifswald. Telefone gab es nur selten, wozu auch, da Ulla erst

Recht keinen Anschluss hatte. Sie teilten sich gewöhnlich in Briefen und Postkarten mit. Norberts Briefe jedoch konnte Ulla kaum lesen. Seine Schrift war bereits entgleist. Bennos unscharfe Optik, das wortreiche Denken, das Lesen und studieren in zahllosen Büchern genügte, der Handschrift den Rest zu geben.

Endlich kam das Wochenende. Micha setzte sich hinter das Steuer. Doch es wurde dem Ford Zuviel. Auf der ersten Rückfahrt bekam das historische Auto den Rest. Der Ford blieb in Prenzlau liegen. Ölverschmiert stand Micha am Straßenrand und fluchte, mehr als er in einer Woche üblicherweise sprach. Norbert hütete sich, eine Meinung zu haben, dachte sich seinen Teil: Nostalgie und Utopie vertrugen sich einfach nicht, Ford- und Trabantland ebenso wenig. Sie nahmen die Deutsche Reichsbahn.

Auf der Hiddensee-Fähre

Benno hielt es nicht mehr bei seiner Krankheit; er wollte, musste dabei sein, wenn es nach Hiddensee ging! Es passierte zwar erst zu Pfingsten, aber damit Ruhe war, schob Norbert die Geschichte dazwischen: Sein Verlobungsgeschenk für Ulla kam im Päckchen aus Westberlin, zwei dünne goldene Ringe. Sie bestiegen den Zug nach Stralsund und kletterten auf die Hiddensee-Fähre. Volle Fahrt durch den Strelasund, Nordnordwest. Ulla küsste Norbert und Norbert küsste zurück. Als Lesestoff hatte sie Kurt Tucholskys Schloss Rheinsberg' mitgenommen. Norbert nahm ihr die Illusionen: Weißt du denn nicht, was in Rheinsberg, unweit vom Schloss steht und dampft? Der erste Atomreaktor!

Atomenergie, na und! Ulla winkte ab. Sie stand am Bug und träumte. Norbert vergaß alles andere. Er wünschte sich jetzt, mit dieser Frau auf der Insel herum zu klettern, hinter der Schwedenmauer ein Nest im Sand zu bauen. Und sie würden am FKK-Strand, im Norden von Hiddensee Volleyball spielen, voller Körpereinsatz! Ulla hatte nichts zu verbergen. Norbert war stolz auf sie. Doch sie blickte enttäuscht auf den Strelasund. Da war keine Spur vom Maler, den sie über alles liebten, von Caspar David Friedrich. Doch der Maler segelte hier entlang, auf seinen Rügenreisen. Dafür schlichen sich jetzt die Torpedoboote, auf denen vor kurzem noch Karlo fuhr, lautlos an ihnen vorbei. Wie viele Grenzverletzer mochten die Grenzer jährlich verletzen, vielleicht zu den Fischen schicken? Sie würden es nie erfahren.

Insel Rügen schob sich ins Bild, Altefähr zog vorüber und machte Ummanz Platz. Ulla wiederholte: Dort ist mein Vater geboren und alle seine Geschwister, aber sie leben im Westen.

Hört sich an, als wären sie aus der Welt!

So ist es, lachte Ulla grimmig, aber ich habe Glück, meine Lieblingstante Liesing wohnt in der westlichen Prignitz. Siehst du die Gingster Kirche auf Rügen? Dort hat Großvater lange gepredigt. Der Küster zeigte uns heimlich die Wappen der schwedischen Königin. Sie hat Grundrechte in der Gegend!

Norbert verdrehte die Augen: Auch die Schweden geben nicht auf ...

Ullas Lachen war voller geworden. Der Bauch begann sich zu wölben. Hiddensee rückte näher. Neuendorf kam in Sicht, später Vitte. Sie standen an Deck, der Dampfer schwankte. Norbert fasste sie um die Hüften. Ullas Zärtlichkeit hatte zugenommen, ihre Fraulichkeit bekam etwas Sattes, wurde rund und voll wie der Mond, der jetzt über dem Wasser aufging.

In Kloster stiegen sie aus. Norbert lief mit Ulla zur Schwedenmauer. Weit oben lockte die Vogelwarte. Sabine lockte nicht mehr. Aber Benno schob sich in Norberts Gedanken, hier wollte er dabei sein! Ulla, Norbert und er gehörten doch zusammen! Zwei Tage später, zu Pfingsten feierten sie Verlobung auf Gerhard Hauptmanns ‚Insel der großen Mutter'. Der Dichter hatte zwei Frauen beglückt. Ulla, erschien es Norbert, Benno war ganz sicher, hatte genug Liebe für mindestens zwei Männer.

Was macht man mit dem Erdgas

Das Praktikum im PCK Schwedt galt als Höhepunkt des Semesters Technische Chemie bei Professor Pühl. Die Arbeit im Forschungszentrum war wider Erwarten interessant, erst recht die Anekdoten, die man von Arbeitern und Ingenieuren erfuhr. Die Studenten betreuten die teuren, drei Meter hohen Gaschromatographen der Düngemittelfabrik. Sie wurde, erzählte man, gegen Devisen komplett von Frankreich gebaut, allerdings, ein Schildbürgerstreich, hat man sie tropenfest ausgeführt, um Valuta zu sparen! Im ersten Winter froren daher die ungeschützten Rohre ein, worauf die Fabrik in monatelanger, teurer Handarbeit Stück für Stück für Nordeuropa isoliert worden ist.

Norbert isolierte man aus ganz anderen Gründen. Die zweite Schwedter Woche war schon seine letzte. Einige Schichten im Forschungszentrum genügten, ihn außer Gefecht zu setzen. Wie der Facharzt feststellen musste, entzündeten sich die Augen des Bruders. Bennos Bindehäute sträubten sich gegen das Schwedter Klima im Bereich Düngemittel, das aus Ammoniak, Salpetersäure und anderen ätzenden Stoffen gemacht war. Für die Chemieproduktion war der Chemiker also nicht tauglich!

Norbert winkte ab, diese Schwäche betraf seinen Bruder! Er war doch nicht Benno, er doch nicht! Doch er bekam einen Sonderauftrag, der gleichfalls in der Luft lag. Neben der ruhmreichen Erdölleitung war inzwischen die erste Erdgasleitung im Bau.

Wenn das russische Erdgas nach Schwedt kam, wusste bis dahin niemand, welche Chemieprodukte sich daraus herstellen ließen. Keinen Greifswalder Chemiker hatte es bisher interessiert, welche Techniken funktionierten, welche Anlagen dafür zu bauen waren! Norbert durfte sich also als erster mit diesen Fragen beschäftigen. Er tat es während der folgenden Wochen des Industriepraktikums. Täglich führte ihn die für die ferne Zukunft des Standorts Schwedt so wichtige Literaturrecherche in Greifswalds Uni-Bibliothek; zur Auswertung blieb er zu Hause bei Ulla. Ulla ging es gut. Wohin aber, wenn das Kind erst da war? Im Heim durfte sie nicht bleiben. Studenten mit Familie waren nicht eingeplant. Es blieb ihnen nichts anderes übrig, als wieder einmal dagegen zu sein, dagegen zu opponieren! Der Radfahrer? Nein danke, Er machte dabei nicht mit. Er hatte seine Ahnungen und wusste, weshalb er schwieg. Neuerdings, ohne viel zu reden, fuhr er auch wieder Fahrrad.

Olaf lachte schon damals über die Ängste, die auch manche Chemiker plagte. So etwas tangierte ihn nicht. Er würde, mit dem Diplom in der Tasche, wie von Norbert geahnt, nach Schwedt gehen ...

Kapitel 34
Hochzeit und Staatsexamen

Der Riese Atlas. Norberts Blamage

Zwei Wochen später passierte in Potsdam Ullas und Norberts Hochzeit. Sie war nicht halb so romantisch, wie ihre Verlobung auf Hiddensee. Auf Schwiegervaters Befehl zahlte der Bräutigam die Getränke. ‚Ick seh di im Glase', trank dieser Pommer am Polterabend dem Schwiegersohn zu. Stunde um Stunde zerbrach Porzellan, mit jedem Poltergast wurde von neuem klarer Schnaps getrunken, bis sich Norberts Gedanken verwirrten. Endlich trennte man das ledige Paar. Norbert kam auf den Dachboden, hinter den Schornstein, zu Meerkatzen, Eulen und Fledermäusen. Strenge Bräuche herrschten im Haus, dessen Vorstand aus einem Pfarrhaus stammte, wenn auch als siebentes Kind.

Der sonnige Junitag wurde heftig von Norberts Kater gestört. Dennoch schleppte er sich mit Ulla ins Potsdamer Knobelsdorff-Haus, wo über dem Türsturz der Riese Atlas die vergoldete Erde schultert. Hier wurden sie getraut. Später ließ Norbert ihre zwei Trauringe vor der Kapellentür fallen. Daraufhin orakelte jemand, gegen Gold scheint er etwas zu haben. Trotzdem gaben sie sich das Jawort.

Ulla sah hübsch aus. Ihre Schwester, noch ein kleines Mädchen, streute vor ihnen Blumen. Norbert versteckte den Kater in seinem dunklen Anzug.

Erikas Blätterteig-Würzfleisch-Pastete kam auf den Mittagstisch, wurde gelobt. Sie bekam Norbert nicht gut. Den Gästen schmeckte es bestens. Es folgten Blumen, die Kaffeetafel, Geschenke, wieder Blumen. Das letzte Porzellan zerschlug Norberts Stiefmutter Gerda. Dazu gab es Schnaps und faule Witze. Ullas Bruder las aus der Hochzeitszeitung, seiner eigenen, nur ein halbes Jahr früher. Endlich, nach Mitternacht durfte das Brautpaar nun zu zweit auf den Dachboden, hinter dem Schornstein, auf eine alte Matratze. Sie drehten sich um, schliefen traumlos.

Die Hauptprüfung

Am folgenden Morgen staunte Norbert über Mutter Erikas Zeichenkünste. Auf dem Verandatisch lagen Karten, bedeckten die große Fläche. Darauf entstanden mit farbigen Tinten Isobaren und Isochoren, Windrichtungspfeile und Luftdruckgrenzen. Erika zeichnete Wetterkarten, Präzisionsarbeit für den Wetterdienst, jeden Tag aufs Neue. Diese Dienststelle sollte Norbert und Ulla später sehr nützlich werden. Noch hielt sich das Potsdamer Wetter, doch Schwiegermutter war froh, dass Ullas Hochzeit vorbei war.

Sie ließen die Blumen am Ort verblühen und fuhren beide ab, rollten mit Federbett, Sektgläsern, Trauschein, mit Bratenresten und Kuchenbergen in ihr neues zu Hause, nach Greifswald. Dort feierte Ulla mit ihren drei Mädels aus dem Vierfrauenzimmer. Norbert lud Dandy und Olaf zum Bier ein. Sie gingen in die MITROPA. Kellner Willi bediente sie, nett wie immer. Als er hörte, dass Norbert geheiratet hatte, wedelte er nur traurig mit der weißen Serviette. Es sah aus, als kapitulierte er. Ulla dagegen machte den Eindruck, als hätte sie sämtliche Hochzeitsblumen verinnerlicht, sich einverleibt. Sie leuchtete Tage lang mit ihrem hellen Gesicht.

Während Ullas Körper, das Kind darin erst richtig zu blühen begannen, wirkte Norbert bald mittelgrau. Die Hauptprüfung, eine der wichtigsten, das so genannte Staatsexamen fraß an seinen

Nerven. Professor Herzog war krank geworden. Norbert hatte sich bei ihm persönlich zur Prüfung angemeldet. Diese Taktik war oft die klügste. Nun landete er überraschend vor Professor Madeja, der in gewöhnlichen Zeiten nur ‚Hilfswissenschaftler' betreute. Norbert setzte sich an einen winzigen Tisch, Stift und Zettel vor sich. Der Professor stellte nur eine, scheinbar einfache Frage: Was ist eine Säure? Es blieb die einzige Frage. Während der Mann am Schreibtisch saß, schrieb oder las oder telefonierte, ließ er Norbert schmoren. Der rief sich alle Theorien, die er gelernt hatte ins Gedächtnis, begann von echten Säuren zu reden, von Lewis-Säuren und Donatoren, von Plus-I-Effekten. Er faselte von Elektrochemie, der Spannungsreihe der Elemente. Madeja wollte nur eines, den thermodynamischen Kreisprozess von ihm berechnet haben! Nach mehr als einer Stunde hatte Norbert endlich begriffen, aber es war zu spät. Der Professor entließ ihn mit einer Vier – genügend! An der Tür nannte er den persönlichen Grund für diese Art von Folter: Er mochte keine Diplom-Studenten; diese arroganten Naturwissenschaftler konnten nicht einmal grüßen!

Norbert stand wie erstarrt. Er setzte sich auf die Treppe, unfähig weiter zu gehen: Benno, hast du gehört? Sein Bruder war offenbar schuld daran, Norberts imaginärer Bruder mit seinem verträumten Blick!

Zorn und Resignation

Benno, der sich von Anfang an in Norberts Denken eingemischt hatte, schien es geschafft zu haben, ihn zu infizieren. Wie ein Virus hatte er seine Krankheit auf den Bruder einwirken lassen. Nun irritierte auch Norbert jeden, der ihn nicht gut genug kannte, ihm nur zufällig über den Weg lief, mit seinem verträumten Blick. Wo

Norbert ging und stand, führte er innere Dialoge, vergaß über seinen Gedanken die Umwelt; dies war nun das Ergebnis!

Norbert sprang auf und besann sich: Lass es gut sein, Benno! Woran solltest du schuld sein! Es war meine Prüfung, letztlich habe ich sie bestanden. Die Diplomarbeit kann beginnen. Auf das Meisterstück kommt es an!

Norbert blinzelte in die Wolken, die nach Süden zogen, nach Ungarn und Rumänien. Dorthin würde Christof im Sommer reisen, er hatte es ihm geschrieben, hoffentlich nicht allein. Sicher hatte er einen Kommilitonen für die Tour gefunden. Gute Reise, Christof, mein Freund! Ich habe Familienpflichten.

Kapitel 35
Sommer in Kalkdorf. Ullas Bauch

Gast im Elternhaus. Schulden bezahlen

Norbert lief in die Wiese und suchte Ulla. Die Semesterferien begannen. Er borgte sich Geld, ließ sich einen Bart stehen und fuhr mit Ulla vier Wochen nach Kalkdorf, eine Art Hochzeitsreise. Unterwegs erzählte er ihr von Benno und zeigte Ulla ein Foto. Es gefiel ihr: Ihr seht euch sehr ähnlich, aber Benno, das ist der Träumer von euch. Warum war er nicht auf unserer Hochzeit?

Norbert druckste herum, sein Bruder sei krank und lebe in der Klinik. Das nehme ich jedenfalls an. Irgendwann kommt er zurück!

Sie nahmen das Siedlungshaus in Besitz, Zimmer für Zimmer, auch den verwilderten Garten. Ulla pflegte und erntete Blumen und Kräuter, Augustäpfel, gelbe Pflaumen. Sie putzte in Küche und Bad, besichtigte die ‚gute Stube', Gerdas Klavier, ihre Eichenmöbel. Norbert meinte lakonisch, nichts davon gehört uns, alles dem Vater und Gerda. Ulla schwieg, aber es gefiel ihr nicht, in Norberts Geburtshaus Gast zu sein.

Noch lebten sie von der Hand in den Mund, um Schulden abzuzahlen. Ulla ging ins Kalkdorfer Krankenhaus, Norbert arbeitete im Zementwerk. Ulla verdiente sehr gut in der Notaufnahme, Norbert in seinem ersten Beruf, als Facharbeiter für Bindemittel, aber nach Tarif. Im Blaumann, mit gelbem Arbeitsschutzhelm über dem von Kohlengrus geschwärzten Gesicht stand er nun täglich acht Stunden lang am Schaltpult einer Loesche-Mühle. Er mahlte zwanzig Tonnen Steinkohle für die Zementproduktion.

Nebenbei las er Willi Schwabs ‚Sagen des klassischen Altertums'. Sie trösteten sich gegenseitig: Leider muss unsere Hochzeitsreise in die klassische Hellas warten ... aber dein blauer Doppelband ist schon reichlich mit Ruß befleckt.

Abends tranken sie billigen Rotwein aus grünen Römergläsern und schliefen drei harte Nächte lang auf zwei verstaubten Sofas. Endlich wurde es Ulla zu dumm. Sie stiegen in den ersten Stock, ins Schlafzimmer, das sie brauchten, für etwas mehr Wärme und Nähe, für ihre verletzliche Liebe.

Sechs Wochen lang wohnten beide in Kalkdorf. Im September fuhren Norbert und Ulla entspannt nach Greifswald zurück. Sie spazierten durch feuchte Wiesen, durch Erlenbrüche rings um die Stadt. Sie besuchten den Bodden bei Wieck, das Eldenaer Strandbad. Die Klosterruine bot immer noch einen traurigen Anblick. Im Kirchenschiff grasten die Ziegen, der Müll hatte zugenommen. Der gotische Bogen ragte aus Ahorn, Buchen und Kiefern hervor. Norbert zitierte Benno: Die Trauer grün, das Gras, das Blatt, die starken Mauern dem Zerfall verfallen ...

Ulla bückte sich, fand ein paar Erikastauden, pflückte das Heidekraut, das vor ihr blühte. Norbert bewunderte ihre prächtige, rundliche Kegelkugel, die den Bauch herabzog: Mit deinem Bauch könnte ich in Eldena prächtig kegeln! Ullas Augen blitzten: Fällt dir nichts Besseres ein? Sie legte sich unter den gotischen Bogen ins Gras. Norbert kniete sich über sie, schob ihren Rock hoch und öffnete seine Hose. Ulla hechelte, wurde heiser, die Spannung entlud sich, ein langer Schrei. Das hohe Gemäuer über ihnen wies ihrer Stimme den Weg, bis in schwindelerregende Höhen.

Schweinebraten und Buttercremetorte

In den nächsten Wochen wuchs Ullas Bauch stärker. Er wurde von ihren Mädchen maßstabgerecht gefeiert. Das erste Kind im Studienjahr sollte das schönste werden! Ulla gelang ein kleiner Sieg gegen die Bürokraten. Ein FDJ-Funktionär erlaubte der sturen Studentin, in ein Dreibettzimmer zu ziehen, links die Brandmauer, rechts die Küche. Sie musste sich das Zimmer nur mit einer älteren Kommilitonin teilen, einer verärgerten Blonden. Ulla ging zur Vorlesung, zu den Kolloquien, stellte sich ins Labor. Norbert traf sie nur in der Mensa. Bevor er seine Frau erstmals im neuen Zimmer besuchte, warteten sie darauf, dass es ihnen für Stunden allein gehörte. Sie lebten von Zukunftsträumen.

Der wichtigste Tag im Monat war der, an dem sie Stipendium erhielten. Sofort wurden Mensamarken gekauft, um das Mittagessen zu sichern. Das Restgeld war schnell verbraucht, ihr Gehirn schrie nach Zucker. Kuchen und Buttercremetorte verschlangen beide am ersten Tag. Noch fehlte Ulla das Eiweiß für's Baby. Auch Norbert verlangte nach Fleisch. Aus Geldgründen blieb ihnen nur die Freibank. Sie lag der Hauptmensa gegenüber. Jeden Monat gab es dort Schweinefleisch, kiloweise und fett, doch garantiert frei von Trichinen. Liebhaber mageren Pferdefleischs standen freitags ab drei Uhr morgens in der Knopfstraße Schlange. Ulla hasste das Pferdefleisch, durfte es nicht einmal riechen. Dafür schmorte sie ihren Schweinebraten. Sie aßen mit Genuss.

Ihr gemeinsames Geld reichte trotzdem nicht lange. Norbert begann erneut mit Sitzwachen in der Klinik. Er kellnerte zu den Uni-Feiern im neuen Boddenhus, unweit vom Greifswalder Schlachthof. Ulla stand hinter der Garderobe. Noch fuhr sie regelmäßig zum Bootshaus, um auf dem Ryck zu rudern, so lange ihr Bauch es zuließ. Ulla war sportlich geblieben. Abends schrieb sie an ihre

Leute. Sie sammelte Babystrampler. Auch Norberts Verwandtschaft half. In Päckchen mit der Aufschrift ‚Geschenksendung, keine Handelsware' fand sich Kinderkleidung, Kosmetik. Obenauf lag das vom Zoll verlangte, ausführliche Inhaltsverzeichnis, in der Handschrift von Bennos Tante.

Bald hatte Ulla den Zeitpunkt erreicht, von dem an sie etwas mehr Ruhe brauchte. Sie bat die blonde Studentin, das Zimmer für sie zu räumen. Es gäbe im Heim leere Betten genug.

War es Neid oder Ärger, vielleicht auch nur Unverständnis, diese Frau reagierte mit Hass.

Die Zimmerfrage

Eines Tages im Herbst war die Blonde verreist. Norbert kaufte sofort ein Vorhängeschloss, um das Zimmer von außen zu sperren. Eine Zimmerbesetzung im Wohnheim? Es war eine Untat, wie sie doch nur die Kommunarden im Westen verübten! Der Ärger war vorprogrammiert ...

Die mächtige HSGL ließ das Ehepaar erst einmal warten. Dann erklärte man Ulla ernsthaft: Du missbrauchst unser Vertrauen! Bis zur Geburt darfst du wohnen bleiben, Jugendfreundin Ulla. Dann gibst du dein Studium auf. Du bist doch Krankenschwester. Lass dir sagen, Studentenfamilien sind nicht eingeplant, sie kosten zu viel Geld!

Ulla blieb stur, das können die Pommern: Ich studiere weiter.

Norbert mischte sich ein: Hat der Nordische Hof am Fischmarkt denn keinen Platz mehr für Studentenmütter?

Jugendfreund, guten Morgen! Das war in den 1950er Jahren!

Und die Lönsstraße 17, am Sportplatz? Mein Kommilitone wohnt dort, mit seiner Frau und dem Kind.

Der FDJ-Sekretär stand auf. Er straffte entschlossen sein Blauhemd: Dort gibt es Familienzimmer für verdiente Genossen und Funktionäre, die unser Vertrauen besitzen. Dazu gehörst du wohl kaum!

Er streckte sich, ein Kämpfer, ein Schrank: Wo kommen wir denn hin, wenn alle Studenten Familien gründen?

Es sind nur wenige. Norbert sprach leise: Ein Kind ist ein Kind, auch wenn kein Genosse als Vater dahinter steckt.

Ulla erschrak. Der Jugendfreund blickte verärgert auf Norbert herunter, neuntes Semester, parteilos, vor Jahren Propagandist: Hast du nicht deiner Seminargruppe die Pilzköpfe präsentiert, über Liverpools Arbeiterklasse gesprochen, als wüsstest du, wie man den Sozialismus nach England exportiert? Halte uns nicht für dumm! Dir ging es nur um den Beat, um das ‚Yeah-Yeah-Yeah'. Genosse Ulbricht hat klargestellt, so etwas brauchen wir nicht!

Norbert nickte: Ich weiß, Jugendfreund Erich stieß auf dem elften Plenum in dasselbe Horn, gegen westliche Dekadenz.

Genosse Erich ist auch dein Chef, du Jugendfreund mit der Amikutte! Du willst damit ins Familienwohnheim? Sieh dich doch mal an!

Ulla stand auf, sie gingen. Norbert drehte sich nochmals um: Und meine Frau allein mit dem Kind? Keine Antwort. Der FDJ-Chef sah ihnen nur schweigend nach. Vielleicht dachte er, nicht mal aufpassen kann er, wenn er schon vögeln muss, der Idiot!

Norbert, langbärtig und bebrillt, lief schweigend neben Ulla dahin. Er trug seinen grüngrauen Parka, mit Flicken über dem Einschussloch, Made in Vietnam, direkt aus dem Army-Shop Westberlin. Es war der coolste Studentenlook, den man sich vorstellen konnte.

Im Weinberg des Herrn

Abends schlich Norbert weiterhin in Ullas besetztes Zimmer. Sie war bedrückt, er fühlte sich elend, als sei es eine Schande, dass seine Frau als Studentin mit zwanzig Jahren ein Kind bekam, ohne Rücksicht auf FDJ und Partei. Dazu die Frechheit, dass ihr Mann nachts bei ihr schlafen sollte! Er war der böse Bube, Verursacher allen Übels!

Ullas Mädchen trösteten ihn, drückten Norbert ans Herz, gaben Küsschen, redeten ihm Mut zu: Wehrt euch, tut irgendetwas, wir helfen euch dabei!

Das war gut gemeint, aber wie? Norberts Glaube schwand, dass Ulla hier jemals ein eigenes Zimmer bekäme. Dafür wurde sie hübscher, von Tag zu Tag. Die neidischen Weiber stichelten: Spieglein, Spieglein an der Wand, Schneewittchen hast Arsch und Tittchen, aber sie muss nach Hause! Schweine-Siggi und Freundinnen stimmten ein: Ulla weiß nicht, was sie will. Man wird Mutter, oder man bleibt Studentin.

Mutter zu werden, war offenbar eines der perfidesten Mittel, ihre Alma Mater, die nährende Mutter von Greifswalds Studenten in Schwierigkeiten zu bringen! Aber Ulla hielt aus und Norbert fand eine bequeme Art, gutes Geld zu verdienen ...

Auf Stralsunds Matthias-Thesen-Werft stieg wieder einmal der Termindruck. Die Trawler für die SU, schwimmende Fischfabriken mussten unbedingt fertig werden. Bei Verzug kassierte der große Bruder Zinsen und drückte den Preis. Sechs Uhr morgens standen zahlreiche Männer vor einem der großen Schiffe. Jeder erhielt ein Sägemesser. Sie kletterten in den Schiffsbauch, schnitten Platten aus Polystyrol zurecht und mauerten mit pastösem Kleister Isolierschichten an die Stahlwand. Wo sie jetzt noch im Halbdunkel schwitzten, wurde es später kalt; zig Tonnen Fische, ausgenommen und filetiert, lagen dann hier auf Eis.

Am ersten Tag musste Norbert sich melden, damit er auf einer Liste stand. Später kam es nur darauf an, dass die Arbeit zügig voranging. Keiner zählte die Männer und prüfte nach, wie oft jeder kam und wie lange er blieb. Zur letzten Schicht aber, die man ahnte, fehlte kein einziger Mann. Am Schluss bekam jeder sein Geld, jeder den gleichen Anteil, egal, ob er zehn oder vierzehn Tage im Schiffsbauch geschuftet hatte. Biblische Zustände waren das; niemand wusste zu sagen, wer wie lange im Weinberg des Herrn dabei war. Der Kahn war fertig, der Lohn war gut, das nächste Schiff wartete schon. Wer mitmachen wollte, ließ sich notieren. Ob das wohl so blieb, wenn der Sozialismus gesiegt hat?

In solchen Momenten war Norbert mit seinem Arbeiter-Bauern-Staat beinahe ausgesöhnt.

Seucheninsel. Silberpfeil

Norbert kaufte ein, als sei Weihnachten. Ulla freute sich und überraschte ihn mit dem nächsten Job, dieses Mal für sie beide! Vier Wochen vor Ullas Geburtstermin fuhren Norbert und sie mit dem Linienbus von Greifswalds ‚dicker Marie' zur Seucheninsel Riems. Bodycheck, wie an Flughäfen üblich, war noch nicht erfunden. Ganz hinten im Bus, ohne Sonderausweis passierten sie den Schlagbaum, die Seuchensperre.

Sie fuhren in Quarantäne. Norbert würde wie üblich kellnern, für das feiernde Personal des Friedrich-Löffler-Instituts, das zu Ehren der Volljährigkeit ihrer Republik den Seuchenplan des Jahres erfüllte und übererfüllte! Auf Ulla wartete reichlich Abwasch. Zum Republikgeburtstag gab es besonders viel Fett, ein üppiges Einheitsessen, jeder konnte den Braten riechen. Norbert trug geschickt volle Teller hinaus, zwei auf dem linken, einen im rechten Arm, den Daumen unter dem Tellerrand. Die Festreden hörten auf, das Kauen setzte ein. Norbert schleppte Trommeln mit Wein und Bier an die Tische und rief in den Saal: ‚Vorsicht, Maul- und Klauenseuche'. Den Scherz verdankte er Benno, der ihn daran erinnerte, dass sein Gewebe hier bereits auf dem Labortisch lag, als er noch nicht wusste, dass es die Seucheninsel im Greifswalder Bodden gab. Seine Bindehaut wurde vergeblich auf Tier- und Menschenseuchen getestet. Heute hatten sie mehr Erfolg. Ulla stellte eine der schweren Fleischterrinen zur Seite und wickelte ein Dutzend Bestecke zur Hebung der Esskultur in ein Handtuch ein. Auf der Rückfahrt schmerzte ihr heftig der Rükken, ihr Bauch war noch etwas dicker geworden. Aber sie ließen sich beide zu Hause das fette Schweinefleisch schmecken. Nur die Bargeldbilanz blieb mager. Der Lohn reichte für den Babykorb.

Nun fehlte noch das Geld für den Kinderwagen. Norberts Vater fand eine Annonce für ein leicht lädiertes Modell, silberfarbig, vier eiernde Räder, für einhundert Mark. Sie besaßen fünfzig. Keine Sparkasse lieh ihnen Geld. Norberts Vater schickte ihm jeden Monat 180 Mark, seitdem sein Sohn studierte. Als er aber fragte: Geht auch etwas mehr, wo ich verheiratet bin?

Unmöglich, zeterte Gerda, das ist jetzt eure Sache. Aber Vater lieh ihnen fünfzig Mark extra. Sie legten ihr Geld dazu und kauften den Kinderwagen. Er sah sportlich aus, aus solider Pappe, mit Alublech beschlagen. Der Wagen trug ihr Gepäck und eierte zum Erbarmen. Auch der neue Studentenpfarrer und die Kasse der ESG vollbrachten ein kleines Wunder, fünfzig Mark Kredit!

Aber Ulla wohnte noch immer allein, und nach der Geburt war Schluss mit dem Zimmer im Wohnheim. Irgendwo musste ihr Baby doch eine Bleibe finden!

Kapitel 36
Provokationen. Vergebliche Kämpfe

Interview in der Mensa

Ulla traf Norbert zu Mittag in der Bahnhofsmensa. Der akademische Mittagstisch war seit dem Herbst überfüllt. Auch in Labor und Hörsaal kamen Jungstudenten nicht unter, ohne die Altsemester zu stören. Heute schoben sie sich schon wieder in Dreierreihen zur Essensausgabe. Es gab Gemüseeintopf, wahlweise Kartoffeln mit Blutwurst. Die Küchenfrauen schwitzten: Schneller, der Nächste bitte!

Die Altsemester betrachteten und kommentierten die Finken-Dauerparade. Sie schätzten und sortierten die Mädels, verspotteten den Rest. Ulla saß direkt neben Norbert am Stammtisch; seine Frau wurde akzeptiert.

Auf einmal erhoben sich Uwe und Micha. Uwe hielt ein Mikrofon, Micha trug das Tonbandgerät. Als Mitglieder des Studententheaters interviewten sie alle Neuen. Halb ernst, halb im Scherz fragten sie: Wie gefällt euch Greifswald, das Studium? Leise, kurze Antworten kamen. Sie klangen positiv. Also weiter: Was haltet ihr von der Hochschulreform in Honduras?

Verwirrtes Lachen: So'n Blödsinn! Uwe übertrieb, es lag in seinem Charakter. Die meisten blieben stumm; da stimmte doch etwas nicht! Die FDJ, der fast nichts entging, musste sich fragen: Woher stammen das Mikrofon und das Tonband? Gehörten sie dem Studentenclub? Den gab es doch nur auf Papier! Sie vermuteten ganz zu Recht eine Aktion der Studentenbühne in Greifswalds ‚Schwarzem Adler'. Man kannte doch die Typen! Alle Mitglieder

der Studentenbühne waren bekannt und verdächtig! Vor jedem neuen Chemikerball ärgerten die die HSGL mit einem frechen Programm. Zwar strichen sie ihnen die schlimmsten, die staatsgefährdenden Verse bis auf Kalauer, blöde Witze, doch was passierte abends? Auf der Bühne wurden die Texte trotzdem vorgetragen, bei voller Dekoration! Hexen und Teufel schmückten den Saal, gemalt in grellen Farben. Es herrschte unsozialistische Giftküchenatmosphäre. Wer aber stand auf der Bühne? Uwe!

Heute leistete Uwe M. sich die nächste, schwerwiegende Provokation, eine unerlaubte Befragung unverdorbener Jungstudenten! Die HSGL beriet. Sie wussten zwar, gegen die aktuelle Studentenbewegung an westdeutschen Unis waren das Albernheiten. Für Greifswalds Verhältnisse aber war der Maßkolben der Verfehlungen bereits randvoll gelaufen. Diese spontane Aktion produzierte nur noch mehr Galle, und der Hass der Funktionäre lief inzwischen ebenfalls über. Sie planten ein Exempel!

Uwe, der von ihrer Absicht erfuhr, stöhnte abends beim Bier: Wir hätten es wissen müssen, stalinistische Bürokraten verstehen keinen Spaß!

Seine Kommilitonen nickten. Doch die meisten schwiegen dazu. Jeder hing mit den Fasern der Existenz am Wohlwollen der FDJ, und die bestand, wie man wieder begriff, aus todernsten Ideologen. Hinter ihnen stand die Partei, und sie war bewaffnet, gegürtet mit Schwert und Schild!

Uwe, er konnte nicht anders, zitierte im falschen Moment Peter Weiß: Was ist aus unserer Revolution geworden?

Peter Weiß hatte Trotzki in Szene gesetzt. Nun war der Dichter selbst als Renegat gebrandmarkt, zur Unperson geworden. Würde es Uwe genauso gehen?

Klärung eines Sachverhalts

Norbert war inzwischen so heimatlos wie Ulla und das Baby. Dandy und Olaf hatten sich im Herbst durchgesetzt und verlangt, Norbert solle zu seiner Frau ziehen, das Logischste von der Welt, aber nicht in Greifswald! Dennoch schlich er sich, so oft es ging, weiterhin zu Ulla. Oft schlief sie schon, wenn er kam und sich zu ihr legte. Dann wagte er es nicht, den doppelten Schlaf zu stören. Auch erfuhr sie nichts von seinen Ängsten. Er hatte tatsächlich Glück!

Früh um fünf Uhr klopfte die Stasi bei Micha. Er öffnete. Ein Greifer schob den Schuh in die Tür, um Micha abzuholen, zur ‚Klärung eines Sachverhalts', eine übliche Floskel. Der zweite schaute sich um: Ist das Ihr Tonbandgerät? Sie ließen es laufen, sie lauschten. Sie befahlen: Anziehen, mitkommen, und zwar jetzt!

In der Stasi-Zentrale ließ man Micha sitzen und warten, allein. Er vermutete, dass auch Uwe in einem Zimmer saß und wartete, lange, allein wie er selbst.

Sie absolvierten den Grundkurs in Zermürbungstaktik. Endlich kam ein Vernehmer. Er fragte sofort nach dem Interview in der Mensa. Er ließ das Tonband laufen. Micha hörte leider nicht nur die Jungstudenten plappern. Einige Witzbolde hatten am Stammtisch Walter U. sowie Erich H. parodiert, plattes Sächsisch, näselndes Saarlanddeutsch. War das Studentenulk oder provozierte sie hier der ideologische Gegner, der westliche Klassenfeind?

Wieder und wieder ließ der Vernehmer sich den Hergang schildern. Micha sagte so wenig wie möglich; der Stasimann würde seine Antworten mit denen anderer vergleichen. Jetzt wurden die Fragen schärfer: Wollten sie die nicht doch Lage an der Uni destabilisieren?

Micha erschrak, schüttelte den Kopf: War doch alles nur Spaß!

Er hoffte, Uwe und andere würden dasselbe sagen und dabei wenig reden. Wie dumm musste man sich stellen, um glaubhaft den Hanswurst zu spielen! Micha kotzte sich selber an. Doch auch das durfte keiner merken.

Stunden später winkte man ab. Bei Micha, wohl auch bei den anderen war nicht viel zu holen; sollte die HSGL doch sehen, woran sie mit diesen Studenten war! Man ließ sie laufen, streng getrennt: Kein Wort an Dritte, hier unterschreiben!

Jedes Stasibüro, dachte Micha, ist eine Welt für sich, außerhalb ihres Alltags. Wie real war der Tresen bei Zabback! Sie brauchten Zeit, sich zurechtzufinden, diskutierten den Ernst der Lage; sie hatten sie unterschätzt!

Am Tag darauf begann es. Voller Hass auf die renitenten Studenten inszenierte die Hochschulleitung eine Exmatrikulation: Peinliche Befragungen begannen, unter Ausschluss der Öffentlichkeit, sauber protokolliert. Jeder Student wurde nacheinander in die Mangel genommen, alle Sachverhalte durch Zeugen erhärtet. Es lebe die Spitzelei!

Eiszeit. Ullas Versuchung

Parteisekretär Dr. Wünsch kannte weder Micha noch Uwe persönlich. Er saß dem Tribunal vor. Aber Uwe, Micha und andere hatten ihr Diplom vor der Nase. Micha kam davon. Für Uwe sprach Nichts und Niemand. Man beschuldigte ihn der Spottlust, der Verleumdung führender Kader. Gesellschaftliche Arbeit? Negativ, auf ganzer Linie! Ein Wunder, dass der Mann nicht längst relegiert worden war! Uwes unsozialistisches Fehlverhalten schrie nach einer Strafe! Er durfte sich ein Jahr lang bewähren, in der

Produktion, eine beliebte Methode, freie Geister zum Schweigen zu bringen.

Micha schwieg dazu, er wusste warum. Sein Tonbandgerät blieb zwar konfisziert, doch er studierte weiter. Frau Bölter von der Sportsektion lobte ihn gleich mehrfach. Er trainiere die unteren Semester im Rudern. Vor Jahren sei er im Ruder-Einer DDR-Hochschulmeister geworden! Heute repariere er ihre Boote mit Polyesterharz, und er bringe die neue Methode ihrem Bootsmeister bei, was ihnen Kosten erspare.

Es fehlte nicht viel und Micha hätte eine Prämie kassiert!

Norbert, durch Benno und Ulla in vieler Hinsicht sensibler geworden, schrieb nach Michas knappem Bericht über die Höhepunkte des Tages in sein schwarzes Heft:

Die Erstarrung
ist weiß
oder schwarz
Worte
ein Rauch
ein Schweigen

Jemand hat eine Krähe
ans Wegkreuz genagelt
Neige dich
gegen den Wind
aber geh
und zertritt mir das Eis
auf der Zunge.

In die Wüste. Zu neuen Chancen

Ullas Quintessenz aus pommerscher Sturheit und einigem preußischen Stolz verstärkte noch ihren Entschluss, weiter Chemie zu studieren! Sie lief mit Norbert zum Fischmarkt, direkt zum Prorektorat: Im Familienwohnheim Lönsstraße ist jetzt ein halbes Zimmer frei. Darf ich mit dem Kind dort wohnen? Doch dem hageren, schmallippig lächelnden Internatsverwalter, der zu allem Überfluss Schließer hieß, fehlte, wie er betonte, jede Handlungsvollmacht. Er sah sich zwar Ullas Bauch an, aber kein Muskel zuckte, als er erklärte: Es sei denn, Sie bringen mir einen Beleg für die Dringlichkeit ihres Antrags!

Ulla lief nochmals zur HSGL, der das Heim gehörte. Norbert blieb draußen, aber es half nichts: ‚Für dich ist kein Zimmer frei, Jugendfreundin. Hat dein Mann nicht für den Chemikerball diese unsozialistischen Verse verfasst, die dieser Uwe trotz Verbot auf der Bühne gelesen hat? Uwe sind wir los, deinen Mann kriegen wir auch noch. Am besten, du trennst dich von ihm. Bemühe dich in Zukunft, gesellschaftliche Arbeit zu leisten, dann kannst du wiederkommen'.

Ulla schluckte, wurde noch blasser, kam heraus und schüttelte stumm den Kopf. Ihr langer Pferdeschwanz zuckte. Sie ging mit Norbert die F-Straße abwärts, über die Bahnschranke, in den Nebel zwischen den Rübenfeldern. Norbert fragte nicht. Ulla redete nicht. Sie hatte nur einen Gedanken: mein Kind braucht Ruhe, ein eigenes Bett. Ich habe ein Recht auf ein Zimmer!

Inzwischen hing Uwes Kittel mit seinen braunschwarzen Flekken, an dem die Chromschwefelsäure weiter und weiter fraß, unbeweglich an seinem Nagel. Die Exmatrikulierten hatten die Uni bereits verlassen. Es war ein Befehl. Ein derartiges Versagen der sozialistischen Intelligenz musste geahndet werden. Man schickte den Delinquenten Uwe zum VEB Berlin-Chemie. Dämpfe von Schädlingsbekämpfungsmitteln zogen durch die Luft. Arbeiter hielten das aus. Uwe blieb dort nicht lange. Sein Studienplatz war verloren, er musste erst einmal dienen: Keine Diskussionen, Genosse!

Für Uwe erwies sich der ‚Ehrendienst bei der NVA' sogar als Glück im Unglück. Sein Kittel, der wie eine Giftspritze roch, nach DDT und Lindan, auch er hing bereits am Nagel. Am NVA-Standort Potsdam suchte ein Offizier schon seit 1957 Leute für einen Zirkel, der literarische Texte verfasste. Kein Genosse Soldat war begeistert. Uwe witterte seine Chance. Sein neues Engagement machte die Runde in Greifswalds Kneipen. Zyniker behaupteten, das hätte er nur der Kritik der FDJ zu verdanken. Jeder fände im Sozialismus seinen gebührenden Platz!

Und wenn es im Knast ist, krächzte Olaf. Er hatte schon zu viel intus. Man provozierte weiter: Ob Uwe den Förderern seiner Kunst dies jemals danken wird?

Olaf sprang auf: Gib ihm eins auf die Schnauze! Norbert hielt ihn zurück, sie gingen.

Uwes Exmatrikulation saß allen in den Knochen; Verdammte Hurerei! Täglich suchten sie Möglichkeiten, die Erstarrung zu überwinden. Wenigstens klappten die Großversuche in technischer Chemie; eine Qual war das siebente Semester! Doch die Ausbeute war zufriedenstellend, der Assistent zufrieden. Nur Ulla beschwerte sich ab und zu. Sie lebte in der Furcht, das Wichtigste zu verpassen. Ihr Studium lief zwar geregelt weiter, doch ihr fehlte die Zuwendung Norberts, seine Zärtlichkeit, seine Liebe. Ihre Hormone spielten verrückt. Sie wusste das, doch es änderte nichts. Und neben ihr lag ein Student, der voller Sorgen steckte, Sorgen um sie und das Kind, Sorgen um seine Karriere. Auch er war im Fokus der HSGL und hatte noch kein Diplom ...

Kapitel 37
Maschinensprache. Geburtskanal

Pseudowehen. ODRA 1013

Eines grauen Morgens wurde Ulla viel zu früh wach. Ihr Leib verkrampfte sich heftig und der Rücken schmerzte. Sie stand auf, zog sich an. Norbert musste mit. Er schloss die Tür, dann das Vorhängeschloss. Raureif lag auf dem Pflaster, die Stadt war still. Anfang November, sie hatten kein Ohr, keinen Blick für die Morgenstimmung. Zwanzig Minuten zu Fuß durch den Nebel. Dann standen sie vor der Frauen- und Kinderklinik am Schießwall. Drei Stockwerke Backstein, vergitterte Fenster. Hinter einigen glimmte es blauviolett. UV-Licht sorgte im Säuglingssaal für Ozon und keimarme Luft.

Ulla zog sich die Treppe hinauf bis vor die Entbindungsstation. Die Schwestern beruhigten sie. Das Spieglein, Spieglein in ihrem Bauch wusste es bald genauer; es sind Senkwehen, bis zur Geburt kann es noch lange dauern. Man schickte die beiden fort. Sie waren erleichtert, doch auch enttäuscht, liefen langsam den Weg zurück, am Karl-Marx-Platz vorbei, zur Eisenbahnschranke, zwischen Botanischem Garten und Molkerei hindurch. Kästen mit gläsernen Milchflaschen klirrten. Sie balancierten auf Kopfsteinpflaster bis in die Fleischerwiese.

Norbert kam noch pünktlich ins Physikochemische Institut. Dr. Buhrow, er lehrte die Chemiestudenten höhere Mathematik, erwartete ihre Gruppe. Seine große Stunde war da. Man hatte sie endlich geliefert, aufgestellt, in Betrieb genommen, die fabrikneue EDV-Anlage ODRA 1013, entwickelt von der Partner-Uni in Wrocław an der Oder. Zwei Meter hohe, drei Meter breite

Recheneinheiten in Schränken aus grünem Blech standen verteilt im Saal. Der Linoleumfussboden glänzte. Man musste ihn staubfrei halten. Die Seminargruppe staunte über die ausgedehnte Maschine, gebaut in Halbleitertechnik, und ihre Rechenleistung. Die Studenten des fünften Studienjahres konnten zusehen, wie sie rechnete! Die blechernen Fronten der Schränke waren mit zahllosen Lämpchen bestückt. Im Bruchteil von Sekunden flackerten sie auf und verlöschten wieder, manchmal einzeln, dann dutzend- und hundertfach. Im Rhythmus der Rechenschritte rasten Bündel von Lichtern vorüber, rote und gelbe Cluster sprangen über die Schrankoberflächen. Hin und her, auf und ab wogten Lichtkaskaden, als wehte im Inneren der Maschine ein elektronischer Wind.

Das ist die Arbeit der Numerologen, flüsterte Benno halblaut. Dozent Buhrow aber genoss, wie die meisten seiner Studenten die Faszination der Maschine. Er liebte die Rolle als stolzer Vermittler zwischen dem chemischen Wissen und der lackneuen EDV. Lange hatte er darauf gewartet, von einigen Kollegen reichlich Spott ertragen.

Doppelbad zu dritt

Buhrow holte seine Studenten zurück in den Studienalltag: Sie sind Vordiplomanden, sie lernen als erste, die Maschine zu programmieren. Unser Großrechner spricht die Sprache ‚Most', also so viel wie ‚Brücke'. Bauen sie ihre erste Brücke zur elektronischen Welt!

Stummes Nicken. Es würde Arbeit geben, sie machte vielleicht sogar Spaß.

Norbert blieb für Ulla von nun an noch weniger Zeit. Er küsste sie auf dem Flur. Doch sie gingen täglich spazieren, meist in die

Nähe der Frauenklinik. Links lag das Klubhaus der Eisenbahner, dann kam das Städtische Bad, früher ein Moor- und Solebad. Im Stadtpark, im winzigen Zoo dahinter stank es oft nach Fleisch. Dort ließen die satten Wölfe ihre Fleischmahlzeit liegen. Daneben traten Füchse und Luchse auf Betonflächen ihren Kot platt. Ulla musste würgen und sie drehten um. Schwangere sind geruchsempfindlich. Kurz entschlossen gingen sie baden.

Seitdem Norbert und Ulla verheiratet waren, genossen sie das Familienbad: Wir bitten, den Personalausweis unaufgefordert zu zeigen!

Ulla trug ihren Rücken kerzengerade, streckte den Kugelbauch vor sich her. Norberts Kinn juckte, sein Vollbart spross. An der Kasse zahlte er einige Groschen. Sie traten in einen gekachelten Raum. Dort standen zwei Gusseisenwannen auf ihren Löwentatzen. Zwei Lattenroste für ihre Füße, zwei Lattenhocker für ihre Wäsche. Sie warteten, dass die Badefrau in der Gummischürze die emaillierten Wannen für sie sauber schrubbte. Ihr rundes Gesicht wurde rot, glühte von Dampf und Hitze. Sie beugte sich weit nach vorn, ihr Hintern verdrängte viel Luft. Ulla zog aus der Reisetasche zwei frische Garnituren, Seife und Badetücher, eine Flasche Shampoo hervor. Endlich strömte aus dicken Kupferrohren, die kreuz und quer über die Wände liefen, heißes Wasser in beide Wannen. Kalt wurde es von selbst.

Die Badefrau ging, schloss die Tür von außen. Sie ließen die Kleidung fallen und tauchten langsam ins Wasser, jeder in seine Wanne. Ullas Bauch schwamm nach kurzer Zeit oben, hob sich schwimmtierartig über den Schaum, den sie mit Shampoo schlug. Schon zeigte die Haut ein paar Beulen, dem Baby war heiß geworden. Es turnte, verschaffte sich Platz. Norbert kletterte aus seiner Wanne und stellte sich neben Ulla. Er tastete ihre Rundungen ab, legte sein Ohr auf den Bauch und lauschte. Ulla lachte, dann stieß sie ihn von sich: Du nicht, das Baby soll kommen! Sie wurde ungeduldig. Auch eine zweite Spiegelung hatte das Baby nicht locken können, es wollte nicht heraus. Kein Wunder bei drei Grad plus und Schneeregenstürmen vom Bodden her. Norbert konnte das Kind verstehen; das ungemütliche Zimmer, Pappwände, eiserner Ofen, der Briketts frisst und glüht, aber gleich wieder kalt ist, da bleibt man dort, wo es Sicherheit gibt, im Fruchtwasser, warm und gewiegt.

Datenverarbeitung. Die Lanthaniden

Ulla und Norbert, vom Baden erhitzt, in ihre Mäntel und Schals gehüllt, liefen zurück zur Wiese. Es begann zu schneien. Ulla machte sich eigene Gedanken: Vielleicht spürt das Kind, dass der Schnee auf der Haut nicht das kälteste ist, das die Stadt ihm bietet. Sie fürchtete sich vor dem Blick der Studentin, verächtlich über die Schulter geworfen, die wegen ihr ausziehen musste. Neid und Hass schlichen durch das Wohnheim. Nur ihre Kommilitonen grüßten fröhlich wie immer. Doch Ullas Kreislauf schwankte; sie war im zehnten Monat. Dennoch ging sie zum Seminar, saß vor Dr. Buhrow. Er zeigte Verständnis für die Familie. Der Mann hatte selbst vier Kinder.

Norbert entschied sich, seine Diplomarbeit direkt bei Buhrow zu schreiben, Leuchtstoffforschungen für Bad Liebenstein. Buhrow freute sich und wiederholte: Lernen sie zuerst, den Großrechner zu bedienen, Steuerbefehle und Daten auf Lochstreifen einzustanzen, die Maschine korrekt zu füttern. Dandy und Olaf standen daneben und lächelten gequält. Bei welchem Mentor sie auch diplomierten, die Maschinensprache der EDV musste jetzt jeder lernen. Die Partei hatte endlich den Irrtum erkannt, die kybernetische Wissenschaft als westlich dekadent jahrelang abzulehnen. Sie hatten den Anschluss verpasst. Nun aber paukten alle Studenten die Start-, Stopp- und Sprungbefehle zur Verarbeitung ihrer Daten. Sie hörten und begriffen, was Algorithmen bedeuten.

Buhrow aber nahm Norbert am Arm und wies seinen Diplomanden persönlich in die Messtechnik ein: Sie kennen im Keller die Spektrometer. Dort werden Sie einige Wochen messen. Sie haben bald ein Baby im Haus, nutzen sie die Nacht. Mir ging es früher genauso.

Dann kam sein Lieblingsthema: Um die spektrale Verteilung der Leuchtstoffe zu berechnen, hilft die EDV. Sie werden staunen, wie schnell das geht. Schon haben sie die Daten der Glockenkurven parat, brauchen sie nur noch zu zeichnen. Auch das kann man mit einem Plotter automatisieren, aber den haben wir leider nicht.

Norbert nickte und dankte. Er war zufrieden. Dr. Buhrow sprach ihm noch Mut zu: Vielleicht bringen die Lanthaniden Glück. Wir setzen sie das erste Mal als Koaktivator ein. Seltene Erden sind immer wieder für Überraschungen gut. Sollten Sie es schaffen, mit einem dieser Stoffe die Lichtausbeute zu steigern, dann wäre das eine Eins im Diplom. Er lachte: Und die ist gut zur Verbesserung ihrer Abschlussnote. – Norbert senkte den Kopf, wurde rot. Natürlich kannte Buhrow seine Schlappe bei Prof Madeja. Aber er sagte kein Wort, er wusste, Norbert hatte jetzt noch andere Probleme.

Ein Montag im November

Ulla hatte sehr schlecht geschlafen. Vermutlich war es der Kreislauf, oder es lag am Schweinefleisch in ungewohnten Mengen. Sie hatten es von der Freibank geholt, mit Appetit gegessen, gut gesalzen, aber schön fett. Heute Abend aß es Norbert allein, es war fleischloser Tag in der Mensa. Gegen vier Uhr morgens jedoch begann eine neue Zeit. Jemand fing an zu klopfen, Ulla konnte es hören. Sie sprang aus dem Bett, die Hähne krähten, die Eisenbahn pfiff und die Milch floss in Flaschen. Schneeregen, kurzzeitig Sonne. Norbert beeilte sich. Beide gingen ihren vertrauten Weg. Ulla hielt sich fest, bis sie Norbert loslassen musste. Die Frau verschwand in der Klinik. Diesmal behielt man sie dort. Aber es würde noch dauern, meinte die Hebamme sachlich.

Norbert verbrachte den Tag im Labor, mischte genaue Mengen Calcium-Orthophosphat mit Kupfernitrat, und fügte der Pulvermischung kleinste Mengen von Carbonaten der Seltenerdmetalle hinzu. Er glühte das Pulver im Muffelofen bei 1600 Grad. Ein Thermoelement, eine Kugel aus Nickel und Platin maß die Temperatur. Aus der abgekühlten, zerstoßenen, fein zermörserten Masse presste Norbert Tabletten für die UV-Licht-Messung. Später saß er am Spektrometer und stellte die Messparameter auf das für Kupfer als Aktivator typische blaugrüne Licht ein, dessen Intensität mit der Messfrequenz schwanken würde. Er gab sich Mühe, die lichtschwache Anzeige am Spiegelgalvanometer richtig zu erkennen. Anfangs hatte ihm Ulla geholfen, heute kämpfte sie ihren eigenen Kampf ...

Um fünf Uhr nachmittags meldete Norbert sich das erste Mal auf der Station. Er hörte eine gereizte Schwester und wurde zurechtgewiesen: Das Kind sei noch lange nicht da! Also setzte er sich in den Wägeraum und studierte die Lanthaniden, erste Untergruppe der dritten Nebengruppe, sechste Periode im Periodensystem. Neben dem Lanthan, mit dem die Lanthaniden beginnen, gibt es vierzehn weitere metallische Elemente, die sich sehr ähnlich sind, weil sich die Elektronenhüllen nur in der weit innen gelegenen f-Schale unterscheiden.

Ulla badete lange und zog sich um. Dann blickte sie durch das Fenster zum nahen Sportplatz hinunter. Sie sah Studenten zu, die dort einsam Runde für Runde liefen. Norbert, das wusste sie, hatte hier pflichtgemäß vier Semester lang Sport getrieben, keinen Tag mehr als nötig. Ulla war noch im Herbst auf dem Ryck im Einer gerudert, so lange es ihr Bauch im schmalen Ruderboot zuließ. Das Kind strampelte bei ihrem Training im Rhythmus der Riemenschläge. Gern hatte sie sich in Ruhe den Ryck hinab treiben lassen, bis in den Wiecker Hafen. Als sie daran dachte, spürte sie die Kopfschmerzen kommen.

Eine Schwester brachte ihr Suppe. Die Suppe ließ Ulla stehen. Sie und das Kind, im gleichen Rhythmus, hörten nicht auf zu rudern. Es half, die Zeit zu verkürzen.

Im Geburtskanal

Im Wiecker Hafen lag schlank und weiß und über die Toppen geflaggt, zur Ausfahrt bereit das Segelschulschiff. Ulla trieb langsam vorüber, ließ ihren gewölbten Bauch von den Seekadetten bewundern. Rufe, Pfiffe, Geschrei. Eine Bootsmannspfeife sorgte für Ruhe. Ulla ruderte hart zurück, vorbei an Fischkuttern, schwarz geteert, und der Fisch immer frisch, aber Ulla, nein danke, sie mochte keinen Zander. Lieber Schweinefleisch? Das schon gar nicht! Sie hatte keinen Hunger, lag nur da und war müde, und wurde plötzlich sehr froh.

In Ullas Körpermitte, in der dunklen Mitte der Zeit begann ein Loch zu klaffen. Man führte sie in den Kreißsaal. Dort ruderte Ulla weiter, kam wieder bis nach Wieck, wo im Vorpommernland die Zugbrücke prangt und der Landschaft den flämischen Ausdruck verleiht, den man auf Gemälden von Van Dyck und Vermeer erkennt. Diese Maler vererbten ihr Licht, ihr schimmerndes Leuchten an Caspar David, den Greifswalder Maler Friedrich … wieder begann der Schmerz!

In diesen Minuten begann sie also, die Scheidung der Wesen, von innen nach außen, von Herzen, mit Schmerzen, blutig und zärtlich, brutal.

Wie spät war es eigentlich schon?

Ulla lief in Gedanken zu Fuß durch den Stadtpark. Das Anschlussgleis führte sie von der Hauptstrecke bis hinüber zum Hafen, auf der Nordseite weiter bis Ladebow an der Boddenküste, dem U-Boot-Stützpunkt der NVA. Vor dem Gleis aber floss der Ryck durch den Sumpf, lagen Wiesen in Richtung Stralsund. Dort standen einst Windmühlen, die man heute auf grafischen Blättern noch sehen konnte, sauber in Kupfer gestochen. Und die Mühlen kreisten. Und das Kind wollte kreisen und drehte sich, und wurde immer noch festgehalten, von einer Art Sicherheitsleine. Endlich nahm man die Glocke zur Hilfe, befreite das Kind von der Mutter und ließ es von der Leine. Es wurde abgenabelt. Schon setzte man es dem Ozonlicht und gewöhnungsbedürftigen Rottönen aus. Zunächst war es nur eine Rotlichtlampe, später das Festtagsplakat am Klubhaus der Eisenbahner, zum siebenten Oktober, das war vor gut einem Monat.

Norbert bedauerte sehr, aus Gründen zweifelhafter Moral und provinziellen Anstands nicht bei Ulla gewesen zu sein. Später fehlte ihm jeder Sinn für das Drama der Geburt eines Menschen. Dabei vollzog sich nach festen Regeln die Teilung der Welt in zwei Sichelmonde, die auseinander strebten, zwei Ringe Saturns, eine offene Wunde, die alles umschließende, alles gewährende weibliche Weltanschauung.

Kapitel 38
Der Sohn

Zur rechten Zeit. Am falschen Ort

Norbert aß Montagabend allein in Ullas eiskaltem Zimmer, viel Schweinefleisch, etwas Brot. Träge lief er danach zum Wall, zur Studentengemeinde, Jakobiturm. Der Vortrag war gut, wie fast immer. Norbert konnte sich nicht konzentrieren. Seine Gedanken liefen zum Schießwall, wo das Kind nun bald ankommen musste, zwischen Kapaunstraße, Lönsstraße, Sportplatz, kurz vor dem Greifswalder Tierpark, in dem die Wölfe gähnten …

Endlich, halb zehn Uhr abends, am Ende des Vortrags wagte er es erneut, die Klinik anzurufen. Er lief die Stadtmauer längs, durch die verfallene Schäfergasse, ganz Fachwerk, ganz Lehm, von Helmut Maletzke zur schönen Grafik verfälscht. Hätte Norbert gewusst, dass auch Maletzke ein Telefon besaß, er hätte bei ihm geklingelt. Er konnte ja nicht ahnen, dass dieser Maler ein Spitzel war, der die pommersche Kirche belauschte wie Miriam. Greifswald und seine Maler, das war ein Fall für sich.

Keine Zeit für solche Betrachtungen! Norbert lief zu einer der wenigen Telefonzellen dieser Stadt. Sie stand dicht neben jener öffentlichen Bedürfnisanstalt am Schießwall, ein Jugendstilpavillon. Zwei Bedürfnisse konnte man also an einem Ort erledigen. Über das erste kein Wort. Das zweite verlangte Geduld. Für zwei Groschen schaffte es Norbert trotzdem, die Entbindungsstation zu hören. Er erfuhr, dass er angeklopft hatte: Sein Sohn war auf der Welt!

Wird auch Zeit, dass sich jemand meldet! Was wollen sie, zu Besuch? Aber nicht mehr heute! Da hatte Norbert schon aufgelegt. Er rannte die zweihundert Meter zur Klinik und hetzte die Treppe hinauf. Schon stand er in dem Stockwerk, in dem gegen neunzehn Uhr dreißig das Wesentliche geschehen war.

Sie brauchen sich nicht zu beeilen, die Mutter schläft ja fast!

Norbert war nur der Vater. Hier herrschten die Schwestern in steifen Hauben. Sie bewahrten die Kinder bei Tag und Nacht hinter einer gläsernen Wand, von Mutter und Vater getrennt. Das waren nichts als unsterile, bis auf die Haut verkeimte Gestalten.

Nun kommen sie schon, aber leise!

Norbert sah seinen Sohn. Er lag hinter Glas. Wo aber war Ulla, wie ging es ihr? Man ließ ihn in ihr Zimmer.

Ullas müder Bericht

Auf den wenigen Metern von seinem Baby zu seiner Frau, ahnte Norbert zum ersten Mal, wie diese Welt funktionierte. Sie hatten in der Studentengemeinde vor kurzem noch die gewichtige Frage nach Gott und der Wahrheit gestellt. Hier war sie beantwortet worden. Es ging schmerzhaft, blutig und handgreiflich zu, nüchtern und steril …

Ulla flüsterte Norbert zu: Ein bisschen Sauerstoff, aber nicht viel. Vor allem half die Glocke.

Diese Glocke sang kein Halleluja. Ein saugender Laut war zu hören, als sich ihre Gummimanschette auf den kindlichen Schädel. Der zog sich leicht in die Länge, bis er den Weg allein fand. Das Tor weit geöffnet, glitt er hervor aus der Frau, die abends im Kreißsaal verschwunden war und hatte sich verdoppelt; vier statt zwei Beine, vier Arme, zwei Schädel, wo einer schon dickköpfig war und etwas länglich gebaut. Ullas schmale Augen, die sich vor Müdigkeit schlossen, hatten sich nicht vererbt. Das Kind besaß Bennos großes, Norberts staunendes Augenpaar! Der schlich sich trunken vor Glück davon, um ihren doppelten Schlaf nicht zu stören, jeder an seinem Ort, Ulla in ihrem Zimmer, Norberts Sohn, steril verpackt, von keimabweisendem Blaulicht beschienen, im Saal der Neugeborenen. Von draußen, vom Schießwall her sah Norbert noch einmal hinauf ins vergitterte Blauviolett, ein Leuchten, als hätte Caspar David sein Licht dafür hergegeben. Denselben violetten Schimmer sah man im Bild ‚die Lebensstufen'; man findet es in Leipzig.

Hinter Gittern. Weibliche Geometrien

Norbert umkreiste erneut das stinkende Pissoir, ein Kleinod der Greifswalder Architektur. Danach begann der Stadtwall. Norbert lief Richtung Bahnhof. Auf der anderen Seite des tiefen Grabens, aus dem die Stadtmauer aufstieg, hinter der Backsteinmauer schwieg eisern bewehrt der Knast.

Sieht so aus, dachte Norbert, als ob Säuglinge, Wölfe, Gefangene hinter ähnlichen Gittern leben, eine seltsame Kumpanei.

Es war spät. Es war kalt. Er stieg vom Wall zum nahen Bahnhof hinunter, als die Domuhr, durch dicke Wolken gedämpft, elf Schläge von sich gab. Er eilte an der MITROPA vorbei, wo Willi vermutlich wie jeden Abend, bis auf paar freie Tage im Monat, Bier und Korn, fette Gulaschsuppen und Bauernfrühstück servierte, Soljanka nicht zu vergessen. Norbert fehlte das Geld und die Ruhe. Seit heute gingen die Uhren anders. Er stieg auf die Brücke, querte die Bahnsteige, lief in die Wiese und schloss krachend die Tür zu Heim III. Er klopfte an Michas Zimmer, in dem er offiziell wohnte, schloss auf und griff sich zwei Bier. Er stieg in den ersten Stock. In der kalten Küche thronte der riesige Topf, mit Laugenstein ausgekleidet, in dem die Mediziner vor Jahren Schädel kochten. Norbert ging zur alten Adresse, klopfte ans Dreimannzimmer. Olaf war unterwegs, aber Dandy war da, schien zu schlafen. Norbert drückte ihm ohne viel Rücksicht ein Greifen-Pils in die Hand: Prost Dandy! Der schreckte auf: Du bist es; was willst du? Prost Norbert! Was feiern wir denn so plötzlich?

Norbert, nicht ohne Stolz: Meinen Stammhalter, was denn sonst!

Dandy gähnte, dann erhob er sich mühsam. Er wünschte Norbert Glück und dachte an seine Blonde, mit der er lange verlobt war. Zur Vaterschaft trieb ihn nichts: Bei dir ist das etwas anderes, Norbert.

Was er auch meinte, so war es.

Am nächsten Vormittag endlich hielt Norbert im Flur der Station seinen Sohn im Arm. Verlegen blickte er auf das knallrote, winzige Bündel Mensch, dessen Haut den Händen der Waschfrau glich, die im Stadtbad die Wannen schrubbte. Doch Norbert hatte sein Baby vor sich, das es vor etwa zwölf Stunden aus mütterlicher Enge ans sterilisierende Blaulicht schaffte! Er grübelte ...

Dazu musste sein Sohn eine Reihe weiblicher Geometrien passieren, Ellipsoide, zylindrische Ringe, Zweiecke, Dreiecke, Muschel und Rhombus. – Dort musstest du hindurch, armer Kerl! Warte, eines Tages wirst du die Frauen dafür lieben! In dieser Region bestehen sie alle aus geschickt verborgenen Sphären, besser zu zeichnen als zu benennen. An die Darstellung jener schamhaften Teile wagten sich pubertierende Knaben und gestandene Mediziner, zum Glück auch nicht wenige Künstler, zum Beispiel dieser Picasso. Er verhüllte die Frauen rosa und blau und enthüllte sie dann kubistisch. Norbert hatte die Biographie gelesen. Seitdem sah er weibliche Wesen in allen Positionen als magische Zeichen an. Sie kreisten schamhaft und ohne Scham um ihr natürliches

Zentrum, eine mit wachsender Lebenserfahrung attraktiver werdende Wirkungssphäre. Gerüche und Haut, Geflüster und Küsse verwandelten so die männlichen Glieder in kaum noch beherrschbare Apparate, erigierte Pfähle. Deren Mikrogramm leichte Fäden kombinierten die Frauen mit ihren eigenen, schwergewichtigen Zellen, und sie ließen innerhalb einiger Monate Neues daraus entstehen. Aus genetischen Buchstaben, Tripletts, Genomen, aus mikroskopischem Zeichenvorrat wird handfestes Fleisch mit Kopf, Armen, Beinen und einer sanften Haut, die Norbert in diesem Moment fast durchsichtig erschien, mit winzigen Fingern und Zehen. Dieser Mensch, er hielt ihn in Händen, war einen halben Meter lang und dreitausendfünfhundert Gramm schwer. Soeben bestand er unüberhörbar den Lungenfunktionstest mit Sehr gut. Das Kind konnte schreien und wurde knallrot, war lebendig und strampelte, alles in einem, der Knabe war ihnen gelungen. – Norbert sah zu den Schwestern hinüber. Ihre Blicke verloren bereits an Geduld. Eilig gab er den Säugling zurück. Mit Armen und Beinen rudernd, kreuzte und querte der Junge den Raum, als sei er auf der Suche nach einem festen Punkt. Wo würde das Kind seine Mitte finden? Ein Platz für sein Bett wäre schon genug.

Aufgeben oder verzweifeln

Norbert verließ die Station. Der Wind aus Nordost blies kalt. Er knöpfte das Wattefutter in seine Amikutte und lief erneut in die Stadt. Am Nachmittag besaß er bereits eine Geburtsurkunde. Er brachte sie vor den Schreibtisch, an dem über Ulla, das Kind, dessen Zukunft entschieden wurde. Der Prorektor für Studienangelegenheiten, dieser hagere, bartlose Schließer schwenkte allerdings wieder den Kopf und meinte, er könne nichts tun. Er gab Norbert seine Papiere zurück: Dringlichkeit ist etwas anderes. Mit einem Beleg als Forschungsstudent oder Führungskader der FDJ könnte ich ihnen helfen. – Norbert nickte und schwieg. Dann ging er. In ein paar Tagen entließ man Ulla. Die Betten auf der Entbindungsstation waren wie immer knapp. Was wurde aus dem Kind?

Noch eine Frage musste er klären; was nahm er der Ulla mit, reichte sein Geld noch für eine Blume? Er schob die Hand in die Tasche. Im knautschigen Portemonnaie fand er Mensamarken und Kleingeld.

Trübe Aussichten über dem Bodden. Der Himmel wurde schwerer. Schneewolken zogen herauf, wurden über den Ryck heran geblasen, gegen Pulverturm, Schießwall und Altstadt. Bald weißte der Schnee den Theaterplatz, das Dach der Marienkirche. Dick und behäbig, aus rotem Backstein stand sie im Abseits und blieb es. Greifswald ältestes Zentrum war schlicht, im Vergleich mit dem Marktplatz. Seine Stufengiebel, das Gründerzeitpostamt, das Kreishaus der SED hinter der Renaissancefassade, der Markt wirkte protzig, kulissenhaft. Nicht alle Pommern mochten das, auch nicht die Parabolantenne für den innerparteilichen Richtfunk, gut versteckt, hinter der sich die Staatsmacht versteckte, die den Geist der Altstadt verriet.

Der Marktplatz war leer wie fast immer. Norberts Ziel war die Hütte, der runde Tisch, der enge Kreis um Erhard, die Kirchenmusikerinnen. Sie hatten sich aus den Augen verloren. Jetzt probten sie vermutlich im Dom. Das Weihnachtsfest kam näher. Sollte Norbert nicht doch auf ein Wunder warten? Er lief an Rathaus und Fischmarkt vorbei in die Domgasse, Richtung St. Nikolai.

Der Greifswalder Dom war hoch. Sein Turm zerriss die Wolken. Es begann immer dichter zu schneien. Norbert grübelte, wie es Lutz und Rolf mit ihren Frauen schafften, ein Zimmer im Familienwohnheim genehmigt zu bekommen? Er wusste längst die Antwort, sie beide waren Genossen.

Variationen zur Weihnachtsgeschichte

Der ewige Rat der FDJ an alle Studentenmütter blieb gnadenlos immer derselbe: Das Studium unterbrechen und zu den Eltern ziehen; später arbeiten gehen. Auch Ulla und ihr Säugling sollten also nach Hause fahren, bei minus zwölf Grad und Neuschnee in Pommern und Brandenburg. Beim herrschenden Stand der Eisenbahntechnik bedeutete das, ohne Verspätung, gut sechs Stunden Fahrt. Geheizte Waggons waren nicht garantiert. Aber Ulla müsste mit Kinderwagen fünfmal die Züge wechseln ...

Nein, es war unmöglich; Ulla würde auf keinen Fall fahren! Aber was sollte ihr Norbert sagen? Dass sie ihr Zimmer im Heim für sich und das Kind verteidigen müsse, möglicherweise noch lange? – Er drückte sich schamhaft am Dom vorbei. Aus den gotischen Fenstern fiel Licht. Man hörte sehr leise Musik. Er lauschte auf helle und dunkle Stimmen. Sie probten wie jedes Jahr das Weihnachtsoratorium. Norbert fühlte sich ausgeschlossen, fast wie Erhard, den er einmal hier fand und aus dem Dunkel ins Licht zog. Er drückte sich an einen Pfeiler und lauschte: Jauchzet, frohlocket, auf, preiset die Tage, rühmet, was heute der Höchste getan! – So viel wusste er noch aus der Bibel, deren Zeit doch so weit nicht zurück lag. Was hatte sich schon groß geändert! Die alte Geschichte lautete heute, dass ein Befehl von FDJ und Parteileitung ausging, dass alle Studenten sich schätzen ließen, jeder nach seinem Verdienst. Es klang wie eine Verheißung, in diesem Staat studieren zu dürfen! Also machten sich auf den Weg auch Ulla aus P. und Norbert aus K. nach Greifswald; warum? Es war die Heimat von Ullas Familie, die dem Hause der Pommern entstammte. Doch als das Kind kam, war da kein Raum, jede Herberge reserviert!

Dienet dem Höchsten mit herrlichen Chören,
Lasst uns den Namen des Herrschers verehren!

Auch die Musik konnte Norbert nicht trösten. Er wandte sich ab und ging. Die Nikolaigasse führte zur F-Straße. Er lief zum Deutschen Haus. Er musste noch heute ein Zimmer bestellen. Die Schwiegereltern kamen, um ihr Enkelkind anzuschauen, im Advent, in der Klinik, unterm seligen Summen des Quarzlichts.

Was würden die weisen Großeltern bringen, Gold, Weihrauch oder Myrrhe? Norbert lachte bitter. Er lief am Haus des Seifensieders und Lichtziehers Friedrich vorbei. Hier hatte er mit Karlo vor einem Jahr den Maler geehrt. Wo war der Freund geblieben; verschwunden? Kein gutes Zeichen! Norbert nahm sich vor, solange er noch in Greifswald sein würde, sich mehr um Erhard zu kümmern.

Kapitel 39
Erhard und Elisabeth. Norberts Schwiegereltern

Erhards Verklärung

Norbert lief eilig zu Muttchen Hackbarth, in die Kneipe neben dem Dom. Er musste zu sich kommen. Hier konnte er stundenlang sitzen und trinken, ohne zu zahlen. Er nickte dem Muttchen zu, zapfte, setzte sich, trank und grübelte, zapfte wieder und trank. Die Kirchenmusikerinnen kamen von ihrer Probe im Dom, zwischen ihnen Erhard. Traumwandlerisch vollführte er seine hypnotischen Gesten. Er sah elend aus und überspielte wie üblich seine Angst.

Norbert winkte den Blutsbruder näher. Erhard streckte die Arme vor, lange Finger, stülpte die Lippen um, ließ die Zähne, dann seinen Speichel sehen. – Ich bin freigestellt, sagte er leise, singe nicht mehr mit. Für deine Prüfungen? – Die muss ich schaffen, schwor er sich und kroch Norbert fast bittend ins Gesicht. Dann trank er Schnaps und Bier, setzte sich ans Klavier. Er griff in die Tasten, begann zu spielen; das war nicht Bachs Oratorium zur Weihnachtszeit, wie üblich. Erhard spielte Brahms! Er spielte ‚Ein Deutsches Requiem‘! – Hör zu, Norbert, hör mir zu! – Elisabeth kam, rückte näher, wollte noch näher rücken. Erhard stieß sie weg. Der Brahm‘sche Rhythmus dröhnte, drei Viertel, zwei Halbe, ein Marsch, der sich drehte, der Anfang von Satz zwei. Erhard sang dazu: ‚Denn alles Fleisch ist wie das Gras, und aller Menschen Werk ist wie des Grases Blume. Das Gras verdorrt, die Blume verwelkt …‘, jetzt eine Pause, die keiner vergisst.

Das Klavier klirrte weiter, es fehlten die Dämpfer. Verirrte Töne zwitscherten. Erhard hob die Arme, griff in die Luft, als wollte er die störenden Laute fangen, sie unschädlich machen, sie einfach ausradieren! Dann ließ er die Arme fallen und sein Crescendo dröhnen, als würden es die Tasten erschlagen, während Erhards weit aufgerissener Mund den Text nicht sang, sondern schrie: ‚Aber das Wort des Herrn bleibt in Ewigkeit!'

Norbert sah, wie sein Zäpfchen zitterte, sah Erhard zittern, leicht vorgebeugt. Muttchen Hackbarth stand auf, ließ die Stricknadeln sinken. Etwas war mit dem Jungen heute los! Erhards Tenor klang belegt. Sein Hals war viel zu trocken. Schon war er beim dritten Satz, raffte mit einer Stimme Bariton und Chor: ‚Herr, lehre doch mich, dass ein Ende mit mir haben muss, und mein Leben ein Ziel hat, und ich davon muss ...' Decrescendo. Und Pause. Dann ein frisches Bier. Das Klavier verstummte. Erhard schwieg und Elisabeth schluchzte. Aber Norbert atmete auf. Im Saal herrschte eine Minute lang Stille, und eine Minute ist lang. Dann gab es eine Bewegung im Raum, ein stummes Einverständnis; keiner sprach Erhard an. Man schwieg, oder wechselte leise auf ein anderes Thema.

Elisabeth. Caspar David im Traum

Die Studenten der Theologie, der Kirchenmusik und andere saßen betäubt bei Muttchen Hackbarth und wussten nicht viel zu sagen, mieden fast das Gespräch. Es war, als hätte Erhard mit den gesungenen Bibelversen, in der Brahm'schen Musik jene Wahrheit erspürt, sie aufgedeckt, wiedergefunden, die jeden schweigen ließ. Norbert, der Erhard kannte und ihm gut zugehört hatte, begriff, dass der Freund viel mehr von sich offenbarte, als das übliche, lärmende Spiel der Musikstudenten. Erhard war gealtert. Und endlich ließ er Elisabeth an seiner Seite gewähren. Er zog sie sogar an sich und erzählte Norbert begeistert: Elisabeth wird mich heiraten. Sie hat es mir versprochen!

Das Mädchen sprach leise, mit fester Stimme: Wir ziehen auf's Land und teilen uns eine Kantorenstelle. Ich werde unterrichten. Katechetinnen sind gesucht.

Und sie werden sehr schlecht bezahlt, dachte Norbert. Doch er freute sich für die beiden. Spontan sprang er auf, zapfte Bier für sie alle; das würde er bezahlen. Freund und Blutsbruder Erhard war blass wie immer, doch hatte er eine Frau gefunden, die mit ihm klar kommen wollte, die ihn liebte? Es sah so aus.

Sie tranken. Es wurde lauter im Saal. Endlich aber konnte er selbst erzählen, von Ulla und dem Kind, von ihrer erfolglosen Zimmersuche. Erhard bemühte sich, Freude zu zeigen. Aber auch er und Elisabeth hatten keine Bleibe.

Es wurde spät, sie feierten gründlich, tranken auf Norberts Sohn. Stunden später lief Norbert nach Hause und griff mit bloßen Händen in den ersten Schnee. Er formte eine Kugel, stellte sich vor das Hauptgebäude der honorigen Alma Mater. Von wegen nährende Mutter! Norbert warf den eiskalten Brocken am Rubenow-Denkmal vorbei in Richtung der prunkvollen Aula. Er schrie unschöne Wörter, aber er stellte ernüchtert fest, gegen die Einsamkeit half auch kein Lärm. Er heizte in der Nacht den Ofen in Ullas Zimmer. Später träumte er wirres Zeug …

Im Traum traf er Caspar David. Da Bennos Mutter einst Friedrich hieß, könnten sie verwandt sein! Dieser Maler musste ihm helfen: Wo sieben Kinder leben, wird auch ein achtes satt. Du musst meinen Sohn adoptieren, er findet keine Bleibe! – Norbert wälzte sich hin und her. Er hatte dem eisernen Öfchen zu viele Briketts verpasst. Plötzlich sah er den finsteren Mönch am Meer, der einsam im Schnee stand und auch nicht wusste, wo er her kam und wohin die Welt mit ihm wollte. Er drehte sich um und Norbert erschrak: Der Mönch hatte sein Gesicht! Also sprang er auf, um dem Spuk zu begegnen. Er sah auf die Uhr und war sofort nüchtern; er musste ins Institut!

Laborarbeit. Besuch aus Potsdam

Spätestens zehn Uhr morgens mussten Norberts Proben im Ofen sein. Er legte zunächst die Grundsubstanz für seine Leuchtstoffe vor: Kalzium-Magnesium-Orthophosphat-Kupfer. Mit diesem Stoffgemisch waren mehr als einhundert Diplomarbeiten in Greifswald geschrieben worden. Endlich wagte man eine Erweiterung in der Zusammensetzung. Er dotierte das Pulver mit kleinsten Mengen von Salzen der Lanthaniden: Cer, Praseodym, Neodym, Promethium, Samarium, Europium und Gadolinium. Das waren sieben von vierzehn. Das stundenlange Glühen des Pulvers erzeugte Leuchtstoffkristalle mit Leuchtzentren aus Kupferionen. Sie waren statistisch verteilt. Die Atome der Lanthaniden würden einige Kupferatome im Gitterkristall ersetzen. Der Probenansatz glühte bereits. Später kam ein weiterer Arbeitsgang. Dr. Buhrow war eingefallen, dass die Korngröße der Kristalle die Lichtausbeute beeinflussen könne. Also wurden die gesinterten und gemahlenen Proben nach dem Abkühlen klassiert. Das hieß, sie wurden komplett nach der Körnergröße sortiert! Er nahm große Bechergläser und schwemmte das gemahlene, wasserunlösliche Pulver in destilliertem Wasser auf. Das Pulver setzte sich ab. Also rührte Norbert vor der Klassierung die trübe weiße Brühe um, dann startete er die Stoppuhr. Die Schwerkraft trennte Grobes vom Feinen. Je kürzer die Zeit bis zum Dekantieren, umso gröber wurde der Niederschlag. Nach dem Filtrieren und Trocknen presste er daraus Tabletten. – Schön wäre es, dachte Norbert, wenn unsere Probleme mit Ulla und dem Kind ähnlich leicht vom Studienalltag abzutrennen wären! Aber kein Wunder geschah. Am fünften Tag verließ Ulla die Klinik ohne ihren Sohn. Er musste, er durfte bleiben. Man gab ihm die übliche Nahrung, Milusan oder Citrosan, Trockenmilchpulver mit oder ohne Spuren von Vitamin C. Die Ärzte rieten Ulla, aus praktischen Gründen bald abzustillen. Das tat sie auf keinen Fall! Sie setzte sich im ihr Wiesenzimmer und lernte, die Milchpumpe zu bedienen. Norbert oder Ulla, wer Zeit hatte, brachte die Milch zur Station, durfte den Säugling füttern. Am nächsten Wochenende verzichteten sie darauf und liefen eilig zum Bahnhof. Ullas Eltern kamen, Erika, stämmig, hoch gewachsen, Martin, kaum kleiner, nur sanfter. Erika blickte schon aus dem D-Zug auf die verlegenen Eltern herab, dann fragte sie: Wo ist das Kind? – Sie brachten die beiden zur Wiese und boten ihnen Schweinefleisch an: Ihr müsst hungrig sein, oder? – Sie aßen mit Appetit. Langsam tauten sie auf und besuchten mit Tochter und Schwiegersohn ihren Enkel auf der Säuglingsstation: Ein dralles Kerlchen, das ist euch gelungen!

Für einen Moment herrschte Freude. Abends kam die Kälte zurück. Greifswald am Bodden versank im Schnee, eisige Winde wehten über die kleine Stadt. Aber sie kannten die Winter im Norden, Schwiegervater wusste Bescheid.

Miriam, zwei Jahre danach

Ulla blieb bei ihrem Kind, sie durfte es noch einmal säugen. Norbert brachte Martin und Erika im Schwarzen Adler unter, altdeutsch und holzgetäfelt. Dann ging er zur Lönsstraße 17, ins

Familienwohnheim. Sein Kommilitone Rolf, der mit Frau und Kind seit langem dort wohnte, hatte ihm einen Tipp gegeben. Nun wollte er sich das halbe freie Zimmer im zweiten Stock ansehen. Rolf und Sigrun hatte ihre Partei und die FDJ noch nicht ganz verbogen. Vielleicht lag das an ihrem Sohn, ein Kind mit Hasenscharte. Solche Eltern wurden schnell klüger, sie sammelten Lebenserfahrung. – Norbert fragte sich, als er die Treppe hinaufstieg, ob Ulla und er durch die Alltagsprobleme, ihr bisschen Rebellion, das Fünkchen Widerstandsgeist klüger geworden waren, wenn ja, zu welchem Preis? – Plötzlich stand Miriam vor ihm, rothaarig und blass wie immer. Sie verkniff ihre grünen Augen, ein fast vergessener Anblick, und fragte irritiert: Wie kommst du hierher? Norbert stellte dieselbe Frage. Sie mussten beide lachen. Dann fiel Miriam auch schon in den schnippischen Ton, der ihm so vertraut war: Es geht dich zwar nichts an, aber ich wohne hier, mit meinem Kind. – Miriams Kind! Norbert hatte vergessen, womit sie ihn damals schockierte. Jetzt machte sie ihm klar: Bilde dir nichts ein, es ist nicht von dir, du Schlappschwanz! – Norbert biss sich auf die Zunge, um nicht von Ulla zu sprechen, von ihrem gemeinsamen Kind. Aber es fiel ihm schwer. Was, wenn Ulla nun doch in die Lönsstraße einzog? Miriam könnte ihr das Leben zur Hölle machen! Sollte er sie fragen, wie sie ihr Zimmer bekommen hatte? Er ahnte die schnippische Antwort. Was aber sollten sie reden?

Wenn er an ihre so genannte Liebesbeziehung dachte, kam er sich immer noch vor wie ein Esel; es war erst zwei Jahre her! Hatte Miriam einen Freund oder wohnte sie hier allein mit dem Kind? Auch diese Frage erriet sie: Wir wohnen zu zweit allein hier, Norbert. Den Vater habe ich rausgeschmissen. Wenn du noch Interesse hast, kannst du mir ja zeigen, dass du heute mehr kannst als damals! Sie provozierte gekonnt, stellte sich dicht vor Norbert. Ihr Busen war gewachsen, die Haare struppig wie immer.

Er wurde unsicher, schluckte, sah in Miriams grüne Pupillen. – Ich weiß genau, was du denkst. Vergiss nicht, ich weiß Bescheid! – Er wehrte sich unbeholfen: Auch ich weiß etwas von dir. – Miriam lachte nur tückisch, bewies ihm ihre Verachtung. Wortlos gingen sie auseinander.

Kapitel 40
Erikas Stunde. Ein Ort für das Kind

Der Offenbarungseid

Ulla und Norbert. Martin und Erika. Abends saßen die vier im Deutschen Haus. Sie aßen Sülze mit Bratkartoffeln, tranken Rosenthaler Kadarka, bulgarisches Zuckerwasser, das sie damals geschmackvoll fanden. Schwiegereltern zahlten. Der Wein klebte allen am Gaumen. Dennoch löste er Norbert die Zunge. Ihre Misere kam stockend zur Sprache: Kein Zimmer für Ulla, kein Heim für das Kind, für Norbert sowieso nicht. Seine knappe Rede brachte Schwiegermutter in Wut. Erikas Gerechtigkeitssinn, sie hielten ihn für eine preußische Tugend, aus Ostpreußen importiert, brach sich langsam Bahn. Schwiegervater schwieg, doch das täuschte, denn er rechnete schon. Martin war Bankkaufmann und jonglierte auf den Bierdeckeln mit Soll und Habern. Dann zur Tochter: Nach Hause? Das geht nicht; dein Bett hat schon deine Schwester. Soll das Kind in die Krippe? Und wer passt auf, wenn du als Schwester Nachtdienst hast? Nein, ihr beide müsst sehen, wie ihr allein zurechtkommt. – Sie hatten nichts anderes erwartet. Norberts Eltern waren am Telefon ebenso wenig begeistert. – Also, gute Nacht! Sie standen auf, wollten gehen. Mit Ullas Eltern waren sie fertig. – Jetzt wartet doch mal! Mutter Erika knurrte. Sie hatte bisher wenig gesagt. Jetzt fragte sie: Wo sitzt der Prorektor? Ich werde ihn morgen besuchen.

Norbert erklärte, dann gingen sie. Sie blickten am Wall nach rechts und sahen das blauviolette Ozonlicht. Sie liefen über den Stadtwall zum Bahnhof. In der Stadtmauer, neben der Stasi war

Licht. Dort schimmerte ein winziges Fenster. – Auch dort im Knast wartet jemand auf morgen, flüsterte Ulla erschrocken. Ob unser Kind wenigstens ruhig unter dem Blaulicht schläft? – Das Blauhemd im Schafspelz, knurrte Norbert, pennt sicher ohne Skrupel! Ich wünschte, der Kerl säße dort im Knast!

Er drückte Ulla noch fester an sich. Die Bahnhofsbrücke kam, dann die Wiese. Sie liefen zu Heim I. in Ullas eiskaltes Zimmer. Sie waren zu zweit allein, mit einem Vorhängeschloss an der Tür und schlossen es von innen.

Am nächsten Tag gingen beide mit den Potsdamern zu ihrem Prorektorat. Martin blieb auf dem Fischmarkt zurück. Erika griff sich Ulla und Norbert. Sie sprach ohne jeden Termin persönlich beim Prorektor vor. Der ergraute Staatsbeamte ließ die beiden Studenten stehen, der Dame aber bot er jovial seinen einzigen Stuhl an. Wie sie das schaffte? Einen Moment noch.

Meteorologischer Racheengel

Schließer wollte auch Erika abblitzen lassen. Dazu erläuterte er ihr ausführlich seine schwierige Situation. Erika hörte geduldig zu. Sie nickte ab und an. Wie ein Beamter dachte, wusste sie bis zum Überdruss. Doch sie schwieg und machte sich schnell ihr eigenes Bild von der Lage. Sie hatte den Mann durchschaut. Ein Haken wie er krümmte sich nur auf höheren Befehl. Also zog Erika alle Register. Es war ihre große Stunde.

Endlich wurde Herr Schließer still; offenbar war er erstaunt, so wenig Eindruck zu machen. Erika hob den Kopf, blieb mit der Stimme jedoch sehr leise: Ich weiß nicht, wie sie es machen werden, doch ich bin sicher, sie schaffen das. – Schließer stutzte, Erika sprach ruhig weiter, betonte jedes Wort: Wenn ich morgen abreise, hat meine Tochter ein Zimmer, und zwar für sich und ihr Kind! – Pause. Verdutztes Schweigen. Sie kramte in ihrer Handtasche und zog einen schmalen, grünlichen Ausweis hervor, überlegte kurz, versteckte ihn wieder, aber das genügte. Der Herr aller Schlüssel stand auf; er hatte genug gesehen. Sein Kopf, zwischen Hochmut und Vorsicht schwankend, pendelte langsam vor und zurück. Er neigte ihn, hielt ihn still, doch er lauschte, ob noch etwas käme.

Erika erhob sich gleichfalls, und sie erklärte lakonisch: Ich bin eine Mitarbeiterin des Ministeriums des Innern. Sie kennen diese Behörde?

Und ob Herr Schließer sie kannte! Bevor ihm also von höherer Stelle irgendein Unheil drohte, beschloss er zu gehorchen: Warten Sie bitte noch einen Moment! Ich muss etwas prüfen.

Er zog einen Aktenordner hervor und blätterte darin. Demonstrative Pause. Dann kam seine halblaute Stimme: Ein halbes Zimmer steht leer, klein, nicht renoviert. Wenn Ihr Schwiegersohn also selbst? Pinsel und Farbe bezahlt die Uni, unser aller nährende Mutter!

Er versuchte ein Lachen. Kein weiteres Wort von Erika kam. Sie wandte sich zum Ausgang, doch lächelte sie schwach. Der Prorektor hielt ihr die Tür auf.

Die beiden ihm anvertrauten Studenten übersah er völlig.

Hoffnungsvoller Abschied

Auf dem Fischmarkt wartete Martin, schon sehr ungeduldig. Norbert erläuterte stolz das Ergebnis, fasziniert von der cleveren Schwiegermutter. Wie sollte Schließer auch ahnen, dass der Meteorologische Dienst zum Ministerium des Innern gehört, wie Feuerwehr und Polizei? Wem die Meteorologen gehorchten, durfte eben nicht jeder wissen. Erika wusste es doch: Eine Vorsichtsmaßnahme der Staatspartei. – Wohl für den Fall, dass der Staat vereist, knurrte Martin versöhnt: Wenn das weiter geht mit dem Dauerfrost, wird die energetische Lage noch viel schwieriger werden. – Der Nachmittag verging. Sie bestaunten den Marktplatz und plauderten, aßen im Ratskeller, waren zufrieden. Ulla und Norbert lästerten ein wenig über den Mann, der Ullas Mutter aufs Wort gehorchte. – Ihr beide tut das hoffentlich auch und gebt mir sofort Bescheid!

Am nächsten Tag bestiegen die Eltern den überheizten D-Zug Stralsund–Leipzig, in Richtung Berlin. Nachmittags schrieb Norbert in sein schwarzes Tagebuch: Schwiegermutter hat für kurze Zeit, dank ihres zweiten Berufes ein Hochdruckgebiet nach Greifswald gebracht. Stolz und unnahbar ist sie trotzdem. Aber sie hilft mir vielleicht bei meiner Diplomarbeit! – Die Arbeit brauchte Zeit.

Ullas schmales Zimmer

Ulla bekam am nächsten Tag die Schlüssel für Lönsstraße Siebzehn: Nur für sie und das Kind! – Norbert war daran gewöhnt, dass ihre Ehe, was Wohnraum betraf, eben nicht funktionierte. So ging es vielen Familien. Die Wohnungsfrage war im Land noch völlig ungeklärt und erzeugte viel Ärger. Norbert tröstete Ulla: Nach meinem Diplom ziehen wir nach Kalkdorf. – Falls deine Stiefmutter nichts dagegen hat! Ulla kannte ihre Rivalin, eine Frau zwischen Giftzwerg und Drachen. Ullas Einzelzimmer im zweiten Stock lag Miriams im Flur gegenüber, aber gleich neben Sigrun und Rolf. Es war nur halb so groß. Ein Kachelofen, ein Schrank und ein Bett, im Erker ein schmales Fenster. Eine Erkerwand war voll Schimmel. Den meisten Platz würde ihr nagelneues, weißrotes Kinderbett füllen.

Norbert besorgte den Umzug. Das Kinderbett, den Tisch und den Teppichläufer holte er mit dem Leiterwagen aus der Fleischerwiese. Der Pförtner borgte ihm das Gefährt gegen zwei Flaschen Pils. Ihr silberfarbener Kinderwagen trug als erstes zwei Stühle, ein Bücherregal. – Halt, rief jemand von hinten. Erschreckt sah Ulla sich um. – Sofort anhalten! – Sie gehorchten. Gleich hatte man sie am Kragen, Diebstahl von Volkseigentum; alles wegen paar wackliger Möbel!

Der Mann kam näher und bückte sich, prüfte die Hartgummiräder: Wie Lämmerschwänze, stellte er fest. Wollt ihr damit ein Kind transportieren? – Norbert wurde rot: Das mit den Rädern geht schon! – Als letztes trugen beide aus Heim I. Ullas bunte Truhe, gefüllt mit Büchern und Windeln davon. Darin steckte das Wichtigste für die kommenden Wochen. Dann wurde es höchste Zeit, ihren Sohn nach Hause zu holen! Ullas Silberpfeil rollte zur Klinik. Obenauf lag der Knautschlackschlafsack, ein Geschenk der Tante aus Westberlin, unten im Wagen die wollene Decke, rot kariert, ein Präsent von Milchen. Diese Tante Emilie war die zweite schlesische Tante, die den Neffen mit Päckchen versorgte. Zur Hochzeit kam die Decke, später diverse Kinderkleidung. Man sah, wo die Sachen gekauft worden waren. Sie schoben stolz den wackligen Wagen zum Schießwall, hielten sich gerade. Vier Räder eierten heftig und es störte sie nicht. Sie trugen das schwere Fahrzeug die Kliniktreppen hinauf. Sie parkten vor der Säuglingsstation. Ulla gab den Schwestern als erstes ein Päckchen Kaffee, MONA, beste Bohne. Dann holten sie ihren Sohn. Er wurde fünffach gewickelt.

Heimkehr bei Frost

Sie verließen zu dritt die Klinik. Draußen war es kalt. Überm Ryckgraben zogen Wolken herauf, im Tierpark gähnten die Wölfe. Sie rollten am Stadtbad vorüber, am Klubhaus der Eisenbahner, ein paar Meter die F-Straße abwärts. Dann schob Ulla den Wagen rechts in die Lönsstraße, eine Sackgasse bis zum Anschlussgleis. Der Bürgersteig glänzte im Licht der Laterne. Es war spiegelglatt. Die Dämmerung wurde finster. Jetzt kam die erste Bö. Ein steifer Wind warf in dichten Schauern Nassschnee auf sie herab, auf die Decke, den Schlafsack, dem Kind ins Gesicht. Seine hellblauen Augen staunten, bevor es den Mund verzog. Riesige Flocken wirbelten, pappten, formten auf Mutters Gesicht eine Maske, weißten Norbert Haare und Bart. – Schnell doch, er schneit uns ein!

Schon tanzten die Schemen, heulten die Wölfe, klebte der Sturm mit Schnee das Straßenschild zu: Herrmann Löns, norddeutscher Heidedichter, der die niedliche und die schreckliche Fratze, der den Mümmelmann und den Werwolf erweckte, Jäger und Opfer, grün ist die Heide, braun der Boden und rot das Blut. – Als die Nazis den Dichter für sich entdeckten, war er unschuldig, war er schon tot. Ihr Säugling jedoch lief blau an, um den Mund, an den Nasenflügeln.

Norbert drehte den Kinderwagen und zog ihn gegen den Schneesturm. Ein paar Meter noch, sie waren zu Hause. Sie schleppten den Wagen zwei Treppen hoch. Norberts freier Arm trug den Einkauf, Nudeln, Butter und Milch. Das Brot steckte unter der Säuglingsdecke. Schon am ersten Tag lernte das Kind, Platz zu machen für wichtige Dinge. Sie hatten es geschafft! Norbert heizte den Kachelofen. Sie lachten, waren glücklich. Abends rückten beide im Bett zusammen, Kopf an Kopf mit dem Kind, das im Gitterbett lag und schlief dicht neben Mutter und Vater. Was hatte es heute gelernt? Nach dem Ozonlicht der Klinik sah es die eishellen Sterne. Das Schneegrau wurde zur zweiten Erfahrung, prägte die Weltsicht des Knaben. Er lebte noch häufig in Eis und Schnee, bekam Eskimoeigenschaften. Später sehnte er sich nach dem Nordlicht und wurde immun gegen Kälte. Als Student fühlte er sich erst bei null Grad im Zimmer so richtig wohl.

Einige Tage später kannte Ulla die Mieter des Hauses. Sie begann zu schimpfen: Von wegen Familienwohnheim! Ullas Säugling, die Kinder von Sigrun und Miriam, das war im zweiten Stock alles. Im ersten Stock afrikanische Mädchen, die Mutter Säuglingsschwester, der Vater Arzt aus Togo. Großmutter, weißhäutig, stocksteif und freundlich, bekochte die Familie. Und die anderen Genossen? Sie gaben den Nachwuchs zu Hause ab und genossen im Heim ihre Ruhe!

Kapitel 41
Illegale Idylle. Diplomarbeit

Rollentausch

Unter solchen Umständen wohnte Norbert vom ersten Tag an bei seiner Frau und dem Kind. Seine Adresse blieb Fleischerwiese, sein Bett bei Micha blieb leer. Der Radfahrer liebte die Ruhe und genoss seine zahlreichen Freundinnen. Aber Ulla, Norbert, das Kind fühlten sich geborgen. Ulla besuchte die Vorlesungen, saß in Mathematikseminaren bei Dr. Schwarz oder Dr. Buhrow. Norbert blieb zu Hause. Er setzte in der Gemeinschaftsküche einen Topf mit Baumwollewindeln aufs Gas. Manchmal kochte nebenan Suppe. Wenn Miriam hereinkam, schwiegen sie sich an. Dabei blieb es. Im Wasserbad erhitzte Norbert ein Fläschchen Citrosan und fütterte sein Kind. ‚Bäuerchen' liefen ihm über die Schulter und landeten auf dem Flickenteppich. Dass der Junge mehr spie, als er trank, sei ein gutes Zeichen. Nach füttern und schreien schlief er. Eine Fotolampe, 500 Watt, wärmte den Jungen am Vormittag. Er schlief bei Studiobeleuchtung, was ihm Sicherheit gab. Still, ohne Fernsehgerät, Kühlschrank und Waschmaschine, nur beim Klappern von Norberts Schreibmaschine wuchs das Kind heran. Im Tierpark die heulten die Wölfe vor Sehnsucht. Manchmal schrie Miriam im Flur, als würde sie ermordet. Wenn Norbert erschreckt hinzu kam, hatte sie wieder nur ihren Liebhaber vor die Tür gesetzt.

Norbert ging und schob Briketts in den Ofen, der neben der Zimmertür stand. Links kam der Kleiderschrank, dann Ullas Bett. Noch genügte es für sie beide. Sie waren auch nach dem ersten Kind noch verliebt ineinander.

Hinter dem Bett, wo das Kinderbett stand, wurde das Zimmer noch schmaler, füllte das rot-weiße Gitterbett, Pressspan mit PVC, den halben Erker aus.

Norbert begann, wenn das Zimmer warm war, die Diplomarbeit zu formulieren. Er hatte seine Proben inzwischen mit den sieben fehlenden Lanthaniden Terbium, Dysprosium, Holmium, Erbium, Thulium, Ytterbium und Lutetium dotiert. Er hatte sie geglüht, sedimentiert, zu Tabletten gepresst. Wenn er ab und zu nach dem Abendbrot ins Kellerlabor hinabstieg, konnte Ulla ihm nun wieder helfen. Im blaugrünen Licht der Leuchtstofftabletten las sie problemlos die Intensität vom Spiegelgalvanometer ab. Norbert notierte die Daten. Zwei der vierzehn seltenen Erden zeigten außergewöhnliche Lichtausbeuten. Ein hoffnungsvolles Ergebnis! Aber es musste bestätigt werden. Also musste Norbert auch tagsüber ins Labor. In solchen Fällen nahm Ulla den Jungen zur Vorlesung mit. Er lag und schlief im Kinderwagen, der parkte im Fahrradschuppen. Dr. Buhrow blickte besorgt aus dem Fenster. Manchmal verlangte er laut, Ullas Sohn ins Plenum zu holen: Es fängt an zu schneien!

Herzfehler. Rechenfehler

Das Kind war den Frost gewohnt. Nur die Nasenspitze rötete sich. Abends freute sich Norbert über die unerwarteten Ergebnisse seiner Messungen. Er hätte Ulla jetzt gern geküsst. Dafür aber war kein Platz, keine Zeit, und das Kind dabei, wenn auch der Wagen nebenan im klimatisierten Wägeraum stand. Bekam der Junge Hunger, erhitzte Ulla ein Fläschchen im Wasserbad, mit dem Bunsenbrenner. So empfing ihr Sohn von der Muttermilch an, im Schlaf, ganz nebenbei seine Liebe zur Alma Mater.

Norberts Messergebnisse wurden noch besser, bis er vor lauter Freude seine Frau bedrängte. Ulla wehrte sich ganz empört: Jederzeit kann hier jemand kommen! Er lachte: Wer ist so verrückt, spätabends noch zu arbeiten! – Gib Ruhe, wir sind bald zu Hause! Und Ulla schlich in den Wägeraum, um nach dem Kind zu sehen. Es schlief fest und warm. Hinter Glas standen acht Analysenwaagen. Sie wogen jeden Stoff aufs Milligramm genau. Der Junge bekam genügend Zeit, sein seelisches Gleichgewicht auszutarieren. Und in den vielen Ruhestunden wuchs eine gesunde Trägheit.

Eines Tages verging die Idylle. Das ständige Blau auf den Lippen des Knaben war verdächtig geworden. Die afrikanischen Mädchen, große Schleifen in ihren Haaren, klopften und knicksten, den Säugling zu sehen. Ihre Mutter holte sie ab. Sie arbeitete in der Kinderklinik, als Kinderkrankenschwester. Sie sah das Kind und sagte: Der Junge muss zum Arzt. Ich besorge einen Termin. – Ulla erschrak. Bald stand sie ängstlich mit Norbert daneben, als sich drei Kinderärzte über den Jungen beugten. Sie sprachen von Doppeltönen. Man schnallte den strampelnden Säugling in eine Plasteschale, hing ihn wie ein Karnickel vor ein Röntgengerät. Es summte und brummte, das Rotlicht blinkte. Die Ärzte murmelten vor sich hin. Sie stellten einen Herzfehler fest, ein Loch in der Herzscheidewand. Aber Norbert verriet es niemandem, dass Onkel Fritz mit sechzehn Jahren an einem vierfachen Herzfehler gestorben war. Aber ihr Knabe, er wuchs und gedieh. Zur Wiedervorstellung nach einigen Wochen war das Loch beinahe verwachsen.

Ulla hatte jetzt andere Sorgen. Sie quälte sich mit komplexen physikochemischen Protokollen, wie Norbert zwei Jahre zuvor. Sie mochte die Analytik, aber keine Elektrochemie, bei der man kompliziert rechnen musste. Dr. Schwarz, den sie ‚Blacky' nannten, begann die Frau zu quälen. Er stellte fest, dass Ulla den Rechenschieber nur schlecht beherrschte: Mit ihren Rechenkünsten können sie keine richtigen Resultate erwarten; vorrechnen und mich nachrechnen lassen! Ich meine es nur gut! – Ulla hätte den Mann erwürgen können! Aber sie nickte brav und folgte ihm ins Büro, am Rechenschieber zu üben.

Kriegsknechte. Seuchenwinter

Weihnachten schloss die große Mensa in der Bahnhofstraße. Die Medizinermensa in der Kapaunstraße kochte. Also rollten Norbert und Ulla mit ihrem Säugling dorthin. Sie genossen in fast familiärer Runde den studentischen Festtagsbraten, halber Broiler mit Rotkohl und Salzkartoffeln, in braune Soße getaucht. Gegen Ende des Jahres leisteten sie sich ein Frühstück in ihrer Bahnhofsmensa. Später kreiste die kleine Familie um die winterlich stille Stadt, lief über dünnen Schnee, wunderte sich über Haufen von Holz an den Wegen durchs Erlenbruch. Sie liefen lange, sie kamen weit, kletterten über Gräben, überquerten Felder. Als sie sich in der Dämmerung Greifswald wieder näherten, standen plötzlich hölzerne Schranken am Weg, daneben flammte ein Feuer auf. Finstere Gruppen von Bauernburschen ließen niemanden mehr passieren, weder in die Stadt, noch von ihr hinaus. Die gefürchtete Maul- und Klauenseuche war wieder ausgebrochen!

Die Seuchenwannen vor Offenställen der großen LPGs hielten sie nicht auf. Wie zu Zeiten von Friedrich Löffler wurde Quarantäne verordnet! Und ihr Säugling, er schrie vor Kälte! Ulla musste die Männer bitten, ihre Vorschriften zu vergessen. Endlich hob sich für sie die Schranke: Lasst euch hier nie wieder sehen!

Wie im Dreißigjährigen Krieg, zischte Norbert, als sie im Eilschritt die Stadt endlich wieder erreichten; diese Landsknechte schlagen zu, wie es ihnen passt!

Ulla lief und keuchte: Meinen Großvater hättest du kennen sollen, der für mich Penicillin über die Grenze schmuggelte; das war auch so ein Landsknecht. Er kam aus dem Weltkrieg mit Holzbein zurück und schnallte es abends ab. Wir gruselten uns als Kinder. Am Ende des Zweiten Weltkriegs pachtete er einen Kiosk. Dort machte er, wie die Leute sagten, aus jeder Scheiße Gold. Im Keller brannte er Schnaps, aus Pflaumen, Kartoffeln, Äpfeln. Wenn er ihn nicht seinen verlässlichsten Kunden anbot, ging er über die grüne Grenze und verkaufte ihn gegen Westgeld. Später flüchtete er in den Westen. Sie waren ihm auf die Schliche gekommen.

Zu Hause lachte Norbert: Meine Frau kommt aus einer Landsknechtfamilie! Er heizte den Kachelofen, Ulla versorgte das Kind. Sie krochen in ihr einziges Bett und trösteten sich durch Zweisamkeit. – Magst du mich, fragte Norbert, auch wenn ich kein Landsknecht bin? – Was soll ich machen, flüsterte Ulla, du bist der Vater des Knaben hier, oder? – Was soll das heißen, oder? – Ich hätte wohl doch besser einen Adligen heiraten sollen, wie meine Tante das wollte. – Norbert trumpfte auf: Mein Schwanz ist aus bester Familie! – Und sie rückten noch enger zusammen.

Diplomarbeit mit Säugling

Vier Schichten bedeckten den einzigen Tisch vor dem Ofen in Ullas Zimmer. Weit unten lag Norberts Diplomarbeit, vor Fremdeinwirkung geschützt. Darauf kam eine Plastedecke, die Frühstück und Abendbrot trug, zwei Brettchen, zwei Tassen, Besteck. Fünfmal täglich lag obenauf die Plaste-Wickelliege, straff aufgeblasen und bunt. Darauf zappelte nach dem Baden das Kind, nackt auf dem Frottiertuch liegend. Es dauerte nur Sekunden, dann pinkelte der Junge in einem hohen Bogen an den strahlenden Kachelofen, wo seine Windeln trockneten. Das zischte wie eine Silvesterrakete. Nur ein, zwei Tage später tranken Ulla und Norbert Sekt aus den Hochzeitsgläsern und rutschten gemeinsam ins Neue Jahr. Darin würde sich vieles ändern, Norberts Arbeit, ihr Wohnort und Ullas Studium. Im Sommer wollten sie umziehen. Noch waren die Tage vorherbestimmt, noch herrschte ein rhythmisches Gleichgewicht zwischen Füttern und Schlafen im Gitterbett. Wenn Ulla zur Vorlesung war und der Ofen strahlte, hob Norbert den Knaben selbst aus dem Bett. Er badete den Säugling in einer Plastewanne, die eine Beule aufwies. Sie war am Gasherd zu heiß geworden und fast geschmolzen. Norbert gab aus der duftenden Babybox, ein Westprodukt wie so manches, Shampoo in die Wanne und ließ den Knaben schwimmen. Mit seifigen Händen wusch er ihn, hielt plötzlich nur noch Schaum in der Hand! Der Säugling trieb kopfunter. Das nahm ihm kurz die Luft, vielleicht aber auch die Angst vor dem Wasser. Norbert griff sich die Beinchen und zog ihn hoch, schüttelte ihn kopfüber, bis alles Wasser heraus war. Das Kind lachte, kein Grund zum Weinen!

Das Frühjahr kam, der Frühling in Pommern, immer war jemand bei ihm. Wenn er morgens den Arm ausstreckte, zog er Ulla die Ohren lang, oder er führte die Mutter an der Nase herum. Für Abhärtung sorgte der Winter, der gar nicht aufhören wollte. Seit jener Zeit hielt ihr erster Sohn die Füße und seinen Kopf, den Geist und das Material kalt, wie Gottfried Benn es verlangte. Wie der Dichter, studierte er Medizin, wohl wissend, dass mit Bücherschreiben kein Geld zu verdienen sei, woran Benno sein Leben lang glaubte.

Es kamen Wochen, in denen Norbert dem winzigen Zimmer, der Idylle die Treue versagte. Statt seinen Sohn zu füttern, quälte er den Lochstreifenschreiber. Er tippte Steuerbefehle und Messdaten in eine Rolle Papier, die in den Rechner hineinlief, um aus dem Drucker herauszukommen. Doch der Probelauf auf dem Großrechner ODRA 1013 ergab eine Anzahl von Fehlern. Das Rechenprogramm versagte. Wie ein Kind, das trotzt, stand die Maschine still. Was also tun? Das Programm kontrollieren, es korrigieren, dann alles nochmals von vorn! Er stöhnte: Für die Pionierarbeit müssten wir Prämien kriegen!

Erikas Grafiken. Norberts Triumph

Endlich lief der Rechner und Norbert stand vor den summenden Schränken, die Daten schluckten und auf ihre Weise verdauten. Die Lichter flogen wie Vogelschwärme. Dann gab der Drucker die seitenlangen Zahlenkolonnen frei, Koordinaten für Glockenkurven. Sie drückten die Energieverteilung im Lumineszenzspektrum aus, die Intensität des Leuchtens, verstärkt durch die Lanthanidenionen als Koaktivatoren. Es musste nur noch gelingen, die spektrale Lichtausbeute in Diagrammform zu bringen.

Nun besaß Norbert zwar Zahlentabellen, die phantastische Kurven ergaben. Wie sollte er sie aber zeichnen? Er erinnerte sich an Erikas meteorologische Karten, sie hatten ihn fasziniert; wenn einer zeichnen konnte, dann war es Schwiegermutter! Also schrieb er nach Potsdam. Und Erika half noch einmal. Norberts Grafiken, durch Greifswalds EDV Punkt für Punkt errechnet, wurden beim Potsdamer Wetterdienst in Höchstqualität gedruckt. Die eben erst entwickelte xerographische Technik fixierte seine Glockenkurven auf feinem Pergament. – Dieser Teil seiner Forschungen war gelungen. Nun tippte eine Schreibkraft seine schwierigen Texte ins Reine. Es gab in Greifswald erfahrene, professionelle Schreiberinnen, die gegen kleines Geld für Studenten schrieben. Schließlich klebte Ulla zwischen die Texte Norberts Grafiken sauber ein. Auf ihnen entdeckte er nun bei zwei seiner Elemente optische Besonderheiten. Ihre Leuchtstärke war extrem hoch; die Ergebnisse waren phantastisch! Er musste sie nur begründen. Jetzt eine gute Verteidigung, und das Studium wäre geschafft! Freund Rüdiger, einst V-Student wie Norbert, war bereits im Hörsaal. Er kam nach Norbert dran, seine Forschungen zu verteidigen.

Norbert ging zum Katheder. Vor ihm saß sein Diplomvater Buhrow, einige Assistenten der Physikochemie und ein paar Kommilitonen. Norbert verteidigte seine Arbeit über die Lanthaniden als Koaktivatoren in Kupfer-Zentrenleuchtstoffen auf sehr überzeugende Weise. Er befasste sich mit den magnetischen Suszeptibilitäten der Lanthanidenatome, erläuterte seine Berechnungen und führte den Beweis, dass zwei dieser Elemente, Europium und Gadolinium aufgrund ihrer besonderen Elektronenkonfigurationen zu hohen Leuchtdichten führen könnten – und sie taten es, wie die Diagramme bewiesen! Norberts Arbeit wurde mit ‚Sehr gut' bewertet, ein Erfolg für Dr. Buhrow, und für die EDV-Anlage. Der Dozent lud Norbert mit Familie freudig zum Kaffee ein. Aber erst nach der friedlichen Revolution durfte Dr. Buhrow endlich Professor werden!

Kapitel 42
Abschiede. Rachegefühle

Mit Dandy nach Lubmin

Die Vorlesungszeit war passé, die Laborarbeit endlich geschafft, die Diplomarbeit bestens verteidigt. Norberts Zeit in der Wiese ging bald zu Ende, seine Familie war fit und gesund, ihr Auskommen schien fürs Erste gesichert. Dafür hatte er Dandy und Olaf seit Monaten nicht getroffen. An den letzten gemeinsamen Abenden saßen die drei im ‚CDU', im Club der Universität, unten spießiges Restaurant, oben Clubsesselatmosphäre. Um die Räume betreten zu dürfen, wurden sie Mitglied im ‚Deutschen Kulturbund', für fünfzig Pfennig pro Monat. Sie stiegen in den ersten Stock, um sich von Werner Sellhorn mit seinen Langspielplatten Jazzgeschichte erklären zu lassen. Das Neueste war der Bebop. Manchmal spielten die drei dort auch Billard. Bis sich Olaf komplett zurückzog. – Seine Freundin ist schuld, klagte Dandy, das ist fast wie bei dir.

Norbert meinte: Bevor wir aus Greifswald verschwinden, müssen wir beide noch was unternehmen! Auch Dandys Diplomarbeit war jetzt fertig. Er war Solo und hatte Zeit: Wir fahren hinaus nach Lubmin. – Dort war ich schon im Ferienlager. Damals hatte die Ostsee Ebbe und Flut, das glaubten wir jedenfalls, weil der Wind das Wasser aus dem flachen Bodden hinaustrieb. Wir liefen trocken über die Sandbank, als wären wir an der Nordsee. – Dandy wusste: In Lubmin entsteht gerade das ‚KKW Nord'. Ich bin gespannt, wie das aussieht.

Abends feiern wir dann im CDU!

Norbert holte sich Ullas Einverständnis. Sie nahmen den Bus nach Lubmin, Dandy in schwarzer Lederjacke, dunklen Haaren und Elvis-Frisur, Norbert mit Vollbart und Amikutte. Sie plauderten über die künftige Arbeit. Dandy wollte freiwillig im VEB Berlin-Chemie beginnen.

Dorthin haben sie Uwe strafversetzt, sogar mit Arbeitsplatzbindung!

Sie brauchen eben Leute. Deine Chemiebude ist doch nicht besser!

Norbert fragte übermütig: Was meinst du, sollte ein guter Handwerker unser System nicht mal reparieren?

Dandy lachte: Nur gegen Westgeld. Für Alu-Chips rückt doch niemand mehr ein Ersatzteil heraus.

Dann muss der Sozialismus immer weiter eiern, wie unser Kinderwagen.

Sie liefen durch den Kiefernwald hinunter bis zum Strand. Lange standen sie da und schauten. Vor ihnen lag der neblige Bodden, hinter ihnen fünf Studienjahre.

Zeit nach Hause zu kommen, arbeiten gehen und heiraten wie du, meinte Dandy. Norbert war in Gedanken versunken. Benno hatte schon vor zehn Jahren am Boddenstrand von der Nordsee geträumt, und von der großen Welt. Er hätte sich gut mit Karlo verstanden. Dann bauten sie die Mauer …

KKW Nord. Spionageverdacht

Norbert fragte Dandy spontan: Denkst du noch an unseren Beatles-Vortrag, an unsere rote Laterne, die MITROPA mit Willi und Helga?

Dandy spuckte ins Wasser, wo Blaualgen blühten: Ich werde die Betonkaserne in Prora, den Drill am Strand nicht vergessen.

Benno meldete sich und Norbert begann erneut: Sieh dir den Strand an, die See, den Himmel. Das sind Dimensionen, größer als wir. Jemand hat Sand in die Sanduhr gefüllt, und wir schauen nur zu, wie sie leer läuft. Ein Augenblick nach dem anderen vergeht, aber wir sind machtlos. Später nehmen wir noch den Sand in die Hand, der ins Grab fällt und allem ein Ende macht. Erst die Angst davor lässt uns erwachsen werden ...

Dandy hörte schon nicht mehr zu. Er lief zurück in den Wald. Norbert folgte in einigem Abstand, bat Benno, ihn in Ruhe zu lassen: Deine Gedanken stören! – Sie kamen an einen Maschendrahtzaun: ‚Betreten streng verboten'! Hier setzte der Staat mit alt gedienter, schnell rostender russischer Technik ein Atomkraftwerk in den Sand. Norbert erklärte ernsthaft: Ich habe zur Atomphysik fast ein privates Verhältnis! Er fühlte sich im Recht, hinter dem Maschendrahtzaun nach dem Rechten zu sehen; der Zaun war flach getreten. Sie kletterten hinüber, ohne jede Besuchserlaubnis, die sie nie bekämen. Ihre Besichtigungstour begann. Auf der Landzunge, die sie betraten, brüteten die Vögel, flimmerten weite Reedgraswiesen, stand der Kiefernwald noch unberuhrt. Vor ihnen lag die Lubminer Bucht mit ihrem endlo sen Strand. Bald würde das Kühlwasser diesen Bodden um mehr als zwei Grad erwärmen; warum? Weil ihr sozialistischer Staat die lichte Zukunft baute!

Sie liefen zwei Kilometer, dann kamen Betonfundamente, darin rostige Stahlskelette. Auf der Landzunge standen noch einige Häuser. Dandy hatte Durst, sie fragten arglos nach Wasser. Kurz danach musste es beim Werkschutz Alarm gegeben haben. Dandy spürte und Norbert ahnte die lauernde Gefahr. Ihre Rückkehr beschleunigte sich. Als sie hinter dem Zaun im Wald verschwinden wollten, rief sie ein Werkschutzmann an: Stehen bleiben oder ich schieße!

Sie trotteten wie die Schafe vor ihm her in die Wachbaracke. Leibesvisitation! Kein Fotoapparat? Nicht zu finden. Personalausweis? Vorhanden. Die Bürger dieses Staates hatten ihn ständig bei sich zu tragen. Norberts Foto fehlte der Vollbart. Er trug ihn erst ein paar Wochen. Also Telefonate, Personenanfragen, und alles ohne Computer ...

Rohstoff für Kuschelpullis

Die Frage, ob Norbert er selbst war, entschied über seine Zukunft. Dandy als Genosse wurde streng ermahnt. Stunden später erst kamen die zwei Studenten mit einigen Auflagen frei: Neuer Ausweis für Norbert innerhalb von drei Tagen. Sie beide melden sich täglich bei der Greifswalder Volkspolizei, andernfalls geht ein Hinweis an ihr Prorektorat. Sie als Genosse sorgen dafür, dass Ihr Kollege spurt. Sonst erwartet sie alle beide die Exmatrikulation! Dandy schlotterte, Norbert war schlecht. Sie fuhren zurück und setzten sich in den CDU. Nach Feiern war keinem zumute. Aber Olaf war da und trank mit. Die paar Pfützen Greifswalder Pils trösteten sie nur schwach.

Als Norbert Ulla beichtete, reagierte sie ziemlich dramatisch: Wenn sie dich nun verschwinden lassen, im Knast, was wird aus uns! Hast du bemerkt, dass Lutz mit seiner Familie von gestern zu heute verschwunden ist? Keiner weiß wohin! Norbert beruhigte sie: Du wirst sie hier nicht mehr finden, doch das hat andere Gründe. Olaf hatte ihnen zu später Stunde erklärt, die Stasi hätte Labore, wo man für gutes Geld Karriere machen könne. Er sah Dandy vertrauensvoll an: Du weißt sicher mehr, darfst nicht reden, oder? – Dandy war ehrlich sauer und er ging als erster. Wenn er etwas wusste, musste er schweigen, was sonst! – Norbert fluchte: Olaf, hör auf! Sie hätten ihm nichts erzählen sollen von ihrem Ausflug ins KKW Nord. Der Pommer kam auf verrückte Ideen, Flugblätter oder so. Aber er hatte Recht, es sah aus, als ob jedes Jahr ein paar ihrer Kommilitonen aus der Stadt verschwänden. Von Uwe wussten sie es, aber der war nicht freiwillig weg ...

Olaf wechselte endlich das Thema: Meine Diplomarbeit hat geklappt. Die Diplomfeier wird im Boddenhus sein.

Norbert erwiderte stolz: Das erste Mal, dass ich nicht kellnere, sondern selbst ein Diplom bekomme.

Das einzige Mal, meinte Olaf. Ich habe Arbeit, das ist mir wichtiger. Ich gehe ins PCK Schwedt, wie du mir prophezeit hast, in die ACN-Anlage, Blausäure und Acrylnitril aus Propen, Ammoniak und Sauerstoff.

Ist dir klar, du lebst jeden Tag mit der Katastrophe!

Leben wir doch alle, sie hat nur verschiedene Namen. Sie zahlen dort wirklich sehr gut! Stell dir vor, was du den Mädels später für Kuschelpullis überstreifen kannst, aus Wolpryla, ich mache den Rohstoff dazu!

Reizwäsche zum Ausziehen wäre mir lieber.

Ist doch auch kein Problem. Olaf lachte. Sie tranken die letzte Runde. Norbert trank aus und besann sich. Er fand ja kaum noch Zeit, der Ulla wenigstens einmal pro Woche an die Baumwollwäsche zu gehen; versäumte er seine Pflichten?

Edelmetalle. Blackys Rache

Auf die Dauer entging in Greifswald keiner seinem Diplom. Norbert war in den letzten Tagen endlich mit sich zufrieden. Dann biss er sich auf die Lippen. Er musste an Uwe denken.

Er fuhr mit Ulla nach Wieck zum Baden. Das Kind planschte, schmeckte die Ostsee. Zum letzten Mal grüßten sie Eldenas Mönche. Im Boddenhus kam es Tage später zur Verleihung ihrer Diplomurkunden. Moderate Reden, ein Streichquartett, honorige Atmosphäre. Ihr Studienjahr Chemie hatte nicht einmal mehr zwanzig Diplomanden. Man rief sie einzeln nach vorn, gab jedem die rote Mappe. Norbert dankte und ging zu Ulla, klappte die Pappe auf: Kein Diplom? Er war entsetzt, Ulla ärgerte sich. Was hatten die FDJ oder andere wieder gegen ihn ausgeheckt? Ulla fand einen winzigen Zettel, unterschrieben von Blacky, Dozent. Er war zwar kein Fisch, doch ein widerwärtiger Fischkopp! Ulla war sicher, er hat uns beide lange schon im Visier. Ich musste bei ihm doch den Rechenschieber, du hast vermutlich wieder Mal nicht ordentlich gegrüßt! Norbert nahm seine Frau und das Kind. Sie gingen. Das Feiern war ihnen vergangen. Studentenfamilien, sie wussten es ja, waren nicht erwünscht. Sie untergraben den Studienbetrieb! Aber es kam schlimmer: Norbert hätte, dies stand auf dem Zettel, den sie erst unter der Straßenlaterne in Ruhe lesen konnten, hätte Edelmetall unterschlagen! Zur Klärung dieses Sachverhalts bat man ihn morgen ins Institut! Ulla spottete: Hast du Platin gestohlen? Wir könnten das Geld gebrauchen!

Auf dem Heimweg begriff Norbert langsam: Ich habe das Thermoelement im Muffelofen vergessen; ein Gramm Nickel und Platin, zur Kugel verschmolzen, das die Ofentemperatur kontrolliert, auch das hat seinen Preis! Im Institutsbüro gab es eine Kartei, auf der man mit seiner Unterschrift das Edelmetall an- und abmelden musste! Doch es steckte im Ofen und rührte sich nicht! Blacky wusste das ganz genau, aber er machte Ärger!

Norbert holte am Morgen nach, was er im Staat der Dogmatiker, der sturen Bürokraten und Arschlöcher immer versäumte, devot zu sein, zu gehorchen. Er trug seinen Namen und das Datum ein, das war alles. Man glaubte ihm, niemand prüfte es nach. Im Sekretariat, in der Soldtmannstraße bekam er sein Diplom ausgehändigt. Aber er hat es später nie irgendwo vorzeigen müssen! In diesem zutiefst moralischen Land scherzte niemand mit seinen Titeln. Was zählte, war die berufliche Praxis.

Das Diplom in der Hand, stand Norbert lange neben Hans Beyers Büro. Der Professor war in Pension gegangen, auch aus Ärger über die Erdölforschung. Bald danach verstarb er. Eine traurige Anekdote begleitete solche Leute, von denen die meisten wie üblich schnell vergessen wurden. Aber auch für den Professor galt, er sei ein besonders bewusster Staatsbürger gewesen; bei ihm sparte man noch an der Rente!

Abschiedstrinken im CDU

An Norberts vorletzten Greifswalder Abend lief Erhard ihm über den Weg. Diese Spinne von einem Menschen taumelte quer durch Greifswald, ließ seine Frau Elisabeth auf dem Land zurück. Einer musste die Stelle bestellen, als Kantor, als Katechetin, den Haushalt besorgen und Geld verdienen. Beides konnte Elisabeth besser, nur keine Kinder bekommen. Oder lag es am Alkohol, Erhard? Der Musiker hatte andere Gaben, bis zum Überdruss, zum Exzess. Norbert teilte ihm seine Neuigkeit mit: Ich habe mein Diplom, wir reisen, verlassen die Stadt.

Erhard hob die Arme, spreizte die Finger, verhielt und drohte, halb ernst, halb scherzhaft: Vergiss meine Krallen, den Krummschnabel nicht!

Der Rumpf eines Löwen, die Beine des Adlers, ich weiß es noch, Erhard, bleib ruhig. Ich vergesse meinen Blutsbruder nicht, aber ich habe Familie.

Ich auch, knurrte Erhard, und jetzt komm mit! Wohin? In die Hütte gehe ich nicht mehr, die haben mich rausgeschmissen!

Sie gingen zum CDU, in den Club. Erhard bestellte Fisch. Es gab nur Hornfisch. Sie spuckten Gräten. Der Wolgaster fluchte lauthals. Später blieben ihnen nur Bier und Schnaps. Erhard spendierte, er hatte Geld, zu Hause saß eine brave Frau. Der Kellner flitzte, man kannte den Musiker.

Erhard wurde traurig: Das ist unser Abschied, sing mit: ‚Es, es, es und es, es ist ein harter Schluss, weil, weil, weil und weil, weil ich aus Greifswald muss! Ich war so lang in dieser Stadt, ich hab das Nest zum Kotzen satt! Ich wollt mein Glück probieren, studieren!‘

Der Kellner lachte und schleppte die zweite, die dritte Runde. Sein Laden war fast leer. Also tranken sie. Also redeten sie. Von jetzt an zahlte Norbert, er stimmte also an:

‚Organ‘sche Formeln, seh ich euch,
so wird mir flau ums Herz.
Dem Mann, der euch erfunden hat,
dem Manne gönn’ ich Schmerz!
Doch eine Formel gibt’s,
um die den and’ren ich verzeih’, Vallera!
Das ist der liebe Alkohol, C2 H5 O H‘.
Erhard, Strophe zwei:
‚Er ist der Tröster,
den der Herr uns Sterblichen verlieh’
er macht das ird’sche Jammertal
dir schnell zum Paradies.
Willst du hienieden glücklich sein,
von allen Sorgen frei – Vallera,
so absorbiere möglichst viel C2 H5 O H!‘

Sie sangen viel, absorbierten viel und trennten sich vor der Tür des nächtlichen CDU. Wo Erhard hin ging? Keine Ahnung. Vielleicht schlief er bei einer alten Freundin, bis der erste Bus auf Land fuhr, seinen mächtigen Rausch aus. Ob Musiker oder Chemiker, beide oxidierten den Alkohol zahlreicher Schnäpse zum schnöden Aldehyd. So bekamen sie einen gewaltigen Kater und Kopfschmerzen gratis dazu.

Kapitel 43
Umzug. Zweifache Rückkehr

Von Greifswald nach Kalkdorf

Norberts letzter Besuch in der Soldtmannstraße klärte noch einmal die Situation: Die Straße endete vor ‚Heim Null'. Wie praktisch die Vorväter bauten! Wer der bürokratischen Willkür im Kaiserreich, im Dritten Reich, im Staat DDR nicht gewachsen war, kam auf kurzem Weg in die Uniklinik, geschlossene Abteilung. Ulla und Norbert fehlte die Zeit, sich an Blacky, Dozent Dr. Schwarz zu rächen. Sie bestellten den Haus-zu-Haus-Verkehr, den die Deutsche Reichsbahn sehr preiswert anbot. Ihr Umzugsgut passte in einen der kleinsten, in den 2 qm-Container. Mit LKW und Güterwaggon brachte man ihn vor das Kalkdorfer Haus. Sie folgten im nächsten D-Zug mit drei Koffern und einem Säugling. So zogen sie, ohne als kriminell oder geistesgestört gebrandmarkt zu werden, fast unbemerkt aus dem Familienwohnheim nach Hause, in Norberts Geburtshaus. Kurz danach begann seine Arbeit als Hochschulkader für Umweltschutz im Chemiewerk, zu jener Zeit ein völlig neues, lange missverstandenes Fachgebiet. Ulla wollte weiter studieren, an der Humboldt-Uni Berlin. Und wieder traf sie Dogmatiker, Bürokraten, Arschlöcher, hier wie dort. Wieder begann ein Kampf. Das Berliner Prorektorat erklärte, in der Invalidenstraße wären keine Laborplätze frei. Ulla fuhr dorthin, und sie traf einen Studenten, der an die Uni nach Greifswald wollte. Sie waren sich schnell einig. Statt den beiden aber spontan für die Initiative zu danken, blieb das Prorektorat bei ‚Nein'. Sie hatten diese Beamtenseelen der Unfähigkeit überführt! Aber

Norbert und Ulla hatten gelernt, sich zu wehren, den mit Parolen und Sprüchen geblähten Staatsapparat bei den roten Hörnern zu packen. Sie schrieben eine Staatsratseingabe an Honecker, Erich, wie Norbert wusste, ein Feind jeder Dekadenz. War es nicht dekadent, eine junge, strebsame Frau und Mutter ohne Grund am Studieren zu hindern!

Eine Staatssekretärin bestellte Ulla, hörte ihre Klage und regelte die Sache, wie es nur Diktaturen vermögen, in kürzester Zeit, perfekt. Wieder musste Ulla nach Greifswald fahren, zur Exmatrikulation.

Was machen wir mit dem Kind? Es kränkelt, hat Bronchitis, kein Wunder in der Kalkdorfer Luft. Auf der Bahn würde sich ihr Sohn, er war jetzt knapp ein Jahr alt, sicher noch mehr erkälten.

Norbert kam eine Idee. Er hatte für das Chemiewerk Korrosionsprobleme zu lösen, also musste er dringend nach Greifswald, zu den Experten fahren!

Taxi-Exmatrikel. Gefrorenes Gedicht

Da die Rauchgasanlagen seines Chemiewerks am heißen und sauren Abgas aus den Drehrohröfen verrotteten, reiste Norbert dienstlich nach Norden. An der Greifswalder Uni gab es Experten für Lochfraß in Eisenlegierungen. Norbert lud frühmorgens die Frau und das Kind in ein Wolga-Taxi. Sie fuhren vier Stunden bis an den Bodden. Während Norbert im Institut einige alte Bekannte traf und nach säurebeständigen Stählen forschte, rollte Ulla mit Kind die F-Straße auf und ab. Das Taxi hielt, wo sie vorsprechen musste, um für die Exmatrikulations-Urkunde insgesamt elf Stempel zu holen. Herrn Schließer grüßte sie freundlich, der verblüfft zusah, wie sie im Taxi in Ruhe ihr Kind versorgte.

Bald waren Ullas Papiere in Ordnung und der Uni-Wechsel vollzogen. Norbert ordnete also Rückfahrt an. Sie dauerte etwas länger, die Lichtmaschine fiel aus, und weit und breit keine Werkstatt. Aber im Land der Provisorien half ein Besuch bei der LPG. Spätabends kamen sie heim. Es war erst Mitte Oktober. Vom fünften Semester Chemie an der Humboldt-Uni versäumte Ulla nicht viel. Auch hatte ihr die Staatssekretärin eine Tagesmutter besorgt, von Frau zu Frau erklärt: Ohne Ziehmutter können sie auch nicht studieren! Denn Norbert verdiente das Geld und die Großeltern hielten sich fern, das war gut so. Sie wohnten zu dritt allein im Haus und liebten sich, falls Zeit dafür blieb. Die Familie würde erst wachsen, wenn Ullas Studium vorbei war. Norbert sorgte inzwischen dafür, dass eine neue Heizungsanlage die maroden Kachelöfen ersetzte. Aber gegen die herrschende Kälte im Land halfen weder Kohle noch Strom. Auch die stets gefährdete Schicht der heimischen Intelligenz, ohne festen Klassenstandpunkt bemühte sich lange vergeblich, das Denken im Land zu lockern. Vor einem Jahr war in Polen, in Stettin und Danzig der Arbeiteraufstand gescheitert. Dafür durften die DDR-Bürger nun ohne Visum ins Nachbarland reisen, sogar in die ČSSR. Ihr Käfig wurde ein wenig erweitert, mehr allerdings auch nicht. Aber Benno schrieb ein Gedicht, das die Kälte und die Empfindungen dieses Winters beschreibt:

Diesen Winter erfror der Wind
Klirrend zersprangen Wolken
Scherben von Vögeln fielen herab

schmerzirr entflohen die Blicke
den wunderbar weißen Dingen, wir
wollten sie nicht mehr glauben

Diesen Winter zerhackten die Krähen
unsere irrenden Spuren
führten zu nichts als Eis

Alle wie rasend gedruckten Wörter
froren an Schlagzeilen fest
aus vielen Mündern schlug Rauch
wir aber suchten das Feuer

Auch diesen Winter erhob sich das Licht
während die Kälte sich festfraß
jeder Schritt zueinander forderte seinen Preis
einige glühende Zungen

Mühsam gebahnte Wege blieben gefährlich glatt
wieder einmal fehlte es uns
an Wärme

Zelturlaub. Turmbesteigung

Ulla schrieb ihre Diplomarbeit an der Akademie der Wissenschaften bei Professor Kolditz. Sie forschte über Tenside und den Grenzflächen-Sauerstoffaustausch, ein militärwissenschaftliches Thema, das sie öffentlich nicht verteidigen durfte. Doch sie bekam ihr Diplom. Dazu erhielt sie vom Institut einen Urlaubsplatz in Loissin am Bodden. Lubmin liegt in der Nähe. KKW Nord wurde weiter gebaut. Norbert hatte sein Lehrgeld bezahlt. Statt die Staatsmacht erneut herauszufordern, suchte er lange sein Kind. Er fand es am Strand, wo es staunend zusah, wie eine Sandale schwimmt. Ulla kämpfte gegen die Wespen. Deren Sticheleien bedrohten die Ruhe im Zelt. Auf dem Wasser war frische Luft. Sie fuhren mit der Fähre nach Wieck, am Steuer ein betrunkener Käpt'n. Ein Ikarus-Bus trug sie bis Greifswald. Dort hatte sich etwas getan. Sie durften den Dom besteigen, eine phantastische Aussicht, schweißtreibend, aber lohnend!

Sind wir nicht vogelfrei, flüsterte Ulla, von hier erscheint alles so nahe, aber hinter den Sandbänken und den Inseln, am Rand der Boddengewässer ist unsere Welt zu Ende!

Norbert fixierte den Blick in die Landschaft auf Dutzenden Farblicht-Dias. Dann nahm er seinen Sohn auf die Schulter, als sie hinunterstiegen. Ulla wurde schwindlig, so hoch war sie nie gewesen. Wochen später war Norbert enttäuscht, als sein teurer ORWO-Positiv-Farbfilm das viele Himmelslicht, das auf dem Turm aus den Wolken strahlte, nicht ausgehalten hatte. Die Farben wurden falsch! Falschfarben, Zwiedenken, DDR Life. Er hätte es wissen müssen!

Sie leisteten sich ein Mittagessen im Haus des Handwerks, gegenüber der Bahnhofsmensa, der sie entwachsen waren. Am Nachbartisch saß Christina, vollbusig wie Norbert sie kannte, als sei sie vom FKK-Strand direkt zur Pfarrfrau mutiert. Zwei Pfarrkinder saßen neben ihr, dazu der Pfarrer im dunklen Anzug. Christina sah Norbert, blinzelte heftig, das hieß: Ich kenne dich nicht, und waren wir beide auch noch so vertraut miteinander!

Ulla bat: Lass uns zur Lönsstraße gehen! Dort standen sie, ohne Schlüssel. Sie drückten eine Klingel. Eine Studentin öffnete, hörte sich ihre Geschichte an, kochte Tee und schwatzte: Was hier passiert ist, das glaubt ihr nicht!

Mit Miriam, fragte Norbert und biss sich auf die Lippen. Sie lachte nur verächtlich: Ein Liebhaber geht, der Nächste kommt. Ihr Kind lebt in einer Kommune! In Westberlin sollte sie spitzeln, für Westgeld, aber da kommt sie wohl selbst nicht hin ...

Blutrausch. Berufsverbot

Norbert fragte schnell: Um wen geht es denn?

Unter ihnen lebten die drei afrikanischen Mädchen mit Zöpfen und großen Schleifen, weißer Großmutter und ihrer Mutter, der Kinderkrankenschwester. Ihr Mann aus Togo war Arzt. Er hat eines Tages, weshalb? Aus Eifersucht, Leidenschaft, wer kann das wissen, hat ein Beil genommen und seine Frau, die Großmutter, dann die Kinder.

Sich selbst auch?

Keine Ahnung, man hört nichts mehr. Ist wohl auch besser so.

Sie verließen schweigend das Wohnheim. Das halbe Zimmer, das halbe Jahr, der Heidedichter, ihr Kind im Schnee, alles versank im eisgrauen Schrecken.

Benno fragte sich später, ob dieses Buch, ein Buch über Norbert in Greifswald, über Ulla und Norberts Studium, über ihr erstes Kind, ob es Platz hatte für so viel Elend? Es war fremdes Elend, aber sie lebten gemeinsam, als Nachbarn! Diese Tragödie zeigte ihnen, wie glücklich sie damals waren, trotz des winzigen Zimmers mit schimmligem Erker, dem Mangel an Geld und Anerkennung. Sie hielten zusammen und hielten durch. Das war es, was wirklich zählte!

Komm Ulla, wir fahren zurück. Ulla bekam auf der schwankenden Fähre im Abendlicht eine Gänsehaut. Norbert war nach Singen zumute, ein Loblied auf ihren Käpt'n, der betrunken war, aber noch wusste, was er tat und wohin er wollte. Im Schein der Abendsonne, von der Strömung geführt, fuhr er sicher zurück nach Loissin. Dort setzten sich Ulla und Norbert, den schlafenden Jungen im Arm, im das Zeltkino vor einen Western. Wilder Westen, dass ich nicht lache! Nach dem Film trafen sie überraschend auf Micha, den Radfahrer aus der Wiese: Du bist bei der

Akademie? Er nickte: Ich wollte in Greifswald bleiben, wegen der Ruderer, machte Spaß. Er sah Ulla und wusste: Dich habe ich auch trainiert!

Ulla nickte und ging mit dem Jungen ins Zelt. Norbert lief mit Micha zum Strand. Ein Bier in der Hand, die Füße im Wasser, machte Micha sich Luft: Ich hatte ein Superdiplom und bekam vor Ort keine Stelle! Die Lady hat mich empfohlen, ich hatte bei ihr diplomiert und wollte in Greifswald zur Rechtsmedizin. Wo musste ich hin? Zur Berlin-Chemie! Mein Zeugnis ist brillant, aber das Disziplinarverfahren! Sämtliche Parteisekretäre schickten die gleiche Antwort. Verfluchte Kinderschänder! Uwes Interview in der Mensa, die ‚Hochschulreform in Honduras', das verzeiht die Partei uns nie. Schließlich kam ich zur Akademie, na gut! Micha spuckte aus. Mondlicht fiel auf den Bodden. Sie tranken weiter und Micha erklärte: Dieser Staat ist im Arsch, wenn du mich fragst. Ich gebe ihm noch zehn Jahre.

Kapitel 44
Briefgeheimnisse. Totentanz

Marionetten. Blinder Eifer

Micha irrte sich nur um sechs Jahre. Danach leitete der Oldtimer-Fan in einer süddeutschen Firma eine Abteilung für Pulverlacke. Damals in Loissin fragte er Norbert nach Rüdiger: Weißt du etwas Neues? Man hatte ihn kurz nach dem Studium nach Westdeutschland abgeschoben. Nach seiner Staatsratseingabe folgte, wie erwartet, Familienzusammenführung. Sein Vater lebte in Hamburg.

Der Hauptgrund, meinte Micha, er war ihnen einfach zu klug. Sollte er doch die Studenten im Westen zur Rebellion überreden!

Und die anderen, weißt du etwas?

Norbert verneinte. Nicht einmal von Dandy und Olaf wusste er Aktuelles. Er wohnte mit Ulla in Kalkdorf, und dort begann die Provinz. Er selbst berichtete stolz: Ich bin jetzt ein Beauftragter für den Umweltschutz. Wir haben gute Gesetze, aber leider, die Produktion geht vor.

Micha lachte verächtlich. Dann war das Bier aus und er ging davon. Norbert, hellwach, irrte durch die Reihen, bis er Ullas Zelt wiederfand. In der nächtlichen Stille war Benno ihm nahe: Ich erschrecke, wenn ich das höre, wie weit du den sozialistischen Alltag im Chemiewerk verinnerlicht hast! Staub und Hitze erträgst du klaglos, steckst den Kopf in den heißen Wrasen, ins Abgas, lässt dir die Augen von Säuredämpfen aus den Drehrohröfen verätzen!

Norbert biss sich auf die Zunge und rieb sich die ewig entzündeten Lider. Er begriff, welchen Preis er für Haus und Garten mit seiner Gesundheit zahlte und dachte mit Sehnsucht an Greifswald, den Bodden, die feuchte Seeluft. In Kalkdorf nahm nicht nur ihm die Staubluft den frischen Atem, trieb Tränen in die Augen. Benno hielt das nicht länger aus. Er fragte sich täglich, wie lange noch! Aber Norbert hielt ihn, er brauchte ihn: Bruder, glaub mir, wir benehmen uns bereits wie Marionetten!

Norbert war immer ein Außenseiter gewesen. Seine neu entstandene Stellung nahm kein Werkleiter wirklich ernst. Norbert gehörte der Führung, dem sozialistischen Orden nicht an. Betriebs- und Parteileitung lächelten, wenn er im internen Kreis seine Umweltberichte verlas.

Benno war konsequenter. Ihm fehlte Norberts Eifer, das Chemiewerk sanieren zu wollen. Er begleitete seinen Bruder zwar jeden Tag in die Fabrik, doch der Staub und die Abgase brannten, seine Urlaube von der Augenklinik wurden immer kürzer. Schließlich ging er davon, ohne Abschied. Ulla fragte vergeblich, wohin. Sie mochte auch diesen Benno; er benahm sich, als sei er die bessere Seite von Norbert, die romantische, die verletzliche; welche Frau war dafür nicht empfänglich.

Uwes Karriere. Rätsel um Lutz

Benno wusste selbst nicht so recht, woher er kam und wohin die Welt mit ihm wollte. Er fühlte sich zwischen Ulla und Norbert lange schon überflüssig. Vielleicht zählte er zu den Verlorenen, den Abweichlern, einsam und missverstanden, zu denen auch Erhard gehörte. Norbert und Ulla aber hatten sich eingerichtet. Seitdem sie in Kalkdorf lebten, lief die Zeit ihnen wie das Wasser davon. Eines Tages ein Brief von Uwe. Der Adressat war Benno. Der hatte mit Uwe jahrelang Programme für Chemikerbälle verfasst, die Zensoren zur Weißglut gebracht. Jetzt suchte Uwe Kontakt.

Er schrieb: Die Chemiefabrik in Berlin musste mich entlassen. Sie holten mich zur Truppe. In Potsdam war ich erfolgreich, im ‚Schreibzirkel für Soldaten'. Offizier Walter Flegel suchte Talente, und ich schrieb wie der Teufel. Ich war folgsam, diszipliniert, du hättest mich nicht wiedererkannt. Zur Entlassung bekam ich etwas, das ich niemals zu hoffen wagte. Ich wurde delegiert, zur Schauspielschule Ernst Busch in Berlin! Die Aufnahmeprüfung war schwierig, aber ich bin jetzt dabei, ich werde Schauspieler, sag was! Nie mehr Labor, keine stinkenden Kittel, kein Gift. Es sei denn, ich spiele irgendwann einen psychopathischen Chemiker; die gibt es auch so genug. Bitte grüße alle von mir, die du triffst, Micha, den Radfahrer, Olaf den Pommern, Dandy, Rüdiger, Arno. Ihr habt doch sicher Kontakt.

Norbert und Ulla waren sich einig: Uwes Brief triefte vor Ironie, es ging ihm also gut. Ende 1970 hatten sie ihn geext, etwa vor drei Jahren. Ein paar Monate in der Chemiefabrik, anderthalb Jahre Armee, zwei Jahre bis zum Diplom, dann hatte er es geschafft! Auf die Dauer entgeht eben keiner ... Norbert hatte zwar keine Kontakte mehr, aber er konnte von Erhard berichten, den Uwe bestens kannte. Ein Schauspieler, ein Pantomime wie Erhard sollte jedem Theater willkommen sein! Bruder Benno spukte erneut durch Norberts naive Gedanken: Nicht in diesem Land, nicht im Staatstheater, ein doppelbödiges Wort! Norbert überlegte: Sollte er Uwe nicht endlich sein Verhältnis zu Benno erklären? Zu spät! Benno war verschollen, endgültig, wie es schien. Dasselbe wie bei Lutz, dem sie in der Greifswalder ‚Falle' eine Falle stellten. Er war sicher dort gelandet, wo Olaf vermutet hatte, in einem geheimen Stasi-Labor. Aus Überzeugung? Wohl kaum. Ein Fanatiker war er nicht. Nie ist einem Kommersbuchsänger aus der Falle etwas passiert. Aber Lutz war und blieb verschollen. Nicht einmal zur Diplomverleihung war er bei ihnen erschienen. Unheimlich war das schon.

Erhards Bittbrief

Ulla lachte zu Norberts Besorgnis: Lutz hat ausgesorgt, kannst du glauben. Die zahlen sicher Spitzengehälter. Du solltest lieber fragen, wo Benno geblieben ist. Sie machen doch mit den Menschen, was ihnen gerade einfällt!

Ulla hatte Recht, manche Leute verschwanden eben. Lebten sie in einer Bananenrepublik? Uwe war der Stasi zwar ohne Knast entkommen, aber seine Arbeit in der Berliner Chemiefabrik war nicht besonders weit von der Zwangsarbeit im Strafvollzug entfernt. Wenn Norbert ehrlich war, galt die Einschätzung auch für sein Chemiewerk, eine Strafe für Augen, Lunge und Zunge.

Da die Auswahl an Arbeitsplätzen für Chemiker trotz allem klein war, begann auch Ulla in Norberts Fabrik, Forschungen wider Willen. Bald kam die nächste Schwangerschaft und Ulla war wieder erlöst. Noch schneller, ganz überraschend kam Post von Blutsbruder Erhard. Er suchte eine Stelle als Kantor. Es klappte zu Hause nicht mehr. Der Brief klang verzweifelt ehrlich. Erhard stellte gezielt die Frage, ob Norberts Landeskirche Verwendung für ihn hätte. Norbert betreute einen Gesprächskreis, in dem sie sich mit oder ohne Pfarrer über Gott und die Welt unterhielten. Er hätte mit Karlo gern über den Blutsbruder Erhard gesprochen. Doch der Freund aus Greifswalder Zeiten meldete sich nicht …

Norbert fragte die Kirchengemeinden nach Kantorenstellen. Seine Anfragen wurden verneint. Viele begabte Leute gingen damals in den kirchlichen Dienst, um dem Staat den Rücken zu kehren, ohne das Land zu verlassen.

Er konnte also nicht helfen, bedauerte sehr und schrieb Erhard ab. Ihr Briefkontakt, kaum begonnen, schlief sofort wieder ein. Auch von Uwe kam keine Post mehr …

Im Winter brachte Ulla ihr zweites Kind zur Welt. Ihr erster Sohn ging bereits in einen Kindergarten. Bald sah der zweite zu, wenn Mutter den Garten pflegte, und er schrie nach der nächsten Mahlzeit. Im Sommer füllte Ulla den Keller mit Gläsern voll Kirschen, Erdbeeren, Apfelmus und grünen Bohnen. Im Herbst aber kam wieder Nachricht von Uwe: Bin fest engagiert, in Schwerin, ein renommiertes Haus! Jemand aus Rostock hat mich vermittelt. Lieber Benno, schrieb er stolz, wir proben ein Ulrich Plenzdorf-Stück, ‚Die Legende von Paul und Paula'. Ich darf den Paul spielen, eine Rolle, wie für mich geschrieben. Regisseur Schroth meint, sie passt zu mir. Ich berichte dir von der Premiere! Leider schreibst du wohl keine Stücke. Aber schick mir doch neue Verse!

Norbert lachte bitter. Er las den letzten Absatz: Hast du von Erhard gehört?

Was jetzt kam, las er nicht allein. Er wollte den Brief mit Ulla gemeinsam zu Ende lesen, ging in den Garten und suchte sie …

Am seidenen Faden

In Gedanken hörte Norbert auf einmal Erhards Klavierspiel bei Muttchen Hackbarth, den penetranten Gesang, wenn er getrunken hatte: Herr, lehre doch mich, dass es ein Ende haben muss, und mein Leben ein Ziel hat … Erhards Stimme schrillte. Hätte er ihn nur herkommen lassen! Ulla war dagegen gewesen, ihr Instinkt ahnte Schlimmes voraus. Sie fuhr mit dem Fahrrad zum Einkauf: Pass auf die Kinder auf, bitte! Ihr erster Sohn spielte im Sand, der Säugling schlief im Kinderwagen unter dem Apfelbaum. Die Äpfel waren noch klein. Der Säugling wurde wach. Sein zweiter Sohn hatte Hunger. Norbert musste sich kümmern. Als wieder Ruhe herrschte, saß er bei seinen Kindern und beschwor die verschollene Zeit. Wie

Erhard am Eichentisch in der Hütte seine drei Mädels belehrte, wie sein verzehrender Lebenshunger noch um Mitternacht in den Augen brannte. Satz für Satz spuckte er auf den Tisch, seine Wörter schäumten: Herr Wirt, noch zwei Bier, zwei Schnäpse! Er stakte mit Spinnenfingern umher, reduzierte den Körper auf Ausdruck und Mimik, erstarrte zur Marionette. Ein Puppenspieler spielte sich selbst, als ginge es um sein Leben! Dort draußen, Erhard ahnte es längst, lauerte nicht viel Gutes. So oft der seidene Faden riss, an dem Pinocchio hing, krallte die Puppe die Hände ins Leere und tat, als zöge sie sich selbst an den Haaren wieder empor. Sie hatte keine Chance. Das Schlimmste war eingetreten, Norberts Blutsbruder war gestorben: ‚denn alles Fleisch, es ist wie Gras und alle Herrlichkeit des Menschen wie des Grases Blumen'. Brahms' Deutsches Requiem begann mit einer Seligpreisung: Selig sind, die da Leid tragen, denn sie sollen getröstet werden! So etwas sagte vielleicht der Pfarrer, wenn er den Toten aussegnete, und er fügte womöglich hinzu: Aber des Herrn Wort bleibet in Ewigkeit!

Benno hätten die Worte getröstet, den Chemiker Norbert kaum. Er stellte sich Erhard, Elisabeth vor, in Vorpommern auf dem Lande. Die Kastanien fielen, die Blätter, der Schnee. Erhards fahrige Finger trieben Spinnweben vor sich her. Wieder musste er singen, Tenor, ganz vorn, das Weihnachtsoratorium nach Lukas. So war es wohl noch ein paar Jahre gegangen. Er soff weiter und riss seine Frau, riss Elisabeth mit ins Unglück. Bis er sich eines Tages, Uwe drückte sich in seinem Brief plötzlich sehr vage aus, bis sich Erhard im Holzschuppen, mit einem Strick um sein Leben brachte.

Norbert sah in den Spiegel und heulte; Benno kam hinzu. Sie ließen die Tränen laufen. Das Unglück vereinte die Seelen.

Bis Benno endlich fragte: Und wohin ist Karlo verschwunden? War unsere Blutsbrüderschaft denn nur eine Laune gewesen, romantisch und besoffen?

Norbert dachte an Ulla und meinte: Jeder geht seinen eigenen Weg, und er geht meist allein, so ist das. Es sind sehr verschiedene Wege.

Kapitel 45
Zeitsprünge. Glücksmomente. Kerkererinnerungen

Die zweite Hausbesetzung

Die besten Freunde, erklärte Ulla, sind noch zu verschieden, um mit ihnen jahrelang alles gemeinsam zu tun. Jeder lebt sein Leben, wir auch!

Sie wohnten bereits sechs Jahre in Kalkdorf. Ulla kümmerte sich um zwei Kinder, studierte ein zweites Mal, würde bald als Klinische Chemikerin im Krankenhaus Arbeit haben. Am Haus war reichlich zu tun. Ersatzteile gab es kaum, viele Handwerker wollten Westgeld. Ab und zu kam ein Freund von Norbert vorbei, reparierte dieses und jenes, erzählte von neuesten Staatsratsbeschlüssen. Sie liefen darauf hinaus, für den sozialistischen Wohnungsbau noch mehr Kalk und Zement zu erzeugen.

Ulla winkte ab. Der Staub in der Luft, auf den frischen Blättern, auf der Wäsche war mehr als genug! Manchmal kamen noch Norberts Eltern dazu. Sie zogen ins Schlafzimmer ein. Für Ulla und Norbert blieben zwei Couches. Sie hatten kaum Platz für das Kinderbett und den Stubenwagen. Gegen Morgen warf sich Ulla herum, riss die Augen auf, starrte Norbert an: Geh weg!

Er sprang auf und deckte verärgert in der Veranda für Ulla und sich, für Gerda und Vater den Tisch. Dann weckte er die Eltern. In der Morgensonne, beim ersten Bissen, der Ulla fast im Hals stecken blieb, sprach sie sich endlich frei. Sie redete klar und einfach, kein einziges Wort zu viel. Danach verließ Gerda das Haus. Kurt lief, mit den Schultern zuckend, hinter ihr her zur Straßenbahn.

Es war Sommer. Sie atmeten durch, rissen die Fenster weit auf, sahen sich in die Augen. Sie eroberten zum zweiten Mal ihr Schlafzimmer unter dem Dach. Nun gehörte es ihnen, wenn Ulla wollte, zu dritt. In diesem Bett, in diesem Zimmer schliefen Ulla und Norbert und, wenn Ulla wollte, auch Benno.

Auf einmal war auch Benno da und suchte Ullas Nähe. Er war eifersüchtig. Meist genügte es ihm, vom Flurspiegel aus Norberts Frau zu bewundern, wenn sie dort singend vorbei ging. Flurspiegel, Glastür und Fenster bildeten eine optische Achse. Durch das große Blumenfenster blickten sie weit durch den Garten, bis zu Georgs Haustür. Georg war ihr Nachbar, ein Tischler.

Sie hatten beschlossen zu bauen. Unter dem Hofapfelbaum lagen Steine. Ein Bretterstapel, mit Folie gedeckt, döste in den Morgen. Ein Hahn krähte, eine Kreissäge kreischte, die Siedlung wurde wach. Ulla hängte die Leinen mit Wäsche voll, die Brüder sahen zu. Zementstaub fiel vom Himmel. Er war mit Ullas Lachen auch nicht zu überwinden, aber wenige Tropfen Blut, ihre zum Sieden erhitzte Romantik machten den Sonntag märchenhaft, weiß wie Schnee, rot wie Blut; alle Grauzonen dieser Erde würden in Ullas Nähe etwas mehr Farbe bekommen.

Erntelied

Norbert empfand wie Benno. Sie liefen mit Ulla über den Rasen. Ein Blick von ihr, und die Romantik begann erneut zu sieden. Die Brüder spürten, mit welcher Kraft diese Ulla zu leben verstand. Sie warfen die Frau ins Gras.

Ja doch, flüsterte Ulla heiser. Sie barg erneut etwas Besonderes. Jetzt streckte sie Norbert den Leib entgegen und flüsterte ihm ins Ohr. Er umarmte sie, roch an ihren reifen Äpfeln. Eine Weile später roch die Frau nach Erde, und ein bisschen wie frisches Brot. Benno schrieb ihr später ein Erntelied mit einem dreifachen Reim, erstens für Ulla, zweitens für Norbert, drittens für ihr drittes, noch ungeborenes Kind …

Der Himmel wirft sich matt ins Stroh
wo deine nackten Füße gehen
die Ähren bleiben trotzig stehn
um deinen schlanken Leib zu sehn
und kitzeln irgendwo

Du hängst dein Haarkleid in den Wind
und badest dich in Roggenduft
aus deinem Mund die Schwalbe ruft
mir Träume zu durch blaue Luft
und küsst mich heiß, geschwind

Wenn die Maschinen ringsumher
die Ähren beißen und zerkaun
magst du nur lachend um dich schaun
dich wiegen und dem Glück vertraun
im schäumend gelben Meer

Ich schmieg mich in dein sanftes Boot
und ernte deine Zärtlichkeit
so voller Reife ist die Zeit
dein Leib wölbt sich planetenweit
und riecht wie frisches Brot

Wenn ringsher umgebrochen sind
die Häute braun und sommertoll
wenn ich die Erde weiterroll'
hältst du in Händen liebevoll
das erste Wolkenkind

Geliebte, verhasste Wiese

Greifswald, Fleischerwiese, 1994. Nach der friedlichen Revolution reisten Ulla und Norbert zum zweiten Mal an ihren Studienort. Sie kamen aus Westfalen. Die Grenze war gefallen, bald danach sank der östliche Staat in ein schmerzhaftes Chaos. Die Baracken der Fleischerwiese überlebten auch diesen Umbruch. Sie standen inzwischen seit beinahe fünfzig Jahren. Bevor man sie abriss, entsorgte, war ein zünftiges Wiesenfest fällig! Die Alumni luden ein und der Förderverein der Greifswalder Uni kassierte. Das verkrautete und von Maulwurfhügeln besetzte Wiesengelände okkupierten zum ersten Mal die alten Herren und Damen der altehrwürdigen Alma Mater. Viele namhafte Titelträger, erfolgreiche Akademiker mischten ihre Ost- West-Karrieren unkontrolliert zusammen, als rührten sie im Labor ein Gebräu, das die Sinne vernebeln, Gedächtnisse aufpeitschen würde, aber auch schnell explodierte, falls jemand mit Worten zündelte. Ach was! Wer in der Wiese gewohnt, hier diplomiert oder promoviert hatte, wusste, woran er war: Heim I. und II. waren geschlossen, die Wände mit schweren Balken gestützt. In dieser hintersten Ecke der Wiese hielt nur noch Heim III. Zimmer 23 war sogar bewohnt. Die Tür trug noch immer Riffelglas, dahinter standen, vermutete Norbert, die altbekannten Möbel. Die Tür war und blieb geschlossen; es war wohl besser so. Sie inspizierten die Küche. Es gab einen Kühlschrank und sogar eine Tiefkühltruhe! Das war nicht mehr ihr Wohnheim. Eilig verließen sie Herd und Flur, besichtigten die Baracke von außen. Oh Schande, ihr Außenbord- Bierkasten-Kühlschrank wurde durch Plastik ersetzt! Auch Ulla war enttäuscht, auf der Koppel fehlten die Kühe. Nur ein paar Bierfässer standen herum, der schöne Ingo, den Ring im Ohr, spielte mit der Echo-Combo wie in alten Zeiten. Ein Kommersbuch lag auf dem Tisch, und daraus wurde gesungen!

Norbert entdeckte Dandy und zog ihn ins Gespräch: Weißt du noch, das Kernkraftwerk, wo wir als Spione verhaftet wurden

Dandy lachte: Was ist aus der Bude geworden?

Nach der friedlichen Revolution wurde Pflugbeils Sohn Sebastian Minister ohne Geschäftsbereich; er legte den Meiler still. Die Bedienmannschaft hat geflucht, wegen der Arbeitsplätze. Sie sollten froh sein, der völlige Rückbau der Rostruine gibt ihnen Arbeit für zwanzig Jahre!

Dandy, dem Beatles-Experten fiel ein: Weißt du, dass deine ‚Numerologen' berühmt geworden sind? Yoko Ono, John Lennons Frau und Witwe holte sich nicht nur die üblichen Wahrsager, sondern auch ‚Numerologische Berater', um John Lennons Geld sicher anzulegen.

Hast du denn noch Arbeit, Dandy?

Ein paar Chemiker wurden entlassen, aber unsere Berlin-Chemie ließ fast keinen im Stich.

Und du hast dort Lutz getroffen?

Der ist Abteilungsleiter.

Und wo war er vorher?

Da fragst du ihn besser selbst. Prost Norbert!

Prost Dandy! Sie tranken. Dann schwiegen sie und drehten sich langsam, verlegen um. Sie hatten sich nichts mehr zu sagen.

Jachthafen. Karzer. Stasi-Knast

Norbert und Ulla in Greifswalds Altstadt. Baustellen überall. Zur Bushaltestelle stolperten sie durch kaum noch bewohnte Quartiere. Das Kopfsteinpflaster, auf Sand gegründet, war weitläufig abgesackt, die Gullys standen frei. Sie nahmen die Linie 60 zum Ostseeviertel und weiter. Inzwischen zogen sich Neubaublöcke bis hinaus nach Eldena. Die Bockwindmühle bei Wieck hatte nur noch den Bock. Auf ihm nistete dekorativ ein rot-weiß-schwarzer Storch. An der Zugbrücke wurde gebaut. Das Utkiek-Café in Wieck, die Fischgaststätte waren geschlossen. Nur das Roseneck hatte geöffnet. Sie tranken Schokolade. Am Hafenamt prangte als bleibendes Zeichen die Hochwassermarke von 1872. An der Mole fehlten die Fischerboote, dafür dümpelten zahlreiche Jachten im Wasser. Sie trafen einen Bekannten, Segler und Physiker Töns. Auch er war einst einer der V-Studenten. Jetzt leitete er, erzählte er stolz, die Evangelische Akademie; Wollt ihr den Karzer sehen? Sie haben ihn renoviert.

Töns fuhr sie im Mercedes zum Uni-Hauptgebäude. Im Foyer eine Ausstellung: Nordische Sprachen. Die Uni hatte es schwer; es fehlte der enge Kontakt wie früher über den Ostseeraum. Der Mangel an Studenten war spürbar. Greifswald war zu abgelegen, wirkte zu provinziell. Immerhin existierte ein privates Pommernmuseum. Auch Caspar David Friedrichs Gemälde waren um die Jahrtausendwende mit dem Pommerschen Landesmuseum aus dem Grauen Kloster ins Heinrich Heine Gymnasium gezogen, das neue Heimatmuseum.

Unter dem Dach des Hauptgebäudes erklärte Töns den Karzer: 9 Quadratmeter, hohe Decken, ein Fenster, ein Bett, Tisch und Stuhl, dazu ein Nachttopf mit Deckel. Die Insassen aßen oft auswärts. Eine Kutsche fuhr vor, ab ging es zur Stadt, mit

Tschingdarassa und Glocken. Sie schrieben Spottverse, freche Lieder. Der Schreibtisch ist voller Graffiti.

So bequem hätten die Gefangenen der Stasi wohl auch gern gesessen! Norbert dachte dabei an den Knast, der die Greifswalder Stadtmauer zierte.

In der Stasi-Zentrale Hohenschönhausen, erklärte Töns den beiden, gibt es kreisrunde Gummizellen für die Isolationshaft, schalltot und lichtlos, grausam. Standard sind Zweimannzellen mit ständiger Sichtkontrolle. Alle fünf Minuten späht ein Aufseher durch die klappe. Am Tage Liegeverbot, nachts Liegezwang oder Schlafentzug durch ständiges grelles Licht.

Hast du dort gesessen, Töns?

Keine Antwort, stattdessen Details: Dein Zellengenosse war oft ein Spitzel. Auf dem Gang warst du immer allein, kein zweiter Gefangener durfte dich sehen.

Mit wem konntest du dann reden?

Mit deinem Vernehmer, sonst niemand.

Auf dem Fußweg zur Wiese rauchte Töns seine Lincoln-Pfeife wie früher. Er erklärte: Die Stasi-Genossen lernten in Potsdam-Eiche operative Psychologie. Damit machten sie jeden fertig! Es gab Leute, die nicht einmal mehr ihren Namen verrieten; sie glaubten sich selber kein Wort. Soweit hatte man sie gebracht. – Töns wusste gut Bescheid, doch da war auch viel Ungesagtes. Norbert überlegte, wie er den klugen Physiker zum Erzählen brachte. Doch die Funkstille zwischen ihnen hatte zu lange gedauert. Zwischen dem Leben vor und hinter dieser Mauer und dem Erleben von heute quoll Staub auf, verdeckte die Sicht. Ein Land war zusammengebrochen, nicht wenige Menschen mit ihm. Biografien und Städte, Charaktere und Landschaften waren zerfallen. Doch die Stimmung in Greifswald, entspannt, gelöst, war niemals so offen wie jetzt, wo sie ihr Studium, konnte das stimmen, mehr als zwanzig Jahre hinter sich hatten!

Abschied von Karlo

Norbert lief mit Ulla noch einmal die altbekannten Wege, zum Schießwall, zum Hafenviertel. Von den Altstadtgassen, der ‚Falle' und anderen Heimlichkeiten war kaum etwas übrig geblieben. Die letzten krummen Fachwerkhäuser standen leer da und ausgeweidet, hässliche Kulissen.

Sie schlenderten durch den norddeutschen Frühling, gestrandete Fremde, nicht mehr ganz frisch, schon etwas dröge geworden. Sie suchten sich einen Platz am sumpfigen Ufer des Flüsschens. Vor ihnen ein Ruderboot mit Studenten, Anfänger offenbar. Sie quälten sich mit Krebsen ab. Der Steuermann brüllte: Den Rük-ken gerade! Er erhöhte die Schlagzahl, paukte den Jungs jeden Ruderschlag einzeln ein.

Manches ändert sich nicht, sagte Ulla; auch sie war hier früher gerudert.

Vieles andere umso mehr, meinte Norbert, das ist ein großes Glück. Sie blickten ins Zentrum der Stadt hinauf. Die dicke Marie stand an ihrem Platz. Sie liefen die Knopfstraße aufwärts, querten den Marktplatz, setzten sich beide ohne Absprache in die Hütte, an den runden Tisch. Keine Spur mehr von Musiker Erhard oder von Schulfreund Karlo. Viel Zeit war vergangen. Hier kannte sie niemand, auch der Kellner war Norbert fremd.

Benno drängte es, Ulla zu beichten: Hier saßen wir damals mit Erhard, seinen Mädels von der Kirchenmusik, später auch mit Karlo. Es war die Zeit vor deiner Ankunft, deiner klugen Frage nach den strahlenden Jungs unter den Elementen ...

Ulla lachte und winkte ab. Norbert hatte noch immer den welthungrigen Matrosen Karlo im Kopf, den vor dem Fall der Mauer verloren gegangenen Freund; war auch er aus der Welt, wie Erhard, oder nur aus dem Land geflüchtet; aber wie sollte das gehen? Sie konnten es nicht wissen, Ulla interessierte es nicht. Sie sagte es auch, sie war schneller mit Worten, und schärfer. Ihre Arbeit und Norberts Arbeit, beide kaum noch vergleichbar. Die Analyse der Lebenssäfte, die Ulla morgens begann, war eine subtile, exakte Methode, Krankheiten zu erkennen. Gab es ein so feines Werkzeug, es im Mund, in Gedanken zu führen, um Bücher damit zu schreiben, ohne andere zu verraten oder zu verletzen?

Benno mischte sich wieder ein: Norbert, wir haben Glück gehabt damals. Deine Verlobung mit Ulla war es, was dich noch immer mit Karlo verbindet. Sein Wille aber, als Künstler zu leben, das ist etwas anderes. Karlo wollte immer ein Künstler werden, mit allen Konsequenzen. Er hat gemalt und gemalt. Heute lebt er vermutlich mit Bildern zusammen, wie andere mit ihren Partnern. Er spielte sehr gut Gitarre, und er schrieb Gedichte!

Und ich? Norbert sah Ulla an, hilfesuchend.

Du hast vor allem deine Familie. Wir beide, Bruder sei ehrlich, was bringen wir schon zustande, was steht in unserem Tagebuch? Nur Worte, Worte, Worte!

Kapitel 46
Vier Epitaphe

Gedenken an Hans Beyer

Am 6. Oktober 2005 erinnerten sich die Chemiker an Professor Hans Beyer, Organische Chemie, Vaterfigur und weltweit bekannter Schreiber seines Lehrbuchs. Die Greifswalder Alma Mater feierte mit Kolloquien, Festvorträgen und vielen geladenen Gästen Hans Beyers 100. Geburtstag. Erstsemester bis 1969, die bei dem Professor Vorlesungen hörten, waren dabei und nutzten die seltene Gelegenheit, Greifswald wiederzusehen und ihre Kommilitonen zu treffen. In der Fleischerwiese standen inzwischen Holzbungalows mit Außentreppe und Heizung. Das Badehaus im Hof wurde weiter genutzt. Die alte Dampfleitung führte noch, von Mineralwolle eingehüllt, mit Alufolie verkleidet, zwischen Heim I. und ‚Heim Null', immer noch Nervenklinik, zur nahen Molkerei, die abgewickelt wurde. Davor warteten Milchflaschenberge in Glascontainern auf Abtransport.

Vor den soliden Backsteinbauten in der Soldtmannstraße trafen sie Assistent Köhler: Niemand will noch Chemie studieren, wir werden schließen müssen. In Schönwalde I. und II. entsteht der neue Campus, dort wohnen die meisten Studenten. Sie studieren die Zukunftsfächer, darunter Biochemie.

Mit Ehrfurcht im Blick betraten sie die Räume der Chemischen Institute, atmeten die bekannten Gerüche, die jedes Stockwerk erfüllten. Vor ihnen her ging ein Dinosaurier der fröhlichen Wissenschaft, die hier gelehrt worden war. Sie folgten Köhler zum großen Hörsaal. Dort schoben die Kommilitonen, die sich kaum wiedererkannten, ihre Bäuche ins hohe Amphitheater, setzten sich vorsichtig, tastend auf knarrende alte Bänke. Vor ihnen, in der Tiefe, auf dem bekannten breiten Labortisch erhob sich eine gläserne Schutzwand, früher völlig undenkbar!

Gespannt wie Jungstudenten, gerührt vom Auftritt zweier nun hoch betagter Dozenten, erlebten sie, zu Hans Beyers Ehren und zu ihrem Vergnügen eine Experimentalvorlesung: Feuer + Wasser = Feuerwasser! Die von der Greifswalder Feuerwehr und dem Management ihrer alten Uni heute genehmigte Show erinnerte die Altsemester, was ihnen an der Chemie von Anfang an gefiel, wenn es knallte und stank, zischte und brannte, ein bisschen gefährlich wurde! Hinter Panzerglas zeigte man ihnen jene farbigen, lauten Experimente, die in den 1960er Jahren zum Studienalltag gehörten. Aus Gründen des Gesundheits- und Arbeitsschutzes wurden sie den Studenten von heute nicht mehr zugemutet. Das Studium der Chemie fand nun vorrangig am Computer statt. Der verhöhnte Student, der Dichter von damals sah sich heute bestätigt – aus den Chemiestudenten von früher waren Numerologen geworden!

Die ersten Flammen flackerten, es zischte bedenklich, erwartungsgemäß ... eine Art Andacht befiel die Versammlung. Norbert und Ulla atmeten durch. Sie zogen im Hörsaal die Luft ein, die sie beide damals mit banger Erwartung erfüllte. Ulla flüsterte Norbert ins Ohr: Nie konnte man sicher sein, dass ein Experiment gelang!

Mein größtes Experiment, er sah Ulla schräg von der Seite an, war meine Heirat mit dir. Und dabei wird es wohl bleiben.

Wahrheit als Tochter der Zeit

Ein knappes Jahr später, im Frühherbst kamen Ulla und Norbert erneut nach Greifswald. Ihre ‚Universitas Gryphiswaldensis' wurde im Jahr 2006 Fünfhundertfünfzig Jahre alt. Erwartungsvoll, seltsam gerührt besuchten sie die Feier. Später standen sie auf dem Stadtwall und blickten zur Altstadt hinein. In der Stadtmauer, höhe Schäfergasse fehlten weitere Häuser. Sie hatten freien Blick auf die Jakobikirche. Wie viele Städte im Osten war auch Greifswald zur friedlichen Revolution vom Zerfall befallen. Vor kurzem wurde der Stadtkern saniert. Die Hansestadt erneuerte sich, indem sie sich zerlegte und auf sich selbst besann. Aus architektonisch gelungenen Epochen rettete man die Reste. Die ersten renovierten Häuser gehörten der Landeskirche. Die F-Straße hieß wieder Lange Straße, aus der Herrmann Löns Straße wurde die Hans Fallada Straße. Nur der Karl Marx Platz behielt seinen Namen. Das städtische Umfeld war aufgeräumt worden. Und die Köpfe, und die Gedanken? Viele Ideen der letzten Jahrzehnte waren zu Grabe getragen worden. Was man von ihnen auch sagen konnte, über Tote sprach man nur Gutes.

Der Festakt im Greifswalder Dom, am 17. Oktober 2006, fand im Beisein der schwedischen Königin statt. Sie machte ihren privilegierten Adelsanspruch deutlich. In diesem Teil Pommerns besaß sie seit langem Hoheitsrechte, bis die Preußen kamen. So wurde mit Königin Sylvia Greifswalds Aula wieder eröffnet. Der Senat, der Dekan, die Professoren paradierten im vollen Ornat, ohne die peinlichen Reden früherer Jahrzehnte. Niemand behauptete diesmal, der Arbeiterklasse helfen zu müssen, den ‚Sozialismus auf hohem Niveau' zu erbauen. Der ‚Staatssozialismus' im Land war eben auch deshalb gescheitert, weil er seine ‚historisch begründete Überlegenheit über den Kapitalismus' nie beweisen konnte! Sollten sie das nun bedauern?

Norbert und Ulla bedachten den Mief, den Dünkel der ehemals Allwissenden, der ‚führenden Partei', und sie atmeten spürbar auf.

In einem Vortrag zum Jubiläum ihrer altehrwürdigen Universität formulierte jemand nachdenkenswert: ‚Wahrheit ist die Tochter der Zeit'.

Die Wahrheit dieser Geschichten, das Verhältnis von Norbert und Benno, real und virtuell, mag ihr Geheimnis bleiben. Entscheidend war, bei Norbert stand Ulla, hellwach und immer gern spottend, genau wie Benno es brauchte.

Letztes Gespräch über Uwe

Kaum waren sie zurück in Westfalen, holte Norbert die Zeit wieder ein. Rüdiger aus Bremen rief an: Du erinnerst dich doch an Uwe? – Was für eine Frage; sie hatten nur einen Uwe in ihrem Studienjahr, der aber war einmalig! Er hatte im Studententheater schneller Karriere gemacht, als im Chemielabor. Sie erinnerten sich an seine Auftritte zu den Bällen, an seine Rezitationen, jede ein Stachel im Fleisch der Hochschulgruppenleitung!

Auch dein Gedicht von den Numerologen hat sie misstrauisch werden lassen; sie haben es nicht verstanden! Heute weiß jeder, was du gemeint hast.

Was ist los, Rüdiger? Deshalb rufst du nicht an! – Du erinnerst dich, dass Uwe gehen musste; sie haben ihn ge-ext, kurz vor unserem Diplom!

Weiß ich, Rüdiger, andere auch. Er hat mir später Briefe geschrieben, wir hatten lange Kontakt ... Rüdiger, bist du noch dran?

Das Telefon schwieg. Norbert erinnerte sich: Uwe studierte nach der Armeezeit in Berlin, an der Schauspielschule Ernst Busch; er wurde sogar delegiert. Danach ging er nach Schwerin, machte bei Regisseur Stöcker Karriere. Später fuhr er als Paul in Plenzdorfs

‚Paul und Paula' in den 1980er Jahren mit auf Europatournee. Norbert lauschte, weiter wusste er nicht.

Rüdiger, hörst du mich noch?

Rüdiger ließ sich Zeit. Er druckste ein bisschen herum: Du hast Recht, unser Uwe, geborener Schauspieler, aber das wussten wir ja. Als Paul stand er neben Paula auch in Frankreich auf der Bühne, eine Tournee des Schweriner Theaters. Als einer von mehreren, die nicht mehr konnten, ihr Leben selber gestalten wollten, ist er dort ausgestiegen. Von Frankreich kam er nach Bremen. Er blieb eine Weile, wurde geschieden, ging nach Bielefeld, wo ihn am Stadttheater schließlich der Suff übermannte, wahrscheinlich aber schon früher.

Norbert lauschte. Das war nicht alles. So redselig war Rüdiger selten!

Zur Sache bitte, Rüdiger; du willst mir doch noch etwas anderes sagen!

Mühsam sprach Rüdiger weiter: Vom Bielefelder Theater ging er in den Osten, nach der friedlichen Revolution, an das Theater nach Leipzig.

Stimmt. – Norbert erinnerte sich. In Bielefeld hatte er ihn verpasst; das wäre näher gewesen. Später wollte er Uwe in Leipzig, zu irgendeiner Buchmesse treffen, aber das klappte auch nicht.

Und wo wohnt er heute, Rüdiger?

Von Leipzig ging er nach Chemnitz, als Alkoholiker. Aber es war zu spät.

Rüdiger hielt wieder inne. Und was heißt das nun? Norbert ahnte es längst. Endlich erfuhr er von Uwes Tod. Aber woher hast du?

Seine Ex-Frau hat es herausbekommen, besser, man hat es ihr mitgeteilt: Uwe starb, wie man weiß, früh am Morgen, an seinem chemnitzer Frühstückstisch, die Hand an der Kaffeetasse, den Kopf auf der Tageszeitung, als hätte die Headline, das tägliche

Böse mit fettschwarzen Zeilen ihm den Tag geschwärzt. Dahinter steckte, erfuhr man später, teilweise ein familiärer genetischer Defekt. In Uwes Alter, erklärte Rüdiger, er war Chemiker und Mediziner, stirbt man noch nicht am Suff!

Wusste Rüdiger nichts von Erhard? Norbert behielt es für sich. Sein Kommilitone hatte am Schluss sogar einen Trost für ihn: Jetzt hat Uwe doch noch die Hauptstadt erreicht, wenn auch nicht auf der Bühne; seine Adresse ist heute der Waldfriedhof in Zehlendorf.

Norbert bedankte sich leise für diese vertrauliche Nachricht. Sie waren sich einig über Uwes Schicksal. Kein Zensor kann ihm mehr schaden.

Epitaph für Christof

Norberts Schulfreund Christof wünschte sich, von seinen Reisen mit Norbert nach Tschechien, Polen, Ungarn, Bulgarien, von ihren Abenteuern in einem Buch zu lesen. Dieses Buch kommt leider zu spät; den besten Schulfreund traf eine Krankheit; er ist mit ihr dahin gedämmert und daran gestorben.

Norbert konnte nichts weiter tun, als diese letzte Seite dem Gedenken an Christof zu widmen. Er tat es berechenbar und genau, wie es ihm möglich war, als sei sie Teil einer Statik von Christof, seiner soliden Lebensart angemessen.

Seit der Schulzeit, während des Studiums, als ihr Leben im Osten des Landes zu Zweifeln Anlass gab, manchmal auch nach Betrug aussah, wurde Christof besonders gründlich. Er fragte, rechnete nach, bis er Gewissheit hatte.

In der ersten Zeit nach der friedlichen Revolution hat Christof wohl befürchtet, Norbert sei ein Spitzel gewesen, einer jener vielen, unbekannten IM's. Bis er sich selbst in der Gauck-Behörde, in seinen, ihren Stasi-Akten vom Gegenteil überzeugte. In der Normannenstraße fand er, dass Norbert sich gegen das Angebot zur Mitarbeit als IM damals konsequent wehrte. Als Christof später aus Mangel an Arbeit im TÜV Rheinland eingesetzt wurde, besuchte er Norbert bei Dortmund, in dessen zweiter Heimat Westfalen. Dort erklärte er Norbert sachlich, jetzt wisse er Bescheid, und sei froh darüber! Wieder fragte er nach dem Buch, in dem sie noch einmal gemeinsam reisten, durch das osteuropäische Ausland, ohne Netz und doppelten Boden, ohne mit ihrem Kopf haart an Beton zu stoßen; hier ist es!

Er Christof wird es nun nicht mehr lesen. Er blieb mit seiner Familie bis ans Ende der DDR getreulich im Osten wohnen, bestand mit Engagement die Jahre hinter der Mauer. Erst seine spätere Krankheit zwang ihn in die innere Emigration. Ihn befiel das Vergessen. Dieser teuflische Widersacher nahm ihm jede Möglichkeit, die Welt um sich her zu begreifen. Er löschte sein Gedächtnis, vernebelte bald auch seine Selbsterkenntnis, vergaß sogar die Zweifel, die unverzichtbar sind. Ohne Zweifel keine Gewissheit! Christof geriet in Not. Er erkannte sich im Spiegel nicht wieder, wollte weglaufen, aber wohin; welcher Weg führte zurück?

Wenige Jahre später fuhr Norbert nach Rehfelde, zu Christofs Frau und Kindern. Er stand neben ihnen am Grab. Die Sonne schien, es war kalt am 22. Februar 2012. Etwas Schnee fiel, sehr leicht und weiß, aber doch genug, um die letzten Worte des Textes mit einem feinen Singen, einem hellen Ton zu beenden.

Bernd Kebelmann, im Sommer 2018

Anhang

Ernst Moritz Arndt Universität. Abriss der Geschichte

1634 vermachte Herzog Boguslaw XIV. von Pommern der Universität das Amt Eldena mit 14000 ha, wodurch sie zur größten Grundbesitzerin unter allen deutschen Universitäten wurde, was sie bis 1945 auch blieb. 1648, als Vorpommern an Schweden fiel, wurde die Universität Greifswald die erste schwedische Universität. Die enge Verbundenheit mit Schweden besteht bis heute. Aus dieser Tradition heraus wurde auch das schwedische Königspaar zu den Feierlichkeiten am 550. Gründungstag 2006 eingeladen, mit der ehrenvollen Aufgabe, die bis dahin sanierte barocke Aula einzuweihen. Nach dem Ende des Zweiten Weltkrieges war die Universität von der sowjetischen Besatzungsmacht geschlossen worden. Der gesamte Grundbesitz ging 1945 durch die »Bodenreform« verloren. Die Universität begann am 15. Februar 1946 neu, ohne die Rechts- und Staatswissenschaftliche Fakultät. Die 1946 in Anknüpfung an ältere Greifswalder Traditionen gegründete Landwirtschaftliche Fakultät musste unter staatlichem Druck 1950 wieder aufgelöst werden. Die 1946 auf Weisung der sowjetischen Dienststellen gegründete Pädagogische Fakultät ging 1955 in der Philosophischen Fakultät auf. Aus dieser wurden 1951 die Mathematik und die naturwissenschaftlichen Disziplinen ausgegliedert und die Mathematisch-Naturwissenschaftliche Fakultät gebildet. 1955 kam es zu einem Streik von Medizinstudenten (was langjährige Haftstrafen nach sich zog) gegen die Umwandlung der Human- in eine (Ende 1989 endende) Militärmedizinische Fakultät. Im Zuge der so genannten dritten Hochschulreform wurden 1968/69 die Fakultäten in klassischer Form und nachgeordnete Institute aufgelöst und dafür 16 »Sektionen« sowie der Bereich Medizin gebildet. Die Fakultäten existierten nur als Teilgremien und Abteilungen eines »Wissenschaftlichen Rates« weiter. In dieser Form überdauerten wenigstens nur mit geringfügiger Namensänderung die Medizinische Fakultät und die Mathematisch-Naturwissenschaftliche Fakultät. Die Philosophische Fakultät hieß dann Gesellschaftswissenschaftliche, die Theologische Fakultät wurde als Rat der Sektion Theologie weitergeführt. Das Greifswalder Wappen: Ein aufgerichteter, goldbewehrter roter Greif, mit der linken Hinterpranke auf einem gespaltenen, aber noch grünenden natürlichen Baumstumpf stehend.

Caspar David Friedrich

Das sechste von sieben Kindern des Seifensieders und Lichtziehers Friedrich wurde am 5. September 1774 in der Nähe des Greifswalder Doms geboren und ist hier aufgewachsen. Das Wohnhaus wurde zerstört und neu aufgebaut. Vater bekam sein Gewerbe dicht am Dom genehmigt, trotz des Gestanks, den das Seifekochen verursacht. Im Kellergewölbe der früheren Werkstatt steht noch ein Siedekessel aus Gusseisen, gibt es Seifengussformen. Der Stammbaum und Zeichnungen an der Wand erinnern an die Familie des Malers. In dieser Greifen-Galerie hängen Aquarelle heutiger Greifswalder Maler. Caspar David erhielt als Schüler Unterricht beim akademischen Zeichenlehrer Dr. Quistorp. Von 1794 bis 1798 besuchte er die Kopenhagener Kunstakademie und übersiedelte von dort in das für seinen Kunstsinn bekannte Dresden. Dort begann die Freundschaft mit dem Wolgaster Maler Philipp Otto Runge. Mit ihm fuhr er im Sommer 1801 das erste Mal nach Rügen. Diese Wanderung wiederholte er 1802, zum dritten Mal 1806 mit wechselnden Begleitern. Friedrich begann mit Radierungen. Bald entwickelte er in seinen Bildern den als Romantik bekannten Stil seiner Malerei. Von 1801 bis 1810 entstanden erste bekanntere Werke, ‚Mönch am Meer', ‚Rügenlandschaft mit Regenbogen', ‚Hügelgrab auf Rügen mit kahler Eiche'. Am Ende der ersten Schaffensphase, 1809, mit 35 Jahren besuchte er für längere Zeit Greifswald und Neubrandenburg. Noch später entdeckte er den Bogen in Eldena, skizzierte ihn, verwendete ihn mehrfach. 1810 kam es endlich, durch Vermittlung des Kronprinzen Friedrich Wilhelm von Preußen kam es im Schloss Charlottenburg zur ersten Ausstellung seiner Malerei, die weithin Beachtung fand. Zar Alexander III. half dem Maler durch Ankauf von Bildern aus der größten Geldnot. Am 18. September1810 besuchte Goethe den nun bekannt gewordenen Maler. In Dresden wurde Carl Gustav Carus, Arzt und Maler, zum engen Freund Caspar Davids. 1815 und 1818 besuchte Friedrich von neuem Greifswald und die Insel Rügen, wo er wanderte. 1819 reiste Carl Gustav Carus auf Friedrichs Spuren dorthin. Im September 1826 besuchte Friedrich zur Erholung zum letzten Mal die Insel. Er starb am 14. oder 24. Mai 1840 in Dresden. Der letzte bekannt gewordene Nachfolger dieser Familie Friedrich war Professor Harald Friedrich, Kunstwissenschaftler an der TU Hannover. Er starb 1933, ohne Nachkommen zu hinterlassen.

Greifswalder Bachwoche. Pommersches Landesmuseum

In protestantischem Geist entstand am Ort die Greifswalder Schule für evangelische Kirchenmusik, geleitet von Hans Pflugbeil und seiner Frau Anneliese, eine Cembalo-Virtuosin. Musikalischer Höhepunkt jeden Jahres ist die von Pflugbeil initiierte und organisierte ‚Greifswalder Bachwoche' für alte und neue Kirchenmusik. Sie findet Mitte Juni statt. In den Kirchen, Konzerträumen, im Theater und im Rathaus der Hansestadt wird etwa eine Woche lang mit Orchestern und Chören musiziert. Neben Werken von Johann Sebastian Bach und seinen Zeitgenossen erklingt die Fülle der Kirchenmusik vom Barock bis zur Moderne. Orgelkonzerte und Oratorien, Orchesterkonzerte oder Motetten füllen mit Kammermusiken und Sinfonien jedes Jahresprogramm. Der Autor hat einige Jahre lang die Konzerte im Dom und anderen Kirchen vom Vormittag bis zum Abend begeistert miterlebt. Bei dieser Gelegenheit lernte er auch die klugen und reizenden Schülerinnen der Pflugbeil'schen Schule kennen. Kommilitonen aller Semester saßen neben Greifswalder Bürgern, sahen und hörten zu, wenn große und kleine Orchester gemeinsam mit den Chören zu musizieren begannen. In diesen träumerisch leichten Jahren lernte er viel über die Musik, lernte die Musikerinnen zu schätzen, einige auch zu lieben. Für Freunde der Statistik – während seiner Studentenzeit erlebte der Autor die folgenden Musikereignisse:

- die 21. Greifswalder Bachwoche: 21.–28.06.1967, Hans Pflugbeil.
- 22. Greifswalder Bachwoche ‚Bach – Bruckner': 19.–26.05.1968, Hans Pflugbeil.
- 23. Greifswalder Bachwoche: 05.–11.06.1969, Hans Pflugbeil.
- 24. Greifswalder Bachwoche: 19.–25.06.1970. Hans Pflugbeil.
- 25. Greifswalder Bachwoche: 10.–16.06.1971. Hans Pflugbeil.

Uwe Schröder, der Aufbauleiter des neuen Pommerschen Landesmuseums erklärte im Jahr 2000, zum 750jährigen Stadtjubiläum die Ausstattung und Funktion des gut erhaltenen Karzers im Uni-Hauptgebäude, siehe Text im Buch. Er erläuterte uns die sieben Originale des Greifswalder Malers Friedrich, die neben 70 Zeichnungen in der Gemäldegalerie hängen werden. Zwei Originale: ‚Ansicht von Neubrandenburg', eine fast realistische Stadtsilhouette, sowie ‚Kloster Eldena im Riesengebirge', eine für Friedrich typische Zusammenschau – die Ruine im Boddenlicht, aber auch in den Bergen des Riesengebirges.

Greifswalds Studentenlieder

Das ‚klassische Kommersbuch' stammt aus der Zeit Ernst Moritz Arndts. Die in den 1960er Jahren noch vielfach bekannten, beliebten Lieder galten als Ausdruck geistiger Freiheit und wurden begeistert gesungen. 1956, zur 500-Jahr-Feier der Uni wurde letztmals ein Kommersbuch herausgegeben. Sein Titel ‚Ergo bibamus' zitiert ein Goethe-Gedicht. – Auch an der ‚sozialistischen Uni' sang man alte und neue Studentenlieder. Jetzt aber galt das Absingen der – dem alten Kommersbuch entnommenen – Gesänge als Akt groben Ungehorsams. In den 1950er, 1960er Jahren kamen neue Lieder hinzu, oft aus Ärger mit der Partei und der FDJ, beide humorlos, doch allgegenwärtig. Die Studenten von damals erlebten die Härte, die Schrecken der Staatsmacht, als 1955 die Medizinische Fakultät in eine Militärakademie umgewandelt wurde. Sie gingen auf die Straße und demonstrierten lautstark. Die Stadt wurde vergattert. Kein Student durfte Greifswald verlassen. Festnahmen und Gefängnisstrafen, Exmatrikulationen gehörten zum Uni-Alltag. Die damals und später erlebten Erfahrungen mit der Arroganz vieler Funktionäre, die im Schutz der Staatspartei ihre Macht missbrauchten, verlangten nach eigenen Liedern. Die meisten neuen Lieder, von Greifswalds Studenten getextet, teilweise komponiert, spiegelten Wut und Hass auf die Vertreter des Staates und ihre Ideologie. Solche Lieder dienten der geistigen Abwehr einer Diktatur. Ihre Texte wurden nicht selten dem ‚Klassenfeind' zugerechnet, erfüllten den Tatbestand der Zersetzung, des Defätismus. Die Staatssicherheit trat auf den Plan. Die eindringlichsten Lieder solcher Art entstanden bereits, als die FDJ-Agitprop-Bewegung die Kollektivierung der Landwirtschaft in Vorpommern/Mecklenburg propagierte. Lieder wie das vom Traktor wurden in den 1960er Jahren von fast allen Studenten gesungen. Kurze, prägnante Verse bildeten dabei die Gegenstrophen und wurden zu vielen Liedern beliebig oft wiederholt:

> Aber eins, aber eins, das bleibt bestehn
> die Greifswalder Uni wird nie untergehn!
> Aber eins, aber eins, das ist gewiss
> die Greifswalder Uni ist der letzte Schiss!

Diese Ambivalenz war typisch für Greifswalds Wiesen-Studenten. Die Alumni haben zahlreiche Lieder, alte und neuere dokumentiert. Der Autor nutzte einige davon zur Illustrierung des hier vorliegenden Buches. Er bedankt sich bei den Alumni.

Die Lanthaniden

Norberts Diplomarbeit an der Uni befasste sich mit Zentren-Leuchtstoffen, wobei Kupferatome im Kristall als ‚Aktivatoren' dienten. Erstmals sollten die Nebengruppenmetalle der so genannten ‚Seltenen Erden' als ‚Koaktivatoren' eingesetzt werden, um die Lichtausbeute zu steigern.

Die vierzehn Elemente der Lanthaniden bilden eine Untergruppe der IV. Nebengruppe des Periodensystems. Sie zeigen ein sehr ähnliches chemisches Verhalten, sind aber doch verschieden, was spezielle magnetische Eigenschaften betrifft.

Formal teilt man die Lanthaniden nach steigendem Atomgewicht in zwei Untergruppen ein, erstens die leichteren Cerit-Erden. Die Reihe beginnt mit Cer: Cer, Praseodym, Neodym, Promethium, Samarium, Europium, Gadolinium.

Es folgen die schwereren Ytter-Erden, ebenfalls sieben chemische Elemente: Terbium, Dysprosium, Holmium, Erbium, Thulium, Ytterbium, Lutetium.

Heute gehören die Lanthaniden zu den sehr begehrten ‚Seltenerdmetallen', die man in der Elektronik in steigenden Mengen benötigt. Sie werden weltweit gesucht und gefördert und immer teurer gehandelt. Einige der Elemente sind für spezielle Einsatzgebiete beinahe unverzichtbar.

Das Element Europium zum Beispiel dient als Neutronenabsorber in bestimmten Kernreaktoren, aber auch als Aktivator für die roten Leuchtstoffe in der Fernsehtechnik.

Das Seltenerdmetall Gadolinium findet man ebenfalls in der Fernsehtechnik, zur Steigerung der Lichtleistung grüner Leuchtstoffe.

Die Massenanwendung der Lanthanidenmetalle erfolgt heute u. a. in der Hochfrequenztechnik, bei der Herstellung leistungsstarker Mobiltelefone.

GLOSSAR

ABF = Arbeiter- und Bauernfakultät. Nach dem Zweiten Weltkrieg im Osten Deutschlands gegründete Lehrerbildungsinstitute, die helfen sollten, den Mangel an nicht nationalsozialistisch belasteten Lehrern auszugleichen. Dorthin wurden vor allem junge erwachsene Arbeiter oder Bauern delegiert, die das Vertrauen der Partei besaßen. Sie gingen nach kurzer Ausbildung als „Neulehrer“ an die Schulen.

ACN = Acrylnitril. Chemische Verbindung, deren Polymer (PAN = Polyacrylnitril) u. a. als Ausgangsstoff für die Produktion von Naturwolle ähnlichen Kunstfasern dient (Dralon, Wolpryla usw.).

ESG = Evangelische Studentengemeinde an Uni-Standorten; vgl.: KSG = Katholische Studentengemeinde.

FDGB = „Freier“ Deutscher Gewerkschaftsbund. Einzige in der DDR zugelassene Gewerkschaftsorganisation für Arbeiter und Angestellte in allen Branchen; sie verwaltete u. a. den größten Teil der begehrten Ferienplätze und Urlaubsheime im Land.

GST = Gesellschaft für Sport und Technik. Wehrsportorganisation der DDR, die auch zur vormilitärischen Ausbildung von Jugendlichen und Studenten herangezogen wurde.

HSGL = Hochschulgruppenleitung (der FDJ), die das studentische Leben vom Wohnen bis zur Freizeitgestaltung lenkte und überwachte.

NKWD = Narodnyj Kommissariat Wnutrennich Del (russisch): Volkskommissariat für innere Angelegenheiten (der UdSSR). Teile davon waren die Geheimpolizei und die Hauptverwaltung Lager (Gulag), die auch in der SBZ = Sowjetische Besatzungszone Deutschlands zwischen 1945 und 1949 einige KZ der Nationalsozialisten übernahmen und weiter betrieben.

PCK = Petrolchemisches Kombinat. Industriekomplex einer Erdölraffinerie.

RFN = Republiki Federalni Narodni – polnisch für Bundesrepublik Deutschland.

Über den Autor

BERND KEBELMANN,
1947 geboren in Rüdersdorf bei Berlin. Abitur, Chemiestudium in Greifswald, Diplom-Chemiker in der Industrie. 1970 verheiratet; drei Söhne werden geboren. 1983 fortschreitende Erblindung; Hinwendung zur Literatur. Lyrik und Kurzprosa erscheinen in Jahrbüchern. Ausreise nach Nordrhein-Westfalen. Freier Autor mit Rundfunkarbeiten, eigenen Kunst- und Literaturprojekten. 2010 wieder in Berlin.

Arbeitsfelder:
Lyrik, Prosa, Feature, Hörbilder, Kunst- und Literaturprojekte.

Mitgliedschaften:
Verband der Schriftsteller in VER.Di (VS NRW/Berlin),
Europäische Autorenvereinigung „Die Kogge“ Minden/Westfalen,
Gesellschaft für Neue Literatur Berlin,
Internationale Lyrikergruppe „QuadArt“, Gdansk/Reutlingen,
Künstlergilde e. V. Esslingen, Berlin-Brandenburg.

Danksagung

Ich danke herzlich Maja Rehbein und Rüdiger Arlt für Anregungen und Berichtigungen, Judith Moser aber für die Korrektur des fertigen Manuskriptes.

Inhalt

Weitere Belletristik bei *trafo*

Baugatz, Christian-Ulrich: „Die Begier nach Wirklichkeit. Ein Essay über den Dichter und Maler Adalbert Stifter (1805–1861)", 2017, ISBN 978-3-86465-095-6, 29,80 EUR
Titel-Infos: www.trafoberlin.de/978-3-86465-095-6.html

Hargens, Jürgen: „bedenkenswert heiter, spielerisch ernst... ganz einfach ... Geschichten ...die das Leben nicht schrieb, aber hätte schreiben können...", 2018, Erzählungen, 277 S., ISBN 978-3-86465-103-8, 16,80 EUR
Titel-Infos: www.trafoberlin.de/978-3-86465-103-8.html

Hargens, Jürgen: „Alltag – Arbeit – Abendrot", 2014, Roman, 318 S., ISBN 978-3-86465-042-0, 16,80 EUR
Titel-Infos: www.trafoberlin.de/978-3-86465-042-0.html

Hargens, Jürgen: „Erwach(s)en. Geschichten über Männer und Frauen, Freud und Leid, Beziehungen und Trennungen, Menschliches und Psychologisches wie über das Leben selbst", 2. Auflage, 2014, Roman, 354 S., ISBN 978-3-86465-048-2, 18,80 EUR
Titel-Infos: www.trafoberlin.de/978-3-86465-048-2.html

Kühnel, Klaus (Autor und Herausgeber): „Berlin ist auch eine schöne Gegend. Eine Anthologie. Herausgegeben von Klaus Kühnel", 2016, Anthologie mit Berlin-Gedichten aus 200 Jahren Berlin und 59 Berlin-Grafiken, 244 S., ISBN 978-3-86465-075-8, 24,80 EUR
Titel-Infos: www.trafoberlin.de/978-3-86465-075-8.html

Özkara, Sami: „LORAN oder Wie ich m,eine deutsche Tochter kennenlernte", Roman, 2014, 380 S., ISBN 978-3-86465-041-3, 19,80 EUR
Titel-Infos: www.trafoberlin.de/978-3-86465-041-3.html

Pawlowski, Peter: „Wie die Nazarko-Bande aus Oberhausen fast den Dritten Weltkrieg auslöst oder Opa Heinrich schreibt ein Buch",

2015, Roman, 428 S., ISBN 978-3-86465-035-2, 26,80 EUR
Titel-Infos: www.trafoberlin.de/978-3-86465-035-2.html

Preuße, Günther H. W.: „Der Hofapotheker Carl August Hoffmann (1756–1833). Eine biografische Begegnung in Weimar", 2017, 200 S., zahlr. Abb., ISBN 978-3-86465-085-7, 16,80 EUR
Titel-Infos: www.trafoberlin.de/978-3-86465-085-7.html

Schöbel, Helfried: „Von der Verführung zum Denken. Zwei komödiantische Dramatisierungen", 2015, 111 S., ISBN 978-3-86465-059-8, 13,80 EUR
Titel-Infos: www.trafoberlin.de/978-3-86465-059-8.html

Trauth, Franziska: „Wahlverwandt oder Gefährliche Liebschaften", Roman, 2017, 191 S., Ill., ISBN 978-3-86465-084-0, 12,80 EUR
Titel-Infos: www.trafoberlin.de/978-3-86465-084-0.html

Trauth, Franziska: „Letzte Hundstage", Roman, 2017, 164 S., Ill., ISBN 978-3-86465-088-8, 12,80 EUR
Titel-Infos: www.trafoberlin.de/978-3-86465-088-8.html

Ulbrich, Bernd: „Adolf Adolf. Roman einer fiktiven Biografie", 2017, 473 S., ISBN 978-3-86465-085-7, 22,80 EUR
Titel-Infos: www.trafoberlin.de/978-3-86465-085-7.html

Ulbrich, Bernd: „Ein schöner Tag zum Leben nach dem Tod", 2017, Roman, 557 S., ISBN 978-3-86465-086-4, 24,80 EUR
Titel-Infos: www.trafoberlin.de/978-3-86465-086-4.html

Ulbrich, Bernd: „Zwei tauschen ihre Schatten im Beisein eines Dritten", 2016, 998 S., Roman in zwei Bänden, 2015, zus. 990 S., ISBN Gesamtwerk 978-3-86465-090-1, 50,00 EUR
Einzeln: Band I: ISBN 978-3-86465-091-8, 26,80 EUR, Band II: ISBN 978-3-86465-092-5, 26,80 EUR
Titel-Infos: www.trafoberlin.de/978-3-86465-090-1.html

Ulbrich, Bernd: „Zwischenspiel mit dem Tod. Ein Roman über die Liebe", 2015, 660 S., ISBN 978-3-86465-046-8, 26,80 EUR
Titel-Infos: www.trafoberlin.de/978-3-86465-046-8.html

Ulbrich, Bernd: „Die Konferenz oder Wie G.O.T.T. erfunden wurde", Roman, 2015, 671 S., ISBN 978-3-86465-056-7, 26,80 EUR
Titel-Infos: www.trafoberlin.de/978-3-86465-056-7.html

Werner, Petra: „Das Schweigen der Venus. Die Malerin Emma Gaggiotti-Richards zwischen Alexander von Humboldt und König Wilhelm I.", 2018, Roman, 459 S., zahlr. Abb., ISBN 978-3-86465-106-9, 24,80 EUR
Titel-Infos: www.trafoberlin.de/978-3-86465-106-9.html

Wörner, Axel: „Theaterpassage", 2018, Wende-Roman, 377 S., ISBN 978-3-86465-109-0, 16,80 EUR
Titel-Infos: www.trafoberlin.de/978-3-86465-091-8.html